सूरीनाम का सृजनात्मक हिन्दी साहित्य

ज्ञान शांति मैत्री
महात्मा गांधी अंतर्राष्ट्रीय हिंदी विश्वविद्यालय, वर्धा (महाराष्ट्र)

हिन्दी-विश्व

सूरीनाम का सृजनात्मक हिन्दी साहित्य

सम्पादक
विमलेश कान्ति वर्मा
भावना सक्सैना

राधाकृष्ण
नयी दिल्ली पटना इलाहाबाद कोलकाता

ISBN : 978-81-8361-700-0

सूरीनाम का सृजनात्मक हिन्दी साहित्य

पहला संस्करण : 2015

मूल्य : ₹ 600

प्रकाशक

राधाकृष्ण प्रकाशन प्राइवेट लिमिटेड
7/31, अंसारी मार्ग, दरियागंज, नई दिल्ली-110 002

शाखाएँ : अशोक राजपथ, साइंस कॉलेज के सामने, पटना-800 006
पहली मंजिल, दरबारी बिल्डिंग, महात्मा गांधी मार्ग, इलाहाबाद-211 001
36 ए, शेक्सपियर सरणी, कोलकाता-700 017

वेबसाइट : www.radhakrishnaprakashan.com
ई-मेल : info@radhakrishnaprakashan.com

मुद्रक : बी.के. ऑफसेट
नवीन शाहदरा, दिल्ली-110 032

SURINAM KA SRIJANATMAK HINDI SAHITYA
An Anthology of Creative Hindi Writings of Surinam
Edited by Vimlesh Kanti Verma & Bhawna Saxena

'कीर्तिर्यस्य स जीवति'

सूरीनाम में हिन्दी के ध्वजवाहक रहे
प्रतिबद्ध हिन्दीसेवी और विश्वहिन्दी सम्मान से सम्मानित साहित्यकार
स्वर्गीय पंडित हरिदेव सहतू को
श्रद्धा सहित समर्पित

पुरोवाक्

यह सही है कि हिन्दी भाषा मूलत: भारत में जन्मी और पुष्पित-पल्लवित हुई पर कालक्रम में आज वह भारत के बाहर अनेक देशों में उपस्थित है। जहाँ अमेरिका, जापान, इंग्लैंड, जर्मनी, रूस जैसे विकसित देशों में हिन्दी रुचि, ज्ञान और संस्कृति के अनुशासन के रूप में दिख रही है वहीं प्रवासी भारतीयों के संग-संग हिन्दी दूर-दराज के अनेक देशों में भी पहुँची। वह तमाम भारतवंशियों के दैनिक जीवन में आचरण, व्यवहार और सांस्कृतिक क्रिया-कलापों में रची-बसी, घर से बाहर नए घरों में पलती-बढ़ती रही। अलग-अलग स्थानों पर वहाँ के देश-काल की विशिष्ट परिस्थितियों के संसर्ग में आकर वहाँ पनप रहे समाज के विविध संकल्पों, आकांक्षाओं को फलीभूत करने में सहायक सिद्ध हुई।

स्मरणीय है कि अनेक प्रवासी 'गिरमिटिया' के रूप में देश-देशान्तर जाते रहे। उन्होंने बड़े श्रम और लम्बे तथा कठिन संघर्ष के साथ उन समाजों में अपनी पहचान और अपनी जगह बनाई। इस कार्य में उन्हें अनेक चुनौतियों का सामना भी करना पड़ा। इस प्रक्रिया में हिन्दी ने विविध रूप धारण किए। कहीं वह 'फीजीबात' कहलाई तो कहीं 'सरनामी हिन्दी'। अफ्रीका में वह 'नैताली' के रूप में प्रसिद्ध हुई और उज्बेकिस्तान और कजाकिस्तान में 'पार्या' कहलाई। भौगोलिक और सामाजिक सन्दर्भ के प्रभाव में भाषा के अपने संस्कार बदलते हैं और उनसे उपजने वाला साहित्य भी वहाँ की मिट्टी की गंध लिये अलग पहचान बनाता है। आज मारीशस, ट्रिनीडाड, सूरीनाम, फीजी, गुयाना, हालैंड और दक्षिण अफ्रीका जैसे दूर देशों में हिन्दी भाषी जन-समाज मौजूद है।

अन्तर्राष्ट्रीय स्तर पर हिन्दी के विकास में प्रवासी भारतीयों की विशेष भूमिका रही है। वे भारत से बाहर भारत की भाषा-संस्कृति को जीवन्त किए हुए हैं। अप्रवासी भारतवंशी बिहार, पूर्वी उत्तर प्रदेश से खेती के लिए शर्तबंदी श्रमिकों के रूप में मारीशस, ट्रिनीडाड, दक्षिण अफ्रीका, गुयाना, सूरीनाम तथा फीजी में गए। इन अप्रवासी भारतीयों की संस्कृति और अस्मिता की पहचान के रूप में भोजपुरी और अवधी के मिश्रित रूप वाली हिन्दी ही आधार बनी रही। प्रवासी भारतीयों द्वारा आज

महत्त्वपूर्ण साहित्यिक लेखन हो रहा है। वे हिन्दी को भारतीय अस्मिता का प्रतीक मानते हैं। हिन्दी के अध्ययन में उन्होंने गम्भीर रुचि दिखाई है। पर वहाँ की साहित्यिक सर्जना और अभिव्यंजना व्यवस्थित रूप में व्यापक हिन्दी जगत के लिए उपलब्ध नहीं है। महात्मा गांधी अन्तर्राष्ट्रीय हिन्दी विश्वविद्यालय हिन्दी के अन्तर्राष्ट्रीय स्वरूप को सामने रखने के लिए प्रतिश्रुत है। इस लक्ष्य को ध्यान में रखकर 'हिन्दी विश्व' पुस्तक–शृंखला के प्रकाशन का आयोजन किया जा रहा है जिसके अन्तर्गत हिन्दी भाषा, उसके साहित्य संचयन, तत्सम्बन्धी व्याकरण और भाषा विषयक शोध अध्ययन से जुड़ी रचनाएँ प्रकाशित की जाएँगी। आशा है इस शृंखला द्वारा हिन्दी के इस किंचित उपेक्षित और अनालोचित पर महत्त्वपूर्ण पक्ष की ओर विद्वत्वर्ग का ध्यान जा सकेगा और बृहत्तर हिन्दी की समझ बनने में मदद मिलेगी।

'हिन्दी विश्व' शृंखला की पहली कड़ी 'सूरीनाम का सृजनात्मक हिन्दी साहित्य' है जिसके लेखक डॉ. विमलेश कान्ति वर्मा और श्रीमती भावना सक्सैना हैं। भारत से चौदह हजार चार सौ अट्ठारह किलोमीटर दूर दक्षिण अमरीका के उत्तरी पश्चिमी शीर्ष पर करेबियन सागर के तट पर बसे हुए सूरीनाम देश के प्रवासी भारतीयों की सृजनात्मक अभिव्यक्तियों का यह अनुसन्धानपरक प्रामाणिक संकलन है। इसका पहला खंड जहाँ सूरीनाम में हिन्दी के विकास और स्वरूप का परिचय देता है तथा सूरीनाम के सृजनात्मक साहित्य का एक संक्षिप्त अनुशीलन प्रस्तुत करता है वहीं दूसरा खंड साहित्य संचयन का है जिसमें सूरीनाम के लगभग सभी प्रतिष्ठित साहित्यकारों की विभिन्न विधाओं में लिखी रचनाएँ संकलित हैं। प्रस्तुत संचयन की यह भी विशिष्टता है कि इसमें सरनामी हिन्दी की रचनाएँ पहली बार आपको पढ़ने को मिलेंगी। दूर देश में रची गई ये रचनाएँ प्रवासी भारतीयों की संघर्ष कथा के साहित्यिक दस्तावेज हैं। इनका ऐतिहासिक और समाजशास्त्रीय महत्त्व तो है ही, ये रचनाएँ हिन्दी के विश्वव्यापी स्वरूप का परिचय भी देती हैं।

फाल्गुनी पूर्णिमा
5 मार्च 2015

—गिरीश्वर मिश्र
कुलपति एवं आचार्य
महात्मा गांधी अन्तर्राष्ट्रीय हिन्दी विश्वविद्यालय, वर्धा (महाराष्ट्र)

अनुक्रम

प्राक्कथन

प्रस्तुत ग्रन्थ 'सूरीनाम का सृजनात्मक हिन्दी साहित्य', भारत से चौदह हजार चार सौ अट्ठारह किलोमीटर अथवा आठ हजार नौ सौ अट्ठावन मील दूर दक्षिण अमरीका के उत्तरी पश्चिमी शीर्ष पर करेबियन सागर के तट पर बसे हुए सूरीनाम देश के प्रवासी भारतीयों की सृजनात्मक अभिव्यक्तियों का प्रामाणिक संकलन है। इस संचयन में तीन खंड हैं। पहला खंड सूरीनाम में हिन्दी के विकास और स्वरूप का परिचय देता है तथा सूरीनाम के सृजनात्मक साहित्य का एक संक्षिप्त अनुशीलन प्रस्तुत करता है। इस खंड को संचयन की पृष्ठभूमि के रूप में देखा जाना चाहिए जिसके आलोक में पाठक प्रवासी साहित्य की मूल अन्तर्दृष्टि को समझ सकेंगे। दूसरा खंड साहित्य-संचयन का है। इसमें 27 प्रतिष्ठित साहित्यकारों की विभिन्न विधाओं में लिखी रचनाएँ आपको पढ़ने को मिलेंगी— कविताएँ, कहानियाँ, नाटक, संस्मरण, निबन्ध आदि। तीसरा खंड परिशिष्ट का है जिसके अन्तर्गत संकलन के चयनित साहित्यकारों का संक्षिप्त परिचय, शब्दार्थ सूची तथा सन्दर्भ ग्रन्थ सूची है।

ये रचनाएँ सूरीनाम के प्रवासी भारतीयों की हैं जो देश की भाषा डच होते हुए भी हिन्दी में लिखते हैं। वे हिन्दी को अपनी भाषा मानते हैं। सूरीनाम में हिन्दी का वृक्षारोपण सन् 1873 में उसी समय हो गया था जब भोले-भाले ग्रामीण भारतीयों का पहला दल जिसमें 410 भारतीय थे, शर्तबंदी प्रथा के अन्तर्गत लालारुख जहाज से सूरीनाम पहुँचा था। ये भारतीय सुन्दर भविष्य का सपना लिये अपना सब कुछ गाँव में छोड़कर विदेश प्रवास के लिए तैयार हुए थे। इनमें से अधिकांश पूर्वी उत्तर प्रदेश के तथा कुछ पश्चिमी बिहार के गाँव से गए थे। वे अवधी और भोजपुरी बोलते थे। आज इनकी तीसरी,चौथी और पाँचवीं पीढ़ी सूरीनाम में रह रही है। इनमें से कितने तो कभी भारत आए ही नहीं पर भारत से उनका लगाव अपनी मातृभूमि जैसा आज भी है। वे अपनी भाषा हिन्दी की सुरक्षा और प्रतिष्ठा के लिए निरन्तर प्रयत्नशील हैं। हिन्दी को वे अपनी भारतीय अस्मिता का प्रतीक मानते हैं। उनको लगता है कि उनकी भाषा हिन्दी गई तो उनका अस्तित्व भी मिट जाएगा। इसलिए हिन्दी की प्रतिष्ठा के लिए वे संघर्ष करते हैं।

सूरीनाम के सभी प्रवासी भारतीय द्विभाषी हैं। वे डच बोलते हैं और हिन्दी या हिन्दुस्तानी बोलते हैं। उनकी हिन्दी भारत में बोली जाने वाली परिनिष्ठित हिन्दी से पर्याप्त भिन्न है। वह अवधी, भोजपुरी और डच मिश्रित हिन्दी है जिसे वे 'सरनामी' अथवा 'सरनामी हिन्दी' कहते हैं। इसी 'सरनामी' का सामुदायिक अवसरों पर भारतीयों के मध्य प्रयोग होता है। इस सरनामी को प्रतिष्ठित करने के लिए वे सतत संघर्षशील भी हैं। इसी में वे साहित्यिक रचनाएँ भी लिखते हैं। अनेक भारतीय ऐसे भी हैं जिन्होंने भारत आकर अध्ययन किया है। वे परिनिष्ठित हिन्दी बोलने का और लिखने का प्रयत्न भी करते हैं, पर 'सरनामी हिन्दी' में लिखी गई रचनाएँ भाषा की दृष्टि से अधिक प्रौढ़ और कलात्मक हैं। स्वाभाविक भी यही है जिस भाषा का उन्होंने स्वयं विकास किया है; उस पर उनका अच्छा अधिकार है इसीलिए साहित्यिक अभिव्यक्तियाँ अधिक सुन्दर बन पड़ी हैं। सूरीनाम के प्रतिनिधि कवि तो 'सरनामी हिन्दी' में ही लिखना पसन्द करते हैं। प्रस्तुत संकलन की यह भी विशिष्टता है कि इस संकलन में सरनामी हिन्दी की रचनाएँ पहली बार आपको पढ़ने को मिलेंगी और हिन्दी के विश्वव्यापी स्वरूप का आपको परिचय देंगी।

अपनी भूमि को छोड़कर विदेश गया व्यक्ति पीढ़ी-दर-पीढ़ी प्रवासी ही रहता है। उसके मन में प्रवास की पीड़ा होती है। उसके मन में एक दुविधा निरन्तर बनी रहती है कि यह नई दुनिया उसके लिए अधिक अच्छी है कि नहीं। वह अपनी भाषा, अपनी संस्कृति, अपने जीवन-मूल्यों को बराबर पकड़े रहना चाहता है क्योंकि यही दूसरे देश में उसकी अपनी पहचान है। नए देश के मूल निवासी कभी भी उसे पूर्ण रूप में स्वीकार नहीं कर पाते। रूप, रंग, भेद ही नहीं भाषा, खान-पान, आचार-विचार, रीति-नीति, जीवन-मूल्य का अन्तर विदेश में उसे अलग बनाए रखता है। यही प्रवास का दंश है। इसीलिए वह विदेश में भी छोटा स्वदेश बनाकर रहता है। वह अपने को सामान्य से अलग महसूस करता है। पर उसकी विवशता है कि उसे रहना वहीं है। यह विवशता उसे नए देश को अपनाने की, अपना बनाने की है। यह दुविधा और विवशता प्रवासी अभिव्यक्ति की मूल संवेदना के रूप में भी उभरकर आती है!

प्रवासी साहित्य की भारत में लिखे जा रहे साहित्य की भाषा प्रतिमानों को आधार बनाकर तुलना करना उचित नहीं है। परिनिष्ठित हिन्दी में लिखी गई इन रचनाओं में आपको व्याकरणगत अशुद्धियाँ दिखेंगी, साहित्यिक कलात्मकता का अभाव भी अखर सकता है, छन्दगत व्यतिक्रम भी दिख सकता है पर हमें यह ध्यान रखना होगा कि यह परिनिष्ठित हिन्दी उनकी अपनी भाषा नहीं है। यह उनकी सायास सीखी हुई दूर देश की भाषा है जिसे भारत के प्रति आत्मिक लगाव के कारण उन्होंने सीखा है। 'सरनामी हिन्दी' में लिखी हुई रचनाओं में सम्भवतः यह दोष आपको नहीं दिखेगा। यह भाषा रूप डेढ़ सौ वर्षों में उन्होंने विकसित

किया है। इन रचनाओं में अधिक साहित्यिक प्रौढ़ता दिखती है। भारत से हजारों मील दूर देश में लिखी हुई ये रचनाएँ प्रवासी भारतीयों की संघर्ष कथा के साहित्यिक दस्तावेज हैं जिनका ऐतिहासिक और समाजशास्त्रीय महत्त्व तो है ही ये रचनाएँ हिन्दी के विश्वव्यापी स्वरूप का परिचय देने वाली रचनाएँ भी हैं।

प्रस्तुत संकलन आज से तीन दशक पूर्व की मेरी बृहत् योजना 'हिन्दी का अन्तर्राष्ट्रीय परिदृश्य' के एक खंड 'हिन्दी का प्रवासी भारतीय साहित्य' का एक उपखंड है। इस खंड की दो पुस्तकें 'फीजी में हिन्दी : स्वरूप और विकास' तथा 'फीजी का सृजनात्मक हिन्दी साहित्य' प्रकाशित हो चुकी हैं और पर्याप्त चर्चित रही हैं। 'सूरीनाम का सृजनात्मक हिन्दी साहित्य' पुस्तक भी पहले आ सकती थी पर मेरी इच्छा थी कि प्रकाशन के पूर्व सूरीनाम जाऊँ और व्यक्तिगत स्तर पर वहाँ के लेखकों से परिचय हो जिससे उनकी रचनाओं का प्रामाणिक संकलन तैयार हो सके। मेरी यह इच्छा उस समय पूरी हुई जब भारत सरकार के निमन्त्रण पर मैं 'हिन्दी निदानात्मक प्रशिक्षण कार्यशिविर' के निमित्त एक माह के लिए सूरीनाम पहुँचा। वहाँ पर भारतीय दूतावास में अताशे के पद पर प्रतिनियुक्त श्रीमती भावना सक्सैना के सहयोग से वहाँ के मूर्धन्य साहित्यकार पंडित हरिदेव सहतू ने अपने निवास स्थान पर मेरे सूरीनाम पहुँचने के दूसरे ही दिन वहाँ के साहित्यकारों की एक आत्मीय गोष्ठी आयोजित की जहाँ मुझे सभी प्रमुख साहित्यकारों से मिलने और उनकी रचनाएँ सुनने और पढ़ने का अवसर मिला। पर सब साहित्यकारों के मन में यही बात थी कि कैसे सूरीनाम के रचनाकारों की रचनाओं का एक अच्छा संकलन भारत से प्रकाशित हो जिससे उनके स्वर भारत तक पहुँच सकें। मैंने अपनी योजना जब उन्हें बताई तो सब बहुत प्रसन्न तो हुए पर मुझको यह दायित्व बोध होने लगा कि यह कार्य कैसे सम्पन्न होगा। मैंने श्रीमती भावना सक्सैना से सहयोग का प्रस्ताव रखा। उनकी सहयोग की स्वीकृति से मेरा उत्साह बढ़ा और मुझे लगने लगा कि जो कार्य मैंने सोच रखा था वह अब पूरा हो जाएगा। मुझे प्रसन्नता है कि श्रीमती भावना सक्सैना ने जो सहयोग का आश्वासन मुझे दिया था वह पूरी तरह से निभाया जिसका परिणाम प्रस्तुत ग्रन्थ है। उनके पूर्ण सहयोग के बिना यह कार्य कठिन था। उन्होंने सामग्री संकलन में तो सहयोग दिया ही लेखकों की अनुमति और सहमति लेने का कार्य भी किया। ग्रन्थ की पांडुलिपि भी मेरे साथ मिलकर तैयार की। भावना मेरी छात्रा रही हैं, मेधावी और परिश्रमी भी हैं, प्रवासी साहित्य में उनकी रुचि और गति दोनों ही हैं, इसीलिए इस योजना में दत्तचित्त होकर कार्य कर सकीं। मैं उन्हें सहयोग के लिए धन्यवाद देना चाहता हूँ और इसलिए उनका नाम ग्रन्थ में सम्पादक के रूप में दे रहा हूँ।

मैं सूरीनाम के उन सभी लेखकों के प्रति आभार व्यक्त करना चाहता हूँ जिन्होंने अपनी रचनाओं को इस संकलन में रखने के लिए सहर्ष अपनी सहमति

और अनुमति तो दी ही, हर सम्भव सहायता देने का आश्वासन देकर मेरे उत्साह और मनोबल को बढ़ाया। मैं उन सभी मित्रों का भी आभारी हूँ जिन्होंने प्रत्यक्ष या परोक्ष रूप में सामग्री संचयन में मेरी सहायता की है।

संकलन पाठकों के सामने रखते हुए एक निवेदन भी करना चाहता हूँ। हर प्रकाशित साहित्यिक संकलन की कुछ सीमाएँ होती हैं। एक पूरे देश की समस्त साहित्यिक अभिव्यक्तियों को एक छोटे संग्रह में समेट लेना सम्भव नहीं होता। मैं जानता हूँ अनेक रचनाकारों की रचनाएँ इस संग्रह में नहीं आ सकी होंगी। इसका यह अर्थ नहीं लगाया जाना चाहिए के वे रचनाएँ स्तरीय नहीं हैं। जो रचनाएँ मुझे उपलब्ध हो सकीं उन्हीं का यह संकलन है। मैं आशा करता हूँ कि इस संचयन के अगले संस्करण में और नए रचनाकारों की रचनाएँ भी जुड़ेंगी और यह और अधिक पूर्ण हो सकेगा।

—विमलेश कान्ति वर्मा

Vimleshkanti@gmail.com

भूमिका

दक्षिण अमेरिका के उत्तर पूर्वी क्षेत्र में घने वर्षावन, प्रचुर मात्रा में वन्य जीवन और अविकसित क्षेत्र या यों कहें कि अनछुए प्राकृतिक वैभव से सजी-सँवरी सुवासित धरती है सूरीनाम। विपुल सौन्दर्य व उर्वरता से समृद्ध सूरीनाम गणराज्य को पहले डच गयाना नाम से जाना जाता था। प्रकृति के विलक्षण वैभवयुक्त इस देश को महाकवि जायसी के द्वीप सिंहलगढ़ की परिकल्पना—"फूलै फरै छवै ऋतु, जानहु सदा बसंत" का उदाहरण भी बताया गया है। आज इस देश की संस्कृति सामासिक संस्कृति है। यहाँ की भूमि पर प्रथम पदार्पण और कई ऐतिहासिक करवटों के बाद आज इस देश में जातीय सप्तरंगी इन्द्रधनुष दिखाई पड़ता है। यहाँ मुख्यत: सात जातियों के लोग बसे हुए हैं—अमर इंडियन, डच अथवा यूरोपियन, अफ्रीकी, चीनी, हिन्दुस्तानी, इंडोनेशियन और लेबनीज।

इस तट की खोज सर्वप्रथम 1499 में अलोन्सो होजया व अमेंरिगो वेसपुसी ने की किन्तु इस क्षेत्र में वास्तविक आवागमन सत्रहवीं शताब्दी में आरम्भ हुआ जब यहाँ सोने की खानें होने की बात फैली। 1593 में स्पेन ने इस क्षेत्र पर आधिकारिक रूप से कब्जा कर लिया। कालान्तर में यहाँ कई यात्री खोज करने आए। 1650 में फ्रैंसिस विलोबी नामक अंग्रेज ने यहाँ स्थायी कॉलोनियों की नींव डालकर निर्माण आरम्भ किया। कॉफी, ककाउ व कपास की खेती आरम्भ हुई और मजदूरों की आवश्यकता हुई। स्थानीय अमर इंडियनों से काम कराने की कोशिश नाकाम होने पर अफ्रीका से गुलाम खरीदकर लाए गए और उनसे काम कराया जाने लगा। किन्तु यह अधिक सफल नहीं रहा। तत्पश्चात कुछ चीनी लोग लाए गए और फिर कुछ पुर्तगाली लेकिन स्थिति में कुछ सुधार नहीं हुआ।

1863 में विश्व-भर में दास प्रथा की समाप्ति जहाँ दासों के लिए हर्ष का विषय था वहीं बागान मालिकों के लिए यह एक संकट का दौर था। श्रमिकों के अभाव में उनका काम ठप्प होने लगा। इसी समय शासकों का ध्यान एशिया की ओर गया, विशेष रूप से भारत की ओर क्योंकि वहाँ की जनसंख्या काफी थी और सस्ते मजदूर मिलने की सम्भावना अधिक थी। इसके लिए 1870 में ब्रिटेन की

रानी विक्टोरिया और हॉलैंड के सम्राट विलियम तृतीय के बीच एक समझौता हुआ जिसके तहत भारत से सूरीनाम के लिए शर्तनामे पर मजदूरों की भर्ती शुरू हुई और पुरानी दास प्रथा को शर्तबंदी का नया जामा पहनाकर उसे पुन:जीवित किया गया। सूरीनाम के लिए भारतीय मजदूरों के निर्यात क लिए डच एजेंटों ने कलकत्ता में अपना मुख्य डिपो खोला और भर्ती के लिए गोरखपुर, इलाहाबाद, बनारस, बस्ती व मथुरा में उपकेन्द्र खोले। उत्तर प्रदेश के पूर्वी भागों व बिहार की ग्रामीण जनता के बीच यह प्रचार किया गया कि समुद्र के बीचोबीच श्रीरामद्वीप है जहाँ हर प्रकार की सुख-सुविधाएँ हैं और बेहतर जीवन के साथ धर्म कमाने का भी लाभ मिल सकता है।

श्रीरामदेश के सुख और धर्म प्राप्ति की लालसा में भोले-भाले लोग अनजाने स्थान पर जाने को तैयार हो गए। भर्ती किए गए कुल 410 लोगों में से अधिकांश उत्तर प्रदेश के थे और इन सभी को कलकत्ता डिपो से 26 फरवरी, 1873 को लालारुख जहाज से रवाना किया गया। अनेक कठिनाइयों, खराब मौसम आदि का सामना करते हुए यह जहाज तीन माह एक सप्ताह बाद 5 जून, 1873 को पारामारिबो पहुँचा और भारतीयों के कदम सूरीनाम की पावन धरती पर पड़े, कालान्तर में 64 जहाजों द्वारा 34304 भारतीय मजदूर यहाँ लाए गए।

सूरीनाम आगमन के पश्चात इन हिन्दुस्तानियों को जिस कठिन दौर से गुजरना पड़ा वह एक अलग दर्द-भरी कहानी है, किन्तु ये हिन्दुस्तानी यहाँ अकेले नहीं आए थे, उनके साथ था उनका धर्म और उनकी संस्कृति। धर्म, संस्कृति व भाषा के अतुल्य खजाने ने काली अँधेरी रातों में उनका साथ दिया और एक मशाल बनकर उनका मार्गदर्शन किया।

सूरीनाम में हिन्दी का उदय इन्हीं गिरमिटिया मजदूरों के माध्यम से हुआ। यह समुदाय बहुत पढ़ा-लिखा तो नहीं था किन्तु अपनी संस्कृति को जीने वाला वर्ग था, यहाँ आने वाले भारतीय श्रमिक मूलत: उत्तर प्रदेश के विभिन्न जिलों से थे जहाँ भोजपुरी, अवधी, मगही, मैथिली, ब्रज भाषाएँ बोली जाती हैं। सूरीनाम लाकर उन्हें अलग प्लांटेशनों में रखा जाता था जिसके कारण उनके परस्पर व्यवहार में हिन्दी की बोलियों का ही प्रयोग होता था, साथ ही ये लोग रामायण, गीता, पुराण, सत्यनारायण कथा आदि साथ लेकर आए थे। दिन-भर के कठिन परिश्रम के बाद ये अपने साथ लाए रामचरितमानस की चौ ाइयाँ पढ़ते, आपस में मिल-बैठकर भजन गाते, किस्से कहानियाँ कहते-सुनते और इन्हीं बैठकों के माध्यम से भाषा, धर्म व संस्कृति का प्रचार होता रहा।

भाषा, धर्म और संस्कृति को बचाए रखने के लिए स्वाध्याय मंडलों, हिन्दी कक्षाओं, मन्दिरों व गुप्त पंचायतों ने जन्म लिया। जिनको देवनागरी लिपि का ज्ञान था उन्होंने अपनी सन्तानों व गाँव वालों को रात्रि के समय और छुट्टी के

दिन पढ़ाना आरम्भ किया। यह किसी के घर या झोंपड़ी में होता था। इस तरह परोक्ष रूप से सूरीनाम में हिन्दी का वृक्षारोपण हुआ। धीरे-धीरे यह वृक्ष पल्लवित होने लगा।

20वीं सदी के तीसरे दशक से हिन्दुस्तानियों के अन्दर सामूहिक जीवन का भाव जागृत हुआ और संगठन कार्य स्थायी रूप से शुरू हुआ और तब अनेक सामाजिक, सांस्कृतिक व धार्मिक संस्थाएँ स्थापित की गईं। धीरे-धीरे शहर और गाँवों में हिन्दी पाठशालाएँ खुलने लगीं, जहाँ फुरसत के समय हिन्दी की शिक्षा दी जाने लगी और हिन्दी अध्ययन में भारतीयों की रुचि लगातार बढ़ती गई और यह शिक्षा पीढ़ी-दर-पीढ़ी विरासत के रूप में दी जाने लगी।

विषम परिस्थितियों में कड़ी मेहनत से सँवारे गए इस देश की वर्तमान पीढ़ी के स्वर में आज भी अपने आजा-आजी का दर्द व्यक्त होता है। इतिहास का दर्द स्वरों में उभरता है तो शब्द सहज ही कविता का रूप ले लेते हैं। अपने धर्म, जाति, संस्कृति को सँजोए इन हृदयों के भावोद्गार की अभिव्यक्ति साधनों के अभाव में अभी भी जन सामान्य तक नहीं पहुँच पाई है। पर इनमें सुख-दुख की सहज अभिव्यक्ति है। जैसे कवि जीत नराइन की कविता में कवि की चिन्ता का रूप देखिए—

मर गइली, धँस गइली,
मिट्टी में मिट गइली,
देश की तागत टूट गइल,
फाट गे करेजा,
भुकवान हैं हम,
सोचिला का होई।

—जीत नराइन

बीते दिनों की याद कर अमर सिंह रमण की आँखों में पानी भर आता है। अरकाटी की चाल का उल्लेख कवि इस प्रकार करता है—

वही दिनवा जब याद आवेला अँखिया में भरेला पानी रे,
हिन्दुस्तान से भागकर अइली यही है अपनी कहानी रे,
भाई छूटा बाप छूटा और छूटी महातारी रे।
अरकटिया खूब भरमवली से कहैं पैसे कमैब भर-भर थाली रे-

—अमर सिंह रमण

यहाँ का हिन्दुस्तानी समाज आरम्भ से अपनी भाषा व संस्कृति के प्रति सजग रहा और विषम परिस्थितियों के बावजूद उन्होंने अपनी भाषा की ज्योति को जलाए रखा। अपनी भावाभिव्यक्ति के लिए वह अपनी ही भाषा का प्रयोग करना चाहता है। निज भाषा के प्रति प्रेम का एक नमूना बाबू चन्द्रमोहन रंजीत सिंह की कविता

'अपनी मातृभाषा' में मिलता है—

निज भाषा को भूलना है भारी अज्ञान।
अपनी भाषा सीखिए, नित होगा कल्याण।
सब कुछ सीखे जगत में, भए गुणों के धाम।
निज भाषा सीखे नहीं, समझो सब बेकाम।

हिन्दी भाषा को पढ़ो, सुनो हिन्दी के लाल।
हिन्दी बोली बोलिये, इस पर नहीं सवाल।
अंगुली रखना आग पर, है यह भारी भूल।
निज भाषा को भूलना, उससे बढ़कर शूल।

पढ़ भाषा निज देश की, पावोगे सम्मान।
निज भाषा को सीखिए, बढ़े तुम्हारो ज्ञान।
अपनी भाषा को तजें, बोलें अटपट बोल।
हँस-हँस कर शिर पर लिए, हाय अज्ञता मोल।

निज भाषा सीखे बिना, क्या जानोगे खास।
समझोगे कैसे भला, तुम अपना इतिहास।
हिन्दी भाषा भूल मत, करो निरन्तर ध्यान।
हिन्दी भाषा बोलिए होवे निर्मल ज्ञान।

— चन्द्रमोहन रंजीत सिंह

आज आम जनजीवन में सूरीनाम के हिन्दुस्तानियों की भाषा है सरनामी। अवधी, भोजपुरी व अन्य बोलियों की इस मिश्रित भाषा में, जिसमें कालान्तर में स्थानीय भाषाओं के शब्द भी जुड़ गए, को 'सरनामी' नाम देने का मुख्य ध्येय उसे इस देश की भाषा के रूप में स्थापित करना था क्योंकि जब तक उसे इस देश से नहीं जोड़ा जाएगा इस देश में उसकी लड़ाई नहीं लड़ी जा सकती। हिन्दी की अन्य विदेशी भाषिक शैलियों के समान ही 'सरनामी' का उद्‌भव भारतीय श्रमिकों के आने के पश्चात ही हुआ। इस भाषा का आधार कई भाषा-भाषियों का सम्पर्क में आना है। इस तरह सरनामी हिन्दी को एक नई भाषा माना गया है। वह हिन्दी की ही एक शैली है। जिस तरह अवधी, भोजपुरी, बुन्देली, छतीसगढ़ी, मगही, मारवाड़ी, हरयाणवी, कन्नौजी सब हिन्दी की ही बोलियाँ हैं उसी प्रकार सरनामी भी हिन्दी की विदेश में विकसित एक नई भाषिक शैली है।

सूरीनाम में आने वाले भारतीय श्रमिक मूलतः उत्तर प्रदेश के विभिन्न जिलों से थे जो अलग-अलग भाषा क्षेत्रों से आए थे जहाँ अलग अलग बोलियाँ बोली जाती हैं यथा भोजपुरी, अवधी आदि—वहाँ हिन्दुस्तानियों की विभिन्न भाषाओं के

सम्मिश्रण से तथा वहाँ की मूल भाषा के शब्दों से मिलकर एक नए भाषा रूप का जन्म हुआ। उदाहरणस्वरूप—

हमार बाप काम करे हैं—
मनई लिखे पढ़े हैं—
हमार माई खरे जवाब देइस—

कहा जा सकता है कि सरनामी भोजपुरी, अवधी, मगही, मैथिली, ब्रज तथा अन्य बोलियों का सम्मिश्रित भाषा रूप है जिसमें कालान्तर में डच, स्रनांग तोंगो, जावानीज व अंग्रेजी भाषा के शब्दों का समावेश हुआ है। कुछ लोगों का मानना है कि यह भोजपुरी के सबसे निकट है तो कुछ इसे अवधी के निकट मानते हैं। वस्तुतः इस दिशा में अधिक भाषा वैज्ञानिक शोध अपेक्षित है।

सन् 1961 में ज्ञान अधीन ने सरनामी को सरकारी मान्यता दिलवाने की दिशा में ठोस प्रयास किए। क्रियोली राष्ट्रीयता के समय जब स्रनांग तोंगो को महत्त्व दिया जा रहा था तब उन्होंने हिन्दी के सरनामी रूप को मान्यता दिलवाने के लिए राष्ट्रीय स्तर पर बहस चलाई और इसे राष्ट्र की महत्त्वपूर्ण भाषा घोषित करवाया। सरनामी नाम देना भी इसी रणनीति का एक हिस्सा रहा। अधीन ने सरनामी को रोमन लिपि में लिखने का प्रस्ताव भी रखा और यह प्रस्ताव माना गया जिसके परिणामस्वरूप आज भी सरनामी रोमन लिपि में लिखी जाती है।

सरनामी का पहला मुद्रित पाठ 'क्रूस की रोशनी' नामक पत्रिका में 'पैरेबल आफ द प्रांडिगल सन' शीर्षक से 1956 में छपा। इसे सरनामी में छापने का मुख्य कारण था हिन्दुस्तानी वर्ग में सरनामी का अधिक प्रभाव होना। इसके बाद सरनामी में बाइबिल के कई पाठ छपे।

सरनामी का पहला साहित्यिक पाठ वर्ष 1968 में पारामारिबो में छपा। यह थी श्रीनिवासी (मार्तिन हरिदत्त लछमन) की कविता 'बुलाहट'। यह कविता किसी राजनीतिक प्रतिक्रिया स्वरूप नहीं बल्कि सूरीनाम में साहित्यिक यथार्थ के एक अक्स के रूप में उभरी थी।

कौन रात्रि में हमके बुलाइस है,
आवाज बाहर से धीरे से आइल है
मालूम ना है कौन पुकारिस,
कहे के हमारे द्वारे पर आइल है॥

नेवता लेकर...साइद नाउ है,
गुसायके के जाने फिर लौट गइल
सरम से–आलस हम–राह गइली,

कौन रात्रि में हमके बोलाइस है

अँधियार में चिराग लेकर,
मेढ़ी पार से आ पुकारिस
जवाब देली गदगद दिल से,
उसको जो हमार भगवान है॥

—श्रीनिवासी

सरनामी ने हिन्दी को व्यापक भूमिका दी और वह सूरीनाम के भारतीयों की साहित्यिक अभिव्यक्ति का माध्यम बनी।

सनातन धर्म महासभा के संरक्षण में कई मन्दिर खोले गए और लगभग सभी मन्दिरों में हिन्दी की शिक्षा दी जाती थी। इस समय हिन्दी शिक्षा से तात्पर्य था देवनागरी-स्वर, व्यंजन, मात्रा, संधि सिखाना और रटाना, धार्मिक कहानियाँ व पुस्तकें, विशेष रूप से रामायण पढ़ना। कुछ लोग व्याकरण के नियम भी सिखाते थे। इस तरह कई पंडित प्रचारक तैयार हुए। वे स्वयं शिक्षा से अथवा गुरुओं की शरण में रहकर अच्छे कार्यकर्ता बने और सनातन धर्म की पाठशालाओं में पढ़ाकर बहुत लोगों को देवनागरी लिपि व हिन्दी व्याकरण का ज्ञान दिया। कई स्वैच्छिक संस्थाएँ अभी भी यह कार्य करती हैं।

सनातन धर्म महासभा के अन्तर्गत रामायण और भजन समाज भी स्थापित किए गए जो प्रत्येक सप्ताह व विशेष अवसरों पर तुलसीकृत रामायण की चौपाइयों का पाठ करते हैं। किसी भी सांस्कृतिक कार्यक्रम का आरम्भ रामायण समाज के सस्वर गायन के बाद ही होता है। रामायण समाज व भजन समाज के माध्यम से सम्पूर्ण देश में प्रत्यक्ष व परोक्ष रूप से हिन्दी का प्रचार हो रहा है।

हिन्दी को लोकप्रिय बनाने में जनसंचार माध्यमों का भी अत्यधिक योगदान है। रेडियो, टेलीविजन, और अब इंटरनेट के योगदान को भी नकारा नहीं जा सकता। यहाँ ऐसे कई चैनल हैं जो दिन-भर हिन्दी के गाने और फिल्में दिखाते हैं। विभिन्न चैनलों में नवीनतम फिल्मों को दिखाने की होड़ रहती है। हिन्दी प्रेमी इंटरनेट के माध्यम से भी हिन्दी साहित्य तक पहुँच रहे हैं और हिन्दी टंकण का निरन्तर प्रयास कर रहे हैं। संस्था हिन्दू मीडिया (ओ.एच.एम) व्यक्तिगत प्रयासों से सभी रेडियो व टेलीविजन चैनलों को हिन्दी व हिन्दुस्तानी संस्कृति से सम्बद्ध कार्यक्रमों की सी.डी./डी.वी.डी. उपलब्ध कराते रहते हैं।

इसके अतिरिक्त कुछ स्वयंसेवी व्यक्ति हैं जिनके प्रोत्साहन व योगदान का आकलन भी आवश्यक है, इनमें प्रमुख हैं—श्रीमती सोनिया क्विंतसबोस जिन्हें हर व्यक्ति नानी के नाम से जानता है, सूरीनाम की नानी न सिर्फ हिन्दी अपितु भारतीय

संस्कृति को सहेजने व प्रोत्साहित करने के प्रत्येक कार्य में तन-मन व धन से समर्पित रहती हैं। डॉ. नारायणदत्त गंगाराम पांडे सेवानिवृत्त शिक्षक हैं और प्रत्येक त्योहार पर कवियों आदि की जयन्तियों पर अखबारों में आलेख के माध्यम से जनता को सूचना पहुँचाते हैं। आज लगभग 65 अध्यापक हैं जो देश में निरन्तर हिन्दी पाठशालाएँ चला रहे हैं।

सूरीनाम में हिन्दी ज्ञान आज प्रतिष्ठा का प्रतीक है। यहाँ आपस में सरनामी हिन्दी बोलने में किसी प्रकार का संकोच कोई अनुभव नहीं करता। हिन्दी पढ़ने से यहाँ के लोगों को कोई व्यावसायिक या आर्थिक लाभ नहीं होता है पर उन्हें आत्म-सन्तुष्टि मिलती है। सूरीनाम में हिन्दी छात्रों की संख्या में निरन्तर वृद्धि न सिर्फ हर्ष का विषय है अपितु यह भी दर्शाती है कि भाषा व संस्कृति प्रेम के समक्ष सभी समस्याएँ गौण हो जाती हैं। आज सूरीनाम का हर हिन्दुस्तानी हिन्दी को अपनी अस्मिता का प्रतीक मानता है।

सूरीनाम का सृजनात्मक हिन्दी साहित्य

सूरीनाम में हिन्दी का पदार्पण हुए 140 वर्ष हो चुके हैं किन्तु साहित्य रचना कब से प्रारम्भ हुई यह निश्चित रूप से कह पाना कठिन है। आज सूरीनाम का जो साहित्य है वह सूरीनाम के हिन्दुस्तानियों के जीवन, उनके द्वारा भोगी गई यातनाओं, जीवन के उतार-चढ़ावों, संघर्ष, विकास, आशा, विश्वास का दर्पण है। उसमें प्रवास का दर्द भी है और नए को अपनाने का जोश भी—उसमें भाषा व संस्कृति के प्रति अटूट श्रद्धा व प्रेम भी है। सूरीनाम के प्रसिद्ध हिन्दी कवि पंडित हरिदेव सहतू ने अपनी पुस्तक 'सूरीनाम में हिन्दी भाषा और साहित्य का विकास' में सूरीनाम के साहित्य को दो कालों में वर्गीकृत किया है, पहला सन् 1918 से 1960 और दूसरा सन् 1960 से 1975। पंडित सहतू का विचार है कि मुंशी रहमान खान के सूरीनाम के पहले कवि होने की आम धारणा सर्वथा सत्य नहीं है। मुंशी रहमान खान तथा पंडित चन्द्रमोहन सिंह से पहले अनेक लोगों ने हिन्दी में लिखा किन्तु साधन सुलभ न होने के कारण इनके कार्य प्रकाशित नहीं हो पाए थे। कुछ पांडुलिपियाँ प्राप्त भी हुई हैं तथा अन्य की खोज जारी है।

वस्तुत: सूरीनाम में हिन्दी साहित्य सृजन का इतिहास लगभग उतना ही पुराना है जितना सूरीनाम में भारतीयों का आगमन। सूरीनाम के साहित्य के इतिहास को चार चरणों में बाँटकर देखा जा सकता है, पहला चरण—1873 से 1918 तक, दूसरा चरण 1918 से 1960 तक, तीसरा चरण 1960 से 1975 तक व चौथा चरण 1975 से आज तक।

प्रथम चरण (1873-1918)

1873 से 1918 तक का समय सिर्फ मौखिक साहित्य का था—सन् 1873 में जब भारतीय श्रमिकों को यहाँ लाया गया तो उनके पास लिखने-पढ़ने की सुविधा नहीं थी। दिन-भर के कठिन परिश्रम के पश्चात वे सन्ध्या को साथ बैठते, किस्से-कहानियाँ कहते, गीत गाते तथा बच्चों को लोरियाँ सुनाते। महाभारत, रामायण, पंचतन्त्र, हितोपदेश, बीरबल बादशाह की कहानियाँ सुनते-सुनाते, महात्मा गांधी, स्वामी विवेकानन्द और महर्षि दयानंद के विचारों पर चर्चा करते। इस तरह सूरीनाम में मौखिक साहित्य जीवित रहा। अनुभव गीतों में ढले। इन गीतों में बहुत-सी कहानियाँ थीं, जिन्दगी के बारे में, कंत्राकियों के बारे में, और कभी भारत के बारे में। उस समय के किस्से थे जब लोग रोजी-रोटी, दुख और गरीबी के कारण अपने परिवार और बच्चों को छोड़कर दूसरे देश चले गए। धीरे-धीरे ये अनुभव, दिन-भर की कठिनाइयाँ और जीवन का दर्द शब्दों में उभरकर आने लगा। अनुभूतियाँ अभिव्यक्त होने लगीं और काव्य रचना आरम्भ हुई किन्तु यह अभी भी मौखिक ही थी। दिन-भर के श्रान्त-क्लान्त श्रमिक अपने अनुभवों और अनुभूतियों को पद्य (दोहा, चौपाई, गीत, भजन, इत्यादि) में अभिव्यक्त करते। जो गिरमिटिया जीवन के महत्त्वपूर्ण दस्तावेज हैं—उदाहरणस्वरूप एक गीत प्रस्तुत है—

सुमिरन करके नारायण के, ले बजरंगबलि के नाम।
कथा बखानूँ सूरीनाम को, जिन पर हमको है अभिमान॥

कलकत्ता से भर्ती होकर, सूरीनाम में पहुँचे आय।
उतर गए तब यही देसवा में, डीपु में दिये भात खवाय॥

रोज सबेरे मँझा साहब, सबको हुकुम दिया फरमाय।
हाथ में दे के कटलिस सब्बल, परनासी में पहुँचा जाय॥

जंगल काट के साफ किए, काफी काकाऊ दिये तुड़ाये।
चूँटी चूँटा काटने लागे, देखो माई बाप चिल्लाये॥

पाँच बरस के गिरमिट काटे, फिर ले बहुत मुसीबत आए।
पाँच बरस के अन्त में भैया, रूजफेल्ट कहे दाँत ठियाए॥

अपने देसवा लौट न जहिओ, मानो बतिया आज हमार।
बीघा काट खेत कई दीनही, सौ सौ रुपया दिये पकड़ाये॥

लौटने वाले लौट गए और, रहने वाले यहाँ रह जाए।
जंगल काट के कौफ़ी लगाई, गट्ठा बाना दिया लगाये॥

धान के खेती कर दिखलाई,लड़की लड़का दिये पढ़ाये।
कोई माँझा कोई कमिसरिस, कोई इंस्पेक्टर हो जाए॥

कोई वकील कोई जज और,कोई पार्लियामेंट में बैठा जाये।
भारत माता की औलाद,सूरीनाम में सुखी बनाए॥

बार बार सिव बालक चेतावे, धर्म न छोड़ियो अपना भाई।
धर्म न छोड़ियो अपना भाई॥

दूसरा चरण (1918-1960)

दूसरा कालखंड गिरमिट समाप्ति यथा 1918 से 1960 तक माना जा सकता है। 1918 से नए श्रमिकों का आना बन्द हो गया—हिन्दुस्तानी अब स्वतन्त्र जीवन व्यतीत कर रहे थे। सरकार से प्राप्त भूमि के सहारे आजीविका चला रहे थे। कुछ लोगों ने लिखना भी आरम्भ किया लेकिन अधिकांश उत्पीड़ित वर्ग के पास कोई साधन नहीं था। आरम्भ में ये रचनाएँ धार्मिक सत्संग में भाग लेने वाले प्रचारकों द्वारा हस्तलिखित परचों के रूप में वितरित की जातीं। फिर धीरे-धीरे टंकित व साइक्लोस्टाइल करके पुस्तकें निकाली जाने लगीं।

19 मार्च, 1960 को बाबू महातम सूरीनाम पहुँचे। उन्हें भारत सरकार की ओर से सूरीनाम में हिन्दी प्रचार-प्रसार के निमित्त भेजा गया था। हिन्दुस्तानियों को हिन्दी सिखाना भी उनका दायित्व था। बाबू महातम सिंह के प्रयत्न से हिन्दी की व्यवस्थित पढ़ाई आरम्भ हुई। इस समर्पित व उत्साही प्राध्यापक ने अपनी प्रेरणा व मार्गदर्शन से अनेक युवकों में स्वेच्छा से हिन्दी शिक्षण करने का भाव उत्पन्न किया और वैज्ञानिक ढंग से हिन्दी सिखाई। साधनों का अभाव होते हुए भी उन्होंने गाँव-गाँव जाकर हिन्दी सिखाई तथा राजधानी पारामारिबो के अतिरिक्त जिला सरमक्का, कोमवेना, निकेरी आदि अन्य जिला केन्द्रों व अनेक गाँवों में हिन्दी शिक्षण केन्द्र स्थापित किए। समय-समय पर शिविर व पदयात्रा भी आयोजित की जाती थी जिसमें स्थानीय लोग बड़े उत्साह से भाग लेते थे। उन्होंने हिन्दी छात्रों को लिखने के लिए प्रेरित व उत्साहित किया। इस काल की रचनाओं की भाषा में परिष्कार देखा जा सकता है। एक उदाहरण है—

तेरे घर में घुस गए चोर प्यारे अँखिया खोलो ना।
कैसा सुन्दर महल बना है शोभा अपरम्पार।
सूरज चाँद सितारे इसमें हैं इसमें नौ द्वार।
पृथ्वी जल आकाश पवन और अग्नि तत्त्व है सार।

इन पाँचों से महल बना है ज्ञानी करो विचार।
काम, क्रोध मद लोभ मोह और मत्सर हैं छह चोर।
निर्भय होकर घुसे हैं घर में तुझे समझ कमजोर।
सत्य अहिंसा दया क्षमा है विद्या दम धन तोर।
लूट रहे अनमोल रतन को तू नहीं करता शोर।

योग ज्ञान विज्ञान शस्त्र को लीजे वेग उठाए।
इन अदृश्य चोरों को जल्दी घर से देहु भगाय।
तभी शान्ती पावोगे प्यारे जनम सफल हो जाय।
पड़े न अन्त समय पछताना कीजै यही उपाय।

—चन्द्रमोहन रंजीतसिंह

तीसरा चरण (1960-1975)

वर्ष 1975 में सूरीनाम देश ने एक ऐतिहासिक करवट ली। डच शासन से देश ने स्वतन्त्रता प्राप्त की। यही वह समय था जब सैकड़ों हिन्दुस्तानी सूरीनाम छोड़कर बसने के लिए हॉलैंड चले गए। प्रवास के पश्चात् उन्हें अपने देश की याद आई और इस पीड़ा ने पूर्वजों द्वारा झेली गई पीड़ा का अहसास कराया और अपनी भाषा (सरनामी) के प्रति अधिक प्रेम जागृत हुआ। अपने पूर्वजों की पीड़ा के साथ-साथ उनकी सहनशीलता पर आक्रोश भी उभरा जैसा डॉक्टर जीत नराइन की कविता में प्रतिबिम्बित है—

मर गइली, धँस गइली
मिट्टी में मिल गइली
देश की तागत टूट गइल
फाट गे करेजा
भुकवान हैं हम
सोचिला का होई।

—जीत नराइन

आज सूरीनाम में हिन्दुस्तानियों का एक बड़ा वर्ग है। हिन्दुस्तानी मूल के लोग सभी क्षेत्रों यथा चिकित्सा, इंजीनियरी, सरकारी कार्यालयों के प्रतिष्ठित पदों, उद्योगों आदि में अपना स्थान बना चुके हैं—यह देखकर हर्ष होता है कि आज डॉक्टर, इंजीनियर, वकील, अर्थशास्त्री आदि पदों पर रहते हुए भी कई व्यक्ति हिन्दी अध्यापन कार्य कर रहे हैं, जैसे डॉक्टर कारमेन जगलाल, वकील की पढ़ाई कर रही निशा झकरी, रसायन विज्ञान के अध्यापक श्री अमित अजोध्या। देश में हिन्दुस्तानियों की स्थिति जितनी सुदृढ़ होती है उनकी भाषा भी उतनी ही सशक्त होती जा रही है।

यह पीढ़ी हिन्दी व सरनामी दोनों में ही लिखती है, इतिहास के साथ-साथ वर्तमान कुरीतियाँ भी उनकी रचना का विषय हैं—

भविष्य अपन मंगली जाने, गैली बाबा के पास,
कुंडली देखैली अपन, ओही राहा एक ही आस,
बाबा हाथ देखकर बोलिस, इह तो है एकदम खाली,
बनी काम तब-ही, जब भरियो हमार थाली,

इह बात सुनकर, हम तो होई गैली उदास,
भविष्य बनावे के, और ना है कोई रास?
अच्छा कर्म कर एही हथवन से, हाथ के रेखा न देख,
बदल जाई तोहार जिन्दगी, झूट-फुट के पैसा न फेंक!

— सरवन बख्तावर

सूरीनाम में प्रवासी भारतीय हिन्दी व सरनामी दोनों रूपों में ही लिखते रहे हैं, जहाँ सरनामी रचनाओं में दिल की आवाज है वहीं शुद्ध हिन्दी में अभिव्यक्ति उनके लिए गौरव की बात है। सरनामी का पहला मुद्रित पाठ 'पैरेबल आफ द प्रांडिगल सन' 1956 में 'क्रूस की रोशनी' नामक पत्रिका में छपा। इसे सरनामी में छापने का मुख्य कारण हिन्दुस्तानी वर्ग में सरनामी का अधिक प्रभाव होना था। इसके बाद सरनामी में बाइबल के कई पाठ छपे।

सरनामी का पहला साहित्यिक पाठ सन् 1968 में पारामारिबो में छपा। यह श्रीनिवासी (मार्तिन हरिदत्त लछमन) की कविता 'बुलाहट' थी—

कौन रात्रि में हमके बुलाइस है,
आवाज बाहर से धीरे से आइल है
मालूम ना है कौन पुकारिस,
कहे के हमारे द्वारे पर आइल है

नेवता लेकर...साइद नाउ है,
गुसायके के जाने फिर लौट गइल
सरम से-आलस हम-राह गइली,
कौन रात्रि में हमके बोलाइस है

अँधियार में चिराग लेकर,
मेढ़ी पार से आ पुकारिस
जवाब देली गदगद दिल से,
उसको जो हमार भगवान है

— श्रीनिवासी

यह कविता किसी राजनीतिक प्रतिक्रिया स्वरूप नहीं बल्कि सूरीनाम में साहित्यिक यथार्थ के एक अक्स के रूप में उभरी थी।

चौथा चरण (1975–आज तक)

1970 व 80 के दशकों में सरनामी में कई पुस्तकें और पत्रिकाएँ छपीं। सन् 1980 में नीदरलैंड्स में प्रवास कर चुके हिन्दुस्तानियों के एक समूह ने सूरीनाम में प्रवासी भारतीयों द्वारा विकसित हिन्दी की नई विदेशी भाषिक शैली 'सरनामी हिन्दी' में लेख, कविताएँ, कहानियाँ छापकर 'सरनामी हिन्दी' को ऊँचा स्तर दिलाने का प्रयास किया।

सन् 1990 के दशक में सरनामी हिन्दी को पूर्ण रूप से विकसित सूरीनामी भाषा मान लिया गया। सरनामी में पहला लम्बा गद्य सन् 1984 में प्रकाशित रबिन एस. बलदेव सिंह का उपन्यास 'इस्तीफा' था। इसके बाद इन्हीं का दूसरा उपन्यास 'सुनवाई कहाँ' सन् 1987 में छपा। अप्रैल 1984 में द हेग में सरनामी नीदरलैंड संस्था की स्थापना हुई और इस संस्था ने सरनामी कलेक्टिफ झुम्पा राजगुरू के कार्यों को अपने हाथ में ले लिया।

शीला सहतू व बैजनाथ शाह मिसिर का सरनामी हिन्दी व्याकरण पर शोधपत्र (सन् 1975) उल्लेखनीय है। सरनामी कलेक्टिफ झुम्पा राजगुरू के 'ऐसा समाचार' में लेख भी उल्लेखनीय है। 'ऐसा समाचार' सरनामी पत्रिकाओं का आधार बनी। कृष्णदत्त बैजनाथ का सरनामी हिन्दी साहित्य पर शोधपत्र (सन् 1978), श्री डी. रामलाल व श्री आर. रामलाल की सरनामी हिन्दी की मूल निर्देशिका (सन् 1977), जीत नराइन व टी. दामस्गीत की सरनामी हिन्दी पुस्तक 'का हाल' भी उल्लेखनीय हैं। 'का हाल' को विशेष रूप से उन लोगों के लिए तैयार किया है जो अपने आप हिन्दी (देवनागरी) पढ़ना लिखना और जानना चाहते हैं। 1983 से 1992 के बीच 'भाषा' नामक पत्रिका छपी जिसमें सरनामी हिन्दी पर लेख छपे। सन् 1985 व 1986 में परामारिबो की वैज्ञानिक सूचना संस्था ने सरनामी हिन्दी में लोककथाओं की दो पुस्तकें निकालीं। समर इंस्टीट्यूट आफ लिंग्विस्टिक ने सरनामी पर कई पुस्तकें प्रकाशित कीं जैसे डुइसकाम्प की पाठ्यपुस्तक (सन् 1980)। सूरीनाम व नीदरलैंड्स में आज भी सरनामी व हिन्दी में सतत् रूप से लेखन जारी है।

सूरीनाम के सभी साहित्यकार हिन्दी में लिखकर अपने को भारत से जुड़ा हुआ पाते हैं। इनकी कविताओं में संस्कृति और उससे जुड़ाव की झलक है, भाषा प्रेम की अभिव्यक्ति है, हिन्दी सीखने के लिए प्रेरणा है। समस्त जीवन की अनुभूतियों के बहुआयामी चित्र हैं और अतीत की वेदना है और साथ में हैं धार्मिक आस्था, भक्ति और लोकजीवन का संगीत। प्रवासी भारतीय हिन्दी साहित्य

में सूरीनाम का विशिष्ट योगदान है। सूरीनाम के अनेक साहित्यकारों ने अपनी भावाभिव्यक्ति के लिए हिन्दी को माध्यम भाषा के रूप में चुना है।

लक्ष्मीप्रसाद बलदेव (बग्घा), श्री मंगल प्रसाद, मुंशी रहमान खान, बाबू चन्द्रमोहन रंजीत सिंह, महादेव खुनखुन, रामनारायण झाव, रामदेव रघुबीर वे नाम हैं जिन्हें अभी तक वैश्विक स्तर पर पहचान तो नहीं मिल पाई है लेकिन प्रवासी भारतीय हिन्दी साहित्य में उनका योगदान महत्त्वपूर्ण है। ये सभी कवि भाषा व संस्कृति की ओर लौटने और सामाजिक कुरीतियों से बचने की प्रेरणा देते हैं। चन्द्रमोहन जी ने केवल मानक हिन्दी में ही लिखा और भाव, भाषा तथा छन्द पर विशेष ध्यान दिया। इन्हें सूरीनाम का मुख्य कवि कहा जाता है। मुंशी रहमान खान ने अपनी पुस्तकों में भाषा व संस्कृति की ओर लौटने और सामाजिक कुरीतियों से बचने की प्रेरणा दी। इन्होंने हिन्दू-मुस्लिम एकता नीति, इतिहास, इष्ट वंदना, ज्ञान विज्ञान, भारतवर्ष का इतिहास व स्वतन्त्रता आन्दोलन विषयों को अपने काव्य में समाहित किया है।

मौजूदा हस्ताक्षरों में मुख्य हैं अमर सिंह रमण, डॉक्टर जीत नराइन, सुरजन परोही, पंडित हरिदेव सहतू, जन सुरज नाराइन सिंह 'सुभाग'। अमर सिंह रमण लोक चेतना और अन्तर चेतना के सफल कवि हैं और काव्य, नाटक, निबन्ध के रचयिता, एक कुशल अभिनेता, रंगमंच निर्देशक, गायक और सामाजिक कार्यकर्ता भी रहे हैं।

सूरीनाम के सभी साहित्यकारों ने बहुत अधिक मात्रा में साहित्य भले ही न रचा हो किन्तु जितना भी साहित्य रचा गया है उसमें विषयगत विविधता है। प्रवास का दर्द, देश छोड़ने का मलाल, अपनों की याद, नई जगह पर मिले कष्ट व यातनाएँ, अपनी संस्कृति व भाषा के प्रति लगाव है। सूरीनाम के हिन्दी साहित्य में हिन्दुस्तानियों के जीवन-संघर्ष की कहानी है, उनकी प्रगति का विवेचन है, मन में उठने वाले भावों का चित्रण है। जब अमर सिंह रमण कहते हैं कि सूरीनाम ही हमारा देश है और हमें यदि कोई इस देश में परदेशी कहेगा तो यह हम बर्दाश्त नहीं करेंगे—

अब तो मेरा देस यही है,
कहूँगा मैं दोहराए के
किसी ने परदेसी जो कहा,
मारूँगा ढेला बहाय के।...

—अमर सिंह रमण

यह सूरीनाम में एक ऐतिहासिक मोड़ है जब हिन्दुस्तानियों ने सूरीनाम की धरती को अपना लिया।

सुरजन परोही जब लिखते हैं।...

देश के किसान तेरे हाथों में है हंसिया कुदाली,
तू ही है इस उपवन का माली
पैसा सोना चाँदी हीरे मोती
यही सब कुछ है दुनिया में
इन्हें कोई खाता है?

—सुरजन परोही

...तो उनका संकेत उन हिन्दुस्तानियों की ओर है जिन्होंने कठिन परिस्थितियों में खेती-बाड़ी कर, जंगल काटकर सूरीनाम देश को उन्नति की राह पर अग्रसर किया, गोरे अधिकारियों के पास सब साधन थे किन्तु अनाज तो पसीना बहाकर ही उगाया जाता है!

साहित्यकार का उद्देश्य समाज की कुरीतियों को उकेर उन्हें आम जनता को दिखाना है। यह स्पष्ट है सुरजन परोही जी की कविता 'एकता' से। एक समय था जब सूरीनाम में आर्य समाज और सनातनधर्मियों के बीच बहुत मतभेद था, ऐसे में उन्होंने लिखा—

एक पंछी
दो पंखों के सहारे
उड़ता है।
एक टूट जाए तो
वह उड़ न सकेगा
श्री सनातन धर्म
आर्य समाज
दोनों का सम्बन्ध
पंखों की तरह है
और
उनका जीवन वेद है।

—सुरजन परोही

डॉ. कारमेन जगलाल ने अपनी कविता 'क्या से क्या हो गए हम' में बदले हुए परिवेश को उकेरते हुए ईश्वर से उद्धार करने की गुहार की है—

हम क्या थे और क्या हो गए
चारों ओर पलता है झूठा अहंकार
मनुष्यता की पहचान है अब बेकार
चारों ओर हो रहा है अत्याचार

हम क्या थे और क्या हो गए...
हाय हो गई है मानवता की हार
खुलता नहीं कहीं इन्सानियत का द्वार
हाय कब करेगा आदमी अच्छा विचार
हे प्रभु आप ही करो हमारा उद्धार

—कारमेन जगलाल

सूरीनाम के साहित्यकारों का एक वर्ग वह भी है जो सूरीनाम की स्वतन्त्रता के समय हॉलैंड चला गया, इनमें कुछ तो उस समय बहुत कम आयु के थे, किन्तु प्रवास का दर्द उन्होंने देखा और समझा और इसी कारण अपने पूर्वजों के दर्द को और बेहतर समझते हैं। सूरीनाम छोड़कर भी वह अपने देश, अपनी भाषा से कभी अलग नहीं हुए। सरनामी के प्रति जो उन्होंने किया उसने सरनामी को अन्तर्राष्ट्रीय फलक पर स्थान प्रदान किया है। उनके काव्य और गीतों में न सिर्फ प्रवास का दर्द है अपितु कुछ प्रश्न भी हैं। गन्ना, कॉफी आदि बागानों, आप्रवास और अनुबंधित श्रमिक के विषय के अलावा, व्यभिचार और हिन्दुस्तानी और भारतीय समाज के भीतर उपजी कुरीतियों का चित्रण है और साथ ही है भाव प्रवणता, बीते दिनों को याद कर राज मोहन लिखते हैं—

बैठक के रंग में खेल ले तू होली
बेजती भी होइगे तोर धारू के नसा में
दिवाली के पूजा में कब तोके पूछी
माँज पे आखिर कब मिलेगा नौता
काहे बिमार पड़ल बाटे रे भासा
काहे तू रोवे है आन्रे में हेए के
लंठाइ लठाई में ताना सुनाए के
पास होवे अब्बे ले सब तोके नाँग के

—राज मोहन

राज रामदास की कविताएँ बीते दिनों की याद के साथ-साथ कोमल भावों को लिये हुए हैं—

जहाँ पे
हम और तू
मिलत रहली
हुँआ
अब एगो दारू के दुकान है
पास जब होइला

तब मद्धिम चिराग में
मद्धिम आवाज में
बोल बात सुना है
कभी
नसेढ़ी के गीत भी
आम के पेड़ जौन रहा
उ तो कब्बे ना कटाइ गे
हबड़वा में
जौन छोटी के घरवा रहा
अब खाली है
ओकर रंग छूटगे
भला
इ सब बात
तू जानत होइए।

—राज रामदास

उम्मीद और नाउम्मीद के मौसम में इस तरह जीवन के हरेक रंग को समेटे सूरीनाम का साहित्य वहाँ के प्रवासियों को समझने के लिए, उनकी पीड़ा, उनकी खुशियों का अहसास करने के लिए बहुत आवश्यक है। यह साहित्य ऐतिहासिक व समाजशास्त्रीय दृष्टि से महत्त्वपूर्ण है। यद्यपि भारत में रचित साहित्य से उसकी तुलना नहीं की जा सकती तो भी वह गिरमिटिया जीवन का सच्चा दर्पण है। वह आरम्भ से आज तक की परिस्थितियों का स्वरूप प्रस्तुत करता है और इसी दृष्टि से अमूल्य है।

साहित्य संचयन

काव्य-संचयन

अमर सिंह रमण / आशा राजकुमार (चाँदनी) / कारमेन जगलाल / चन्द्रमोहन रंजीत सिंह / चित्रा गयादीन / जन सुरज नाराइन सिंह 'सुभाग' / जीत नराइन / तेज प्रसाद खेदू / देवानंद शिवराज / धीरज कंधई / बिहारी लाल कल्लू / महादेव खुनखुन / मुंशी रहमान खान / राज मोहन / राज रामदास / रामदेव महाबीर / रामदेव रघुबीर / लक्ष्मीप्रसाद बलदेव (बग्घा) / श्रीनिवासी / सन्ध्या भग्गू / सरवन बख्तावर / सुरजन परोही / सुशीला सुक्खू / सुशीला बलदेव मल्हू / हरिदेव सहतू

अमर सिंह रमण

सूरीनामी बालक

सूरीनामी बालक नाम हमारा,
देश की सेवा काम हमारा।
जितने आसमान पर तारे,
उतने साथी सखा हमारे।

जो चाहे सो कर सकते हैं,
नहीं किसी से डर सकते हैं।
बहा प्रेम की गंगा देंगे,
मिटा देश से दंगा देंगे।

देश हमारा सबसे प्यारा,
दुनिया में सबसे न्यारा।
हम भी इसके प्यारे हैं
जय सूरीनाम के नारे हैं।

दुनिया के बच्चे

दुनिया के बच्चे मन के सच्चे,
काम करो तुम अच्छे अच्छे।

दिल में करो तुम सबके सवेरा,
जग में होवे आदर तेरा।
खेलो कूदो खुशी मनाओ,
ठीक समय पर भोजन खाओ।

पढ़ने में मन खूब लगाओ,
पढ़लिखकर ज्ञानी बन जाओ।
देते हैं परिचय हम नादान,
हम बच्चे हैं घर की शान।

हम सूरीनामी, सूरीनाम हमारा

हम सूरीनामी, सूरीनाम हमारा,
हम इसके यह प्यारा देश हमारा।
इस मिट्टी में बड़े हुए हैं,
घुटनों के बल खड़े हुए हैं।
जब न हमें था कुछ भी आता,
जुड़ा तभी से इस से नाता।
पथिक कहीं से जो भी आता,
आश्रय प्रेम इस से पाता।
सबसे सुन्दर दुनिया भर में,
प्यारा, प्यारा देश हमारा।
सभी देशों से न्यारा है,
बोलो सूरीनाम हमारा है।
हम सूरीनामी, सूरीनाम हमारा,
हम इसके यह प्यारा देश हमारा।

साहस

खड़े शान से रहना अच्छा घायल शीश उठाए,
उचित नहीं है लिए हिम्मत, रखना शीश झुकाए।
यदि स्वतन्त्रता से अपनी है हमें तनिक भी प्यार,
तो खुशी से स्वीकार करें चाहे तोहमत लगे हजार।
देश प्रेम के साथ स्वार्थ की बात नहीं चल सकती,
सूर्य चमकता रहे अगर तो धूप नहीं ढल सकती।
बुरे भले सब इनसानों की मना रहे हैं खैर,
हमें बुराई से नफरत है नहीं बुरे से बैर।
करते प्यार देश से हैं हम, और देश के जन से,
छल कपट को दूर हटाकर सेवा करेंगे तन-धन से।
ना चाहिए हमें दुनिया की दौलत और ना ऊँचा नाम,
अपने होंठों को खिलने दो, कहकर जय सूरीनाम।

स्वागत दीपमालिके तेरा

हम करते हैं स्वागत दीपमालिके तेरा,
तू करती है धन वैभव का सुखद सवेरा।

अमावस का निविड़ अँधेरा करती हो तुम दूर
मानव मन की सभी आशाएँ हो जाती हैं पूर्ण।
दीपक का कर दो सर्वस्व पावन डेरा,
हम करते हैं स्वागत दीपमालिके तेरा।

काली, कालिमा नाश कर भर दो निर्मल दीप आनन्द,
विपदाएँ टल जाएँ सारी सुखमय बने दिगंत।
ना बने मानव दानव का इस जग में कहीं डेरा,
हम करते हैं स्वागत दीपमालिके तेरा।

अमर स्वतन्त्रता ही दे कि दीपावली से सुख पाएँ,
दीप जलाएँ दीन दुखी सब, बाल वृद्ध हर्षाएँ।
खुशियाँ डालें घर-घर में दीपक का अखंड बसेरा,
हम करते हैं स्वागत दीपमालिके तेरा।

आप्रवासी यादगार

वही दिनवा जब याद आवेला अँखिया में भरेला पानी रे।

हिन्दुस्तान से भागकर आइली यही है अपनी कहानी रे
भाई छूटा, बाप छूटा ४और छूटी महतारी रे।
अरकटिया खूब भरमवलीस कहै पैसा कमैबू भर-भर थाली रे
वही चक्कड़ मा पड़ गइली, बचवा याद आय गइल नानी रे।

मारिया भैश के जंगल मा बीती मोरी जवानी रे
तब भी कमाय कमाय के लड़कन के खूब पढ़वली रे।
डॉक्टर वकील,सेस्तर, जज, सिपाही, मेस्तर खूब बनवली रे
अपना सोचा, कुछ ना भवा बचवा सब पड़ गवा पानी में।

बिटिया भागा, बेटवा भागा,होयलान की राजधानी में
बिना मेहनत के माँगकर खाते हैं इस भरी जवानी में।
हम तो सरनामवा के जंगल काट-काटकर उन्नति खूब करवली रे
जब सुख करने का बेरिया आवा, तब यही दसा हम पवली रे।

यही तो अपनी हिन्दी है

जब तक सूर्योदय न हुआ था, तभी तक दीप की शोभा थी।
जब तक हिन्दी ना पनपी थी, तब तक कईं भाषाएँ थीं।
जब से इसको पाया है, तभी से अपनापन आया है।
भारतीय संस्कृति को इसने जन-जन तक पहुँचाया है।
गंगा माँ की शोभा जैसी जोश ले आगे बढ़ी है यह।
सब बहनों से बड़ी भी है, सब से आगे खड़ी भी है।
सब भाषा की बिन्दी है, यही तो अपनी हिन्दी है॥

घर बाहर और हाट बाजार करते हैं सब इसको प्यार।
राग द्वेष को इसने मिटाया, सभी जाति को गले लगाया।
रात में दिन का काम है करती, चित्त में ज्ञान प्रकाश है भरती।
घर बैठे है सैर कराती, बिना यान के चलती-फिरती।
राम रहीम करीम हो कोई, वेद कुरान बाइबल हो जोई।
झगड़ा मजहब कितने हों किन्तु भाषा सभी की हिन्दी है।
यह सब भाषा की बिन्दी है, यही तो अपनी हिन्दी है॥

भारत से उड़ कर सूरीनाम में आई है तू बड़े काम में।
हृदय अपना हुआ पवित्तर, जब से सीखा तुम को पढ़-पढ़।
तुझ से ही मुझे ज्ञान मिला, ऐसा अमृत पिला दिया।
अब तू ही मेरी साकी है, इसी नशे में रहना चाहूँ,
जब तक जीवन बाकी है।
मान दान और वेद-पुरान,सगरो होता तेरा आख्यान
ऋषि- मुनि जप-जोग निदान, सबके तू ही तन का प्राण।
तू ध्यानमग्न की बिन्दी है, यही तो अपनी हिन्दी है॥

प्रवासी विरह

रे मुन्ना भेंट ना होइहैं हमार।
किरवा काटिस मुड़िया में हम भाग अइली परदेस,
अपने देश में अकड़त रहिली यहाँ कुली का भेस।
सात सन्मदर पार हो अइली छूटा भारत देश॥
रे मुन्ना भेंट ना होइहैं हमार॥

भैसी चरावत दूध खात और खेलत रहत कबड्डी।
आकर पड़ गया भक्खड़ मा यहाँ टूट गई मोरी हड्डी।
देह की पीरा सही ना जाए, दाना हो गई मिट्टी॥
रे मुन्ना भेंट ना होइहैं हमार॥

श्रीराम टापू के बदले पकड़ा हमें दलाल,
यहाँ तो चींटी-चूँटा काटे बुरा हो गया हाल।
दिन-भर मेहनत करते करते सूख गया मोरा गाल॥
रे मुन्ना भेंट ना होइहैं हमार॥

भाई छूट गइल, बाप भी छूटा औ छूटी महतारी
लड़कन-बालन सब कुछ छूटा, छूट गई मोरी मेहरी
धोती कुरता सब कुछ छूटा बदन पर रह गई लुंगी॥
रे मुन्ना भेंट ना होइहैं हमार॥

मैं सरनामी हूँ

कलकत्ते से पुरखे आए डिपु में नाम लिखाय के
सूरीनाम में डेरा डाला जात पाँत लुकुवाय के।
इसी देश में गर-गढ़ गए खून-पसीने बहाय के
जाते-जाते हमें छोड़ गए सुन्दर जवान बनाय के।
अब तो मेरा देश यही है कहूँगा मैं गोहराय के
मुझे कोई परदेशी बोला मारूँगा ढेला बहाय के।
भारती कुरता पहन लिया हूँ इंग्लिस्तानी पायजामा सिलाय के
सबके बीच घूम रहा हूँ सरनामी चमोटी लगाय के।
यहीं पढ़ना लिखना अपना यहीं का दाना पानी है
यहीं पे बचपन खेला कूदा अब तो आई जवानी है।
इस धरती की शान बढ़ाऊँगा सारी शक्ति लगाय के
मैं तो हमेशा यहीं रहूँगा सरनामी जनता कहाय के।

मनुष्यता

दो ही शब्द काफी हैं इस विश्व सार में
मनुष्यता रहे गर मनुष्य के प्यार में।

हृदय उदार हो मनुष्य का मनुष्य से
अखंड प्यार हो मनुष्य का मनुष्य से।

मनुष्य हम बनें, यह सभी का लक्ष्य हो
मनुष्य के लिए ना मनुष्य भक्ष्य हो।
उस देस में सभी से प्रेम भाव चाहिए
ना जाति-पाँति-धर्म का दुराव चाहिए।

जाति-धर्म तो प्रसिद्ध है मनुष्य प्रेम का
जब से भू रही है यह नियम चल रहा।
हर जिगर में रम रही है मनुष्यता
कर रही है सबको प्रसिद्ध विश्व में।

इस गान से पता लगा कि है प्रभु कहाँ
मनुष्य प्रेम बढ़ता है निरन्तर जहाँ-जहाँ।
रमण कह रहा कि मनुष्यता ही प्रेम धर्म हो
हर मनुष्य को मनुष्य ज्ञान, मान, धर्म कर्म दो।

आशा राजकुमार (चाँदनी)

टुकुर टुकुर ताके

टुकुर टुकुर ताके
इधर से उधर
काहे फिर ना
कोई आ जाई
हम्मे ले जाई
काहे कोई और
जनावर ना आ जाई
हम्मे खा जाई।

हवा से पकड़ के
बन्द कर लेइस
एक खुलल कमरा में
सामने है दाना पानी
आँखी टपके है
फिन गाना गावे
के चाही
रोने के सिवाइ
और का बाकी रह गइल
और गँवा
रहल है
जबरजस्त
जान है हमार
और सौदा हमार
रंग और ढंग
के होवे हैं?
के बोलता रहा
आजाद जैसे पंछी

सरनामी हॉलैंडर

दुइ चार बोली
सीख लेइस
हॉलैंड में
अब दिखे
बड़कइ दिखावे

भुलाइगे ?
जब टूटल
कोठरी में
रहत रहा
चॉहटा में
तरकारी
बोवत रहा
चौर ले जात रहा
उधार
पैसा उधार
लेके हॉलैंड गइल
आज दुइ चार
बोली सीख लेइस
तब दिखे सिखावे
हम लोग के
कैसे जिए के।

हिन्दुस्तानी

हम कैसे भुल दी
हम हैं हिन्दुस्तानी
अपन हरी भरी देस
के छोड़ के काहे हम
जाए परदेस
खाइ काहे खात
कोई और के निमक

जब अपन घर में
है दूध भात
हम कैसे भुलाई
हम हैं हिन्दुस्तानी।

छूट गइल रे तोरे साथ

छूट गइल रे तोरे साथ—होय गइले रे तू बीतल बात
बह गइले जैने कौन पानी में

फिर याद आइले तू हम्मे
बोइटिया बुलावे हमके
कौन गुन गुना होली आई रे कन्हाई...

याद आवे—घर घर के खेल
भेंट होइ कहाँ—कैसन होली अब
केके खवाइ मय्या लालकवा मुरगा।

समय

हवा उड़ा ले गई हाल-चाल भी
हमार आवाज और हमके लेले जाई है
फूँक से ओकर लड़कन ल्ढ़े
ऐसने होवे है बहुत जमाना से।
और अब्बे तलक हम लोग के आदत ना पड़ल।

चुपचाप जमीन पर

चुपचाप जमीन पर बरसे सुनसान इ रात
खयाल में मथलें हैं कोई जमान पुराना
सपना गुजर गइल
आँसू में बह गइल

जैसे अंगूठी से गिरल मोती

जैसे अंगूठी से गिरल मोती
हेराइ गइल बिछौना में सपना हमार
दिल हमार है पक्कल आम
जौन के मारिस हवा और गिर गइल पानी में

हमार बोइती के पंडित

हमार बोइती के पंडित जात के ब्राहमण
चेहरा जैसे चिनवा के
दूसरे के घरे गौमता पूजा करे
अपन गाय के तताइ से मारे
बेमार बाटी हम और इ झाड़े सीख
से हमार लड़का के
लड़का बड़का आँखि से ताके: काहे इ बुढ़उआ
सीख से सोहोराव है तन हमार
कथा के दिन आगे हटा देइस पंडित
बोले: चाहता में ना जब झंड़ी गाड़े
भगवान और इसे है कौन पुरान झगड़ा
हम्मे ना पता।

पूनम के रात है

पूनम के रात है
धान के गट्टा में चाँद बुजबुजा है
झूरा में उठा लाब हम एके
ओइसे गिर जाए दरारा में

ऊपर बादर चाँद के टोप देइस
हमार खेतवा में जौन रहा चल गइल धीरे से
पता ने कौन सन्देश है इ
आज हमार घर हम्मे प्यारा लगे।

हम अकेल

सब के बीच में रहली हम अकेल—सदा अकेल
दौड़त रही पागल हम दुनियादारी के पीछे
समझली ना अपन समझ
लड़कन दिन भर के खेल से थकर सूतल है
पाहुना खाना खा कर राजी खुशी से
चल गिले
सब लोग के बीच में बाटी हम अकेल।

आशू...आशू...

आशू...आशू...
धीरे से कोई बोलाबो हम्मे
खेले के लुक्का-चोरी हमसे
आँखि टुकुर टुकुंर ताके अँधियार में

दिल सनामन
घर सनामन
रात सनामन
के चिढाँवे है हम्मे
फिर लगल आँख हमार
हवा मारिस टीन चीखे आधी रीत
आशू आशू
कान बन्द करली, आँख मुनली
फिर से बोलाइली नींद के हम

खोज न हम्मे
लुकान बाटी कौन कहाँ
आशू आशू

घबरान मन हमार कहिन फिर ना
तब के दिन आइल बोलावे हमके
दौराइला हम रात भर चार दीवार के बीच
आइना ताके हैरान से होइके हमके।

बिजई

हर साल हमार फरयारी में लावत रहा बिजई
गरीब माई के लड़का
लाल लाल फूल बिनल रुमाल हमार खात
मुड़ी हमार रहा छन्ना
भूल जात रही हमके ओही दिन बिदाई भी फरयारी है

चहता में लेथरान लगत रही हम लोग जइसे मेघा
लड़त रही हम लोग एक मछरी के पीछे
उ दिन के गतवान में रहा बहुत जीव
झौंकल कुकुही कड़हिया में कूदे

आजा के खटिया पर सूतत रही हम दूनू
बात करत रही सैतान और भगवान के
आजी कमाड़ी लगे खड़ा होके कभी दोहा गावे
कभी हम लोग के माई बाप के गरियावे

नवरंगी चोराई हम, नाम लगे बिजई के
आजी आजा और बिजई सब भइल भगवान के पियारा
फल के पेड़ झुराइ गइल।

आजी भाजी बनावे

आजी भाजी बनावे
आजा बाजा बजावे
नानी बोतल के पानी पिए
नाना बाना बोवे है
भइया गइया लगावे
बप्पा पइसा कमावे

गावत गावत
नाव आवे दुआर प हमार
कुत्ता धौरावे एके
चतकन से मारे नाउ कुत्ता के

हम लोग दउरी कुत्ता के पीछे
भाग बेलू भाग बेलू
बेलू दौरावे नाव के पीछे

बेचारा नाउ नवता देइस
एक गिलास ठंडा पानी पीस
फिर से कोसिस करिस
बहिन के हमार नाता जोरावे के
एके पता है घर घर के भेद
कहाँ कहाँ कुँवार बेटी बेटा हैं

बाप सफा जवाब देइस
लड़कन अब्बे स्कूल जा है
बियाह वियाह करेके काम न है
छटकन से कुत्ता मारत मारत
अउर गावत गावत नाउ फिर से चल गइल

आजी भाजी बनावे
आजा बाजा बजावे
नानी बोतल के पानी पिए।

के दोहराइ सात रानी के कहानी

बचपन के दिन काका काकी के खिस्सा
के दोहराइ सात रानी के कहानी

काकी हमार रहा गरीब बेचारी
ब्राहमन के बिटिया काटिस अछूत के जिन्दगी
आजी पानी न पियत रहा एकर हाथ से

काकी के अपन जिन्दगी में रहा छोटा छोटा मजा
सात मदमजानेत के बनावत रहा चटकार चटनी
लड़कवन खात रहा आँख से आनस
तबकत रहा
अँधियार कोठरी में कहत रहा

तीता तेल ओराइ लगल रहा
आगि छटपटात रहा जइसे बच्चा बिना दूध के

उमरिया ढलत गइल डम भइल काकी के समान
काकी सो गई मौत के नींद
के दोहराइ सात रानी के कहानी।

कारमेन जगलाल

भगवान की खोज

काशी गइलीन
मक्का गइलीन
रोम भी गइलीन
कहीं न पइलीन भगवान

वेद पढ़लीन
कुरान पढ़लीन
और बाइबिल भी पढ़लीन
फिर भी न मिलल भगवान

पंडित से पुछलीन
मुल्लाह से पुछलीन
और पादरी से पुछलीन
उसको भी न मालूम कहाँ है भगवान

गंगा नहयलीन
भक्ति करलीन
फिर भी न मिलल भगवान
भगवान कहाँ मिली
कोई तो हमें बतावे।

मैंने भगवान से पूछा

मैंने भगवान से पूछा—तुम कहाँ
भगवान ने कहा मैं आप ही के पास,
आप ही में हूँ

मैंने भगवान से पूछा—तुम क्यों नहीं
दिखाई दे रहे हो।
भगवान ने कहा कि बस वो नजर
ही तुम्हारे पास नहीं है।

मैंने भगवान से पूछा कि हमारे
शरीर को पूर्ण कर दो
भगवान ने कहा—तुम्हारी आत्मा सम्पूर्ण है
शरीर तो अस्थायी है

मैंने भगवान से पूछा—दुख क्यों है
दर्द क्यों है
भगवान बोले दुख और दर्द
तुम्हें मेरे पास लाते हैं।

मैंने भगवान से पूछा—
मुझे ख़ुशी क्यों नहीं देते हो
भगवान ने कहा,
मैं तो सिर्फ आशीर्वाद देता हूँ
खुशी तुम पर निर्भर है।

मेरा गाँव

दूर कहीं पच्छिम में रहते हैं हैं हम
जहाँ दुनिया का न कोई दुख और न गम
उस जमीन का क्या है कहना
यही है हम सब निकेरी वासियों का गहना
लगाते हैं हम यहाँ धान
जो है हमारे सोने की खान
जहाँ रहते हैं हम सब एक समान
यही है हमारी नगर की जान
हिन्दू मुसलमान और इसाई
रहते हैं जैसे भाई भाई।

घर

एक घर बने अपना
जहाँ रिश्ते रिश्ते हों
जहाँ प्यार ही प्यार हो
जहाँ अपना संसार हो
जहाँ मन का सुकून हो
जहाँ खुशियों की जन्नत हो
जहाँ जिन्दगी हँसती हो
मैं जीना चाहती हूँ
ऐसे घर में।

एक घर बने अपना
जहाँ प्यार का आँचल फैला हो।
जहाँ फूलों का बगीचा हो
जहाँ बन्धन में भी मुक्ति हो
जहाँ प्रेम की बारिश हो
जहाँ हँसने की गूँज हो
मैं जीना चाहती हूँ
ऐसे घर में।

शराब

तुम अमृत भी हो, और जहर भी
तुम बीमारी भी हो, और इलाज भी
तुम दवा भी हो और दारु भी
हे शराब तुम क्या क्या नहीं हो।

तुम जीवन भी हो, और मृत्यु भी
तुम दर्द भी हो और मरहम भी
तुम दुआ भी हो, और अभिशाप भी
हे शराब कैसे बताई तुम क्या हो?

तुम धर्म भी हो, और अधर्म भी
तुम स्वर्ग भी हो, और नरक भी
तुम आँसू भी हो और खुशी भी
हे शराब तुम चीज ही लाजवाब हो!

परदेश

देश छोड़कर जाते हैं हम
स्वर्ग की खोज में कितने दूर जाते हैं हम
पल भर में बन जाते हैं हम बिदेशिया
पराए लोग, पराए दोस्त, पराए देश

दिल छूटा दिलबर छूटा, देश छूट गया।
बदनसीबी देखिए हमारा आशियाना छूट गया
खुशी ढूँढ़ने आए हम, सात समंदर पार
कुछ न मिला, हमारा देश छोड़ना हुआ बेकार

यह देश है नहीं अपना
यहाँ हर कोई है बेगाना
अब बस समय का है इन्तजार
कब हम जाएँ अपने देश फिर एक बार।

बिदेसिया

काहे हम आइलीन बिदेस
लोग हमें देशवा में भरमाया
रोटी के कारन कष्ट उठाया
ऐसन बुरा हाल न था देशवा के।

काहे हम आइलीन बिदेशिया
जहाँ सब कोई है अजनबी
यहाँ कोई नहीं है अपना
देश छुटा छुटे बाप महतारी

काहे हम आइलीन बिदेशिया
सात समुंदर पार सब के छोड़ छाड़
अब आवे न कोई बिचार
हम हैं यहाँ बस लाचार।

बन्धन

कौन है मुक्त यहाँ
मैं, तू, हा कोई नहीं
हर एक बहाने हैं बन्धन में
जिस से निकलना मुश्किल है।

कहीं रिश्ते का बन्धन
तो कहीं दायित्व का बन्धन
मुक्त हैं कहाँ हम
बस चारों ओर बन्धन ही बन्धन।

कहीं कर्तव्यों का बन्धन
तो कहीं धर्म का बन्धन
मुक्त कोई नहीं है।
बँधे हैं हम सब बन्धन में।

चन्द्रमोहन रंजीत सिंह

नर में नाग

सभ्य नहीं बन पाए नाग तुम सभ्य नहीं बन पाए
उसको भी डस लिया है जिसने तुझको दूध पिलाए। नाग।
अपने हीन कर्म पर मन में कभी नहीं पछताए।
जिसने रक्षा करी तुम्हारी, तेहि शिर वज्र गिराए। नाग।
नाता जोड़ के नाता तोड़ा अपनी चाल दिखाए
विषधर साँपों से मिल करके कौम का खून कराए। नाग।
जो कुछ कहा किया ना उसको, लाज न मन में आए
इसी से पापी तेरे मुख में, विधि दो जीभ बनाए। नाग।
जिस घर में तू पला प्यार से, उसमें आग लगाए
शिर पर रखने वाले के शिर विष ज्वाला बरसाए। नाग।

धर्म गँवाना ना अच्छा

धर्म छोड़ने से, फूलों के सेज पर सोना ना अच्छा
धर्म की रक्षा में काँटों सोना है सबसे अच्छा
हरिश्चन्द्र ने दानकर्म को तजे न संकट लाख सहे
सोच लिया दुख सहना अच्छा धर्म छोड़ना ना अच्छा
तेग बहादुर कत्ल हो गए मोह किया ना काया का
खून बहा कर सिखा गए निज छोड़ना ना अच्छा
वीर हकीकत हँसते हँसते, झूल गए थे फाँसी पर
उस बालक से सीख लो प्यारे, धर्म त्यागना ना अच्छा
सती पद्मिनी कूद पड़ी थी महाभयंकर ज्वाला में
सिखा गई घर-घर सतियों को धर्म गँवाना ना अच्छा।

धर्म गँवाना ठीक नहीं

अन्धा होना ठीक बुराई कभी देखना ठीक नहीं।
गूँगा होना ठीक मगर है बुरा बोलना ठीक नहीं।
बहरा होना ठीक पराई निन्दा सुनना ठीक नहीं।
निर्बल होना ठीक बली बन करके सताना ठीक नहीं।
निर्धन होना ठीक धनी कंजूस कहाना ठीक नहीं।
मूरख होना ठीक चतुर बन नीचे गिरना ठीक नहीं।
संकट सहना ठीक मगर संकट से डरना ठीक नहीं।
मर मिटना है ठीक धर्म को मार डालना ठीक नहीं।
भूखा रहना ठीक मगर भूखा लोटाना ठीक नहीं।
गला कटाना ठीक मगर निज धर्म गँवाना ठीक नहीं॥

सिरनाम

जन्म भूमि सिरनाम मेरा जो स्वर्ग लोक से प्यारा है।
इस मिट्टी को तिलक करूँ तो जीवन सफल हमारा है।
जहँ धर्म-कर्म आचार सभ्यता पर चलता जन सारा है।
मन्दिर मस्जिद गिरजा घर में लगता प्रभुवर की नारा है।
जिस देश की सुन्दर वायु से जीवन चल रहा हमारा है।
जिस धरती का अमृत जल पीकर आयु हमने धारा है।
अति विचित्र पर्वतमाला प्राकृतिक सुयश विस्तारा है।
सुन्दरता से पूर्ण नदी की बहती निर्मल धारा है।
जहँ नव वसंत सम हरा भरा लख देश में ग्रीष्म हारा है।
मन भावन राष्ट्रीय चेतना से जन मन उजियारा है।
जहँ राष्ट्र पिता श्री बापू का सिद्धान्त सभी को प्यारा है।
जहँ मानवता की अमर मूर्ति से दानवीय मुख कारा है।

सिरनाम देश हमारा

दुनिया में एक सितारा, सिरनाम देश हमारा
लगता है हमको प्यारा, सिरनाम देश हमारा।

अति सुन्दर, ऋतु सुहाया हर जन-जन के मन भाया
नदियों की निर्मल धारा, सुरिनाम देश हमारा
हिन्दु मुस्लिम जावानी, चीना क्रियोउल क्रिस्तानी
धरती का सभी दुलारा, सुरीनाम देश हमारा
मिल ऐसा कर दिखावो, अति उन्नति देश बनावो
बह जाय प्रेम की धारा, सुरीनाम देश हमारा।

भारत के सांस्कृतिक दूत बाबू महातम सिंह

सिरनाम देश में भारत से संस्कृतिक दूत जबसे आए।
हो गई धन्य हिन्दी भाषा, हिन्दी प्रेमी के मन भाए॥
कौरव गण में घिरी द्रौपदी, मन ही मन अकुलाती थी।
निज रक्षा हित भीष्म द्रोण पर, अपनी नजर घुमाती थी॥
पर सब से आशा टूट गई, मन जा पहुँचा गिरधारी पर।
हे प्रभुवर रख ले लाज मेरी, कर दया दयानिधि नारी पर।
बन गई द्रौपदी थी हिन्दी, सब आशा उसकी विफल भई।
मन जा पहुँचा करुणानिधि पर, कुछ सूझ पड़ी तब युक्ति नई।
धर रूप प्रभु तो ना आए, हिन्दी की मान बढाने को।
पर दूत पठाए भारत से हिन्दी की शान बढ़ाने को॥
हे बाबू महातम किए, किए त्याग तपस्या तुम भारी।
क्या कभी उऋण होंगे मन से, सिरनाम के सारे नर नारी।
मन ही मन हिन्दी के प्रेमी यश बाबू जी की गाते हैं।
गाते हैं यश गाते हैं नित जै जैकार मनाते हैं।

बालक

जिसने ही पढ़ा होगा जरा ध्यान से इतिहास।
उसको ही मिला होगा इस बात का आभास।
लड़कों पर ही निर्भर है किसी देश की सब आस
बालक ही मिटा सकते हैं निज देश की सब त्रास।
चाहे तो किसी देश को बस स्वर्ग बना दें।
निज धर्म से हट जाएँ तो मिट्टी में मिला दें।

निज देश की उन्नति का है सब भार इन्हीं पर।
निज धर्म की रक्षा का है सब भार इन्हीं पर।
इनकार इन्हीं पर है तो इकरार इन्हीं पर।
इन्हीं पर रिआया भी है सरकार इन्हीं पर।
बालक जो सुधर जाए तो सब देश सुधर जाए।
हर एक का दिल मोद से भंडारा सा भर जाए।

बालक ही तो हैं देश के सम्मान का भंडारा।
बालक ही तो हैं देश के धन-धान्य के करतार।
बालक ही तो हैं देश की बल-शक्ति का आकार।
बालक ही तो हैं देश के निज धर्म का आगार।
सच मानो अगर देश के सब बाल सुधर जाएँ।
सब सिरनाम के बाशिन्दों के घर मोद से भर जाए।

इनके ही बिगड़ने से बिगड़ जाता है सब देश।
इनके ही बदलने से बदल जाता है सब देश।
इनके ही भले होने से कुछ आती नहीं पेश।
इनके ही भले होने से मिट जाता है सब क्लेश।
इनके ही तो हाथों में है सब आगे आसा।
इनके ही दमों चलती है सद्धर्म की स्वासा।

सच मानिए निज देश के करतार यही हैं।
सच जानिए निज देश के भरतार यही हैं।
सच देखिए निज देश के हरतार यही हैं।
सच देखिए निज देश के रखवार यही हैं।
इनके ही बिगड़ने से बिगड़ जाता है सब देश।
इनके ही सुधरने से जाता है सब देश।

जिस देश के बच्चों में हो उत्साह की लाली।
करते न हों निज चित्त को उत्साह से खाली।
खेलों में भी तजते न हों निज ओर की पाली।
पड़ जाए कठिनता तो समझते हों बहाली।
बस जान लो उस देश में आनन्द का है वास।
आपत्ति फटकने नहीं पाती है कभी पास।

मुझे नजर से न गिरा देना

शरण में आके पड़ा हूँ भगवान, दया को अपनी हटा न लेना।
तुम्हीं हो माता-पिता हमारे, प्रभु तुम भुला न देना
कमी न कुछ है तुम्हारे घर में, महान महिमा है मेरे स्वामी।
कहाँ रहे हो दयालु प्रभु तुम, दयालु को भुला न देना।
पतित न जग में कोई मुझ सम, न तुमसे पावन कोई बढ़कर।
है हमको आशा तुम्हारी प्रभुवर, दया की दीपक बुझा न देना।
हैं चाँद सूरज सितारे जितने तुम्हारे शक्ति से चल रहे।
अनन्त हो तुम सब अन्तवाले, मुझे नजर से न गिरा देना।

अपनी मातृभाषा

निज भाषा को भूलना है भारी अज्ञान।
अपनी भाषा सीखिए,नित होगा कल्याण।
सब कुछ सीखे जगत में, भए गुणों के धाम।
निज भाषा सीखे नहीं, समझो सब बेकाम।
हिन्दी भाषा को पढ़ो, सुनो हिन्दी के लाल।
हिन्दी बोली बोलिए, इस पर नहीं सवाल।
अँगुली रखना आग पर, है यह भारी भूल।
निज भाषा को भूलना, उससे बढ़कर शूल।
पढ़ भाषा निज देश का, पावोगे सम्मान।
निज भाषा को सीखिए, बढ़े तुम्हारो ज्ञान।
अपनी भाषा को तजें, बोलें अटपट बोल।
हँस-हँस कर शिर पर लिए, हाय अज्ञता मोल।
निज भाषा सीखे बिना, क्या जानोगे खास।
समझोगे कैसे बता, तुम अपना इतिहास।
हिन्दी भाषा भूल मत, करो निरन्तर ध्यान।
हिन्दी भाषा बोलिए होवे निर्मल ज्ञान।
राष्ट्रीय भाषा को पढ़ो, होय सदा कल्यान।
मातृ भाषा भी पढ़ो, तब हो चतुर सुजान।
तन-मन-धन से कीजिए, निज भाषा प्रचार।
यह उन्नति की मूल है, कीजे सुजन विचार।

हे सपूत सिरनाम के, कर हिन्दी की मान।
खुद पढ़िए पुनि ओर को, कर आकर्षित ध्यान।
गर तुम सीखोगे नहीं, हिन्दी अक्षर ज्ञान।
आगे के सन्तान की, क्या होगी पहचान।

अदृश्य चोरों से सावधान

तेरे घर में घुस गए चोर प्यारे अँखिया खोलो ना।
कैसा सुन्दर महल बना है शोभा अपरम्पार।
सूरज चाँद सितारे इसमें हैं इसमें नौ द्वार।
पृथ्वी जल आकाश पवन और अग्नि तत्त्व है सार।
इन पाँचों से महल बना है ज्ञानी करो विचार।
काम, क्रोध मद लोभ मोह और मत्सर हैं छह चोर।
निर्भय होकर घुसे हैं घर में तुझे समझ कमजोर।
सत्य अहिंसा दया क्षमा है विद्या दम धन तोर।
लूट रहे अनमोल रतन को तू नहीं करता शोर।
योग ज्ञान विज्ञान शस्त्र को लीजे वेग उठाए।
इन अदृश्य चोरों को जल्दी घर से देहु भगाय।
तभी शान्ती पावोगे प्यारे जनम सफल हो जाए
पड़े न अन्त समय पछताना कीजै यही उपाय।

चित्रा गयादीन

कब के याद

जहाँ तलक
आँख देख पावे
सेतियावल, सिझावल
जिन्दगी हमार।

मन में ना कोनो तरस
दिल में ना कोनो दुख

चारी ओर के सन्नाटा
पुरान सपनाके जगावे

घेरे लगल
दिन पर अँधियार

लपेटल है
दिल के कोना में
केकर कब के याद।

सावन के आखिरी दिन

घाम में गरम
चान में ठंडा
बैठल रहा समय
लपकाइके दुनो हाथ
हिलत-गिलत इक दुइ बात
मद्धिम आवाज के अक्षर
नरम सब्द के हलचल
पक्कल फल

मन महकल
छौंकल दाल
खुलल कमाड़ी

और तू
एतना दूर।

सादा रोटी करहर होत जाइ

पीसल आम के चटनी
बोतल भरल पानी
गरमाइके झुराइ
कोई दोहरावत जाइ
कई दाईं तोर नाम
बन्हल रहा तोर हाथ
बन्द रहा तोर मुँह
पड़ल रहल पेड़ के नीचे
पुराना सपना ओढ़ के तोर देह
रोवत है अब तोर खेत
झल्लासी और काँटा के नीचे
जिन्दा याद गाड़ के तू
पीछे छोड़ देले सब

ठंडा राख के कोयला लिखत है
तोर नवा दूसर नाम
ए मय्या
आज चूल्हा ना बार, ना बार...।

तोर साथे खेत भी रोवत होय

अपन खेत प्यार के चादर में
ओढ़ाइके तू सूतत बाटे

दूसर देश के गहरा सपना
हाथ से बोवल पेड़वन
आवाज से जगावल गाय गोरू
माटी से लीपल घर द्वार
सब खियात जात है
पड़ोसिन के धुँआ
तोर अँगना लाँघके आई
करहर रोटी, अब के माँगी खाई
समय के करहियाउ पर
हम लोग उ लोग के बोली
हवा जोर-जोर गोहराई
कमाड़ी खुली बन्द होई
अँगना में मिटत जाई
कई दिन के चिनहा।

तू कुछ ना सुनले

चूल्हा के आँच तोर चेहरा झुराई
तोर जिन्दगी राखी में लपेटी
कितना आसा बटोर के खड़ा बाटे
दूध उफला है, दाल खौली
भात सींझे
एक दिन
पिसान के सपना
मन के बातचीत
खचियाइस रहा तोर अँगना में
चार दीवार पर नौता के हाथ
मुस्कियाइस रहा
ओढ़नी ओढ़ के आल तोर द्वार
ए भौजी, ए दुल्हिनिया
ए लीसवा के माई
गोहराइके कहाँ तोके लेके चलगे।

रहमलवैग

मय्या बोली
रहमलवैग चली
हम भुलाइगे रही
हुआँ के रहे है
जैसे इगो संस्कार
ई पलवारी घुमाई
मय्या सोचे है
ना जान सके
कब फिर आई
हम लोग सहर गइली
पी एल (बस) पकड़ली
शोफर गुस्साइल
फुटकर ना रहा
दुकान बन्द
कुकु ना मिलल
घाम से धीकत रास्ता पे
धीरे-धीरे मय्या
चलते चलते पेड़वन के पीछे
बिना फेरफी करल घरवा पहिचानिस
परासी में नारियर के बोकला
कुत्ता भौंकल आइल
पतेह घर से निकरल
जे में बोले लगल
माई घई बाजार, अब्बे आइल
दुइ कुरसी आम के नीचे लाइस
कस कस नारियर फोड़े लगल
पानी गिलास में रोकिस
धीरे धीरे हम चिखिला
जोन बात सब कोई पूछे
हौलैंड कैसे लगे है
जौन जवाब सब कोई देवे है
ओमे बहुत ध्यान लगाइके

ना पूछिस
भ्याह कब करिये ?

अपनपन के बारे में

चेहरा
एक आईना में
ना हम ना तू
ना तू ना हम
पेड़ से नोचल
हवा में
हिंयाँ से हुआँ
उड़ीला कहाँ से कहाँ
आज भी अनजान
कर लिए कभी पहचान
टूटल
कई दफा दिल
देह में बहते जा दुख
हमार जौन रहा कौन
कैसे अपने आप
हम्मे मिल
चेहरा एक आईना
णें एक चेहरा
ना हम ना तू
ना तू ना हम।

सौ लोग के बीच में

सौ लोग के बीच में
दुख हमार खून में
चढ़े लगल

आज तोके देख के
ना पहचान सकली
सरम के मारे
चेहरा हाथ में
छुप गइल
सोच खामोशी तक
मद्धिम करी
कोसिस करी
और भूल जाई
सौ लोग के बीच में
अचक्के फरक मिट गइल
याद हमार झाँझर बन के
लास होई गइल
आज तोके ना पहचान सकी

प्यार

मन के हर एक कोना में
खुसियाली के माले
पहिनावल है।

नेबवा

नेबवा से नहा लिए
ब्लॉ पानी भी ठीक है
इगो इतवार का दिन चाहि
थोड़ा सा पानी दे दिए
चेहरा अपन देश की ओर।

जन सुरज नाराइन सिंह 'सुभाग'

प्रभु का भेद

ज्ञानों के सागर वेद
उसमें प्रभु छुपाया
अपना भेद
हम तेरा सेवक प्रभु
तू तो इन्सान के देवक

लेना है तो साफ कर अपने प्रभु
का मन्दिर
ता वो भर देगा
बिद्या-ज्ञान से तेरा दिल

पुण्य में है तेरी भलाई
ध्यान धर
तो पाप दूर हो जाई।

इन्सान से कुछ और बन

जमाना खराब है
अब से याद कर
हम खराब हैं
जलन दुश्मनी
खराबी चंडाली
अलग कर के
झटक पटक के
बाहर बीग
प्रेम भक्ति से

मन के काबू में रख
माया के छोड़
मन से सोच
धीरे-धीरे
सुख शान्ति के घर खोज।

हवा

पेड़ के पत्ता
हवा गिराई
प्रभु
ऐसी हवा
कभी ना आवे
जो...
हमारा धर्म संस्कृति
एक पत्ता के मिसाल
उड़ा ले जावे।

पेट

रोज सवेरे कटलिस चूमूँ
रस्ता पकड़ी खेत के
बगल में टाँगूँ सतवा पानी
और झटक पटक के टाँग बढ़ाऊँ

आधा सपना घरे देखूँ
आधा देखूँ खेत में
सोच रहा हूँ
पेट
तुम्हारे खात क्या न करूँ।

ना ललचाइए

दूसर के अँगना पर फूल देख के
मन के ना ललचाइए
अपन अँगना सजाले
कि मन अपन द्वारे पर के फूल
देखकर देखते रहें
दूसर के द्वारे पर न दौड़ें।

चार तारीख जून

कोई पाप करके भागल
कोई दुख दर्द से भागल
कोई अपने आप से भागल
बहाना कलकत्ता के डीपू भइल

पाल के जहाज में
चाहे कोई दही भात खाइस
चाहे कोई सुखे भात खाइस
सब के पेट भरल

आज चार तारीख जून है
आज
हियाँ सूरिनाम में बहुत अँजोर है
अट्ठारह सौ तिहत्तर से
हम लोग एक सौ दस बरस दूर हैं
आज चार तारीख जून है
उन्नीस सौ तिरासी।

बबुआ

बबुआ
तू कलकत्ते से

तकदीर कटा के
आज हियाँ
उजाला ही उजाला कर देले।

ना घाम देखले
ना बरखा
मस्किटा माकू तोर देह घट्ठई देइस
पसीना गिरावत गिरावत
आपन जिन्दगी गँवा देले

लाउ अबतोर पगड़िया
आपन सीने से लगाइके
हम आपन मुंडी पर धर लेंई
और छाती ठोंक के
दुनिया से बोली
ई हमार बबुआ के है
एके हम सीरीज सम्हार के रखब
इ हमार पहचान है।

जीत नराइन

नाना-नानी

दिन में हम काम करी रात के देखी सपना
आजा के सुरत लागे थोड़ा-थोड़ा अपना
हमरे जहजवा के नाम ना है लाला रुखवा
देशवा के नाम भइल नेदलैंड बबुआ
के एल एम से उड़ली हम छोड़ली सरनमवा
याद तोर जब आइल खोज चरली इतिहसवा
एकर कथा के रस ना है पमचामृतवा
कथवा के कसक कससके कसलेवा मोर चितवा
काहे उ भारत छोड़िस इ तो हम समझीला
भारत ओके नाही छोड़िस उते हम सहीला।

नाना-नानी, आजा-आजी, रहिला कलकतिया
मन में अमर गूँजे जनली जबका बतिया
बीत गइल रात बहनी भइल अब दिनवा
लागी हम अँजोर में पर आजी अँधियरवा
दिन में हम काम करी रात के देखली सपना
औरतिया मोर आजी लागे हम लगी आजवा
काहे हम सरनाम छोड़ली अब तो हम समझीला
काहे रुक गइली उ लोग अब हम समझीला
काहे हम रुक गइली बइठाके तोके सुनाई कइसे
अपने सुन के लज्जा लागे चिता कौन जराई ओके
माई बाप भाई बहिन से तोड़के नाता बस गईलेन
ना गर आँसू से कलप ना गुनाहू से
कहा है उ जोश जउन के याद हमें जियाइल है
जउन जवानी में जोश ना है बुढ़ापा में भी उके होश ना है।

दोस्ती की चाह

कब फिर कन्धा पर हाथ धरके, अकेले में अपने से सटके
गड्ढा-गड्ढा मेढ़ी पेटी झलासी, पेड़-पेड़
उ दोस्ती के याद करके, याद में दोहराई।

बचपन के कै बात तो भूल गैली, कतने ख्याल से भी उतर गाल
भूल ना जा की बचपना बीत गैल, छोड़ के याद के ढंग
करे में सपरे जैसे।

साथ में चलो तो बीच से बाइसिकिल पास हो जाए
अटपट लगे कि देहीं, देहीं से छुवाए
बचाइके हमलोग चलीला अलगीयाए।

बकी अपने से दोस्ती पे किट के दाग फैलल है,
चद्दर पुराना है हीलाके झार दे, विसय दोस्ती के है
ते दाग में लड़कपन के रूप होई।

जौन दोस्ती में लड़कपन के लक्ष्यवाइ तक भी ना,
जौन चीज में बचपना ना,
ओकरे जड़ में करारी और पुनइ में वादा पले है
ओमे अपने में भेंट करे खात जगह खोजे के पड़े है।

आजा

मर गैले
धँस गैले
मट्टि में मिल गैले

देस के तागत टूट गेल
फट गे करेजा
भकुवान हैं हम
सोचिला का होई ?

आल्हा

तीस जुलि ओन्नैस सन दुइ के
दस आदमी पककराइन
ओन से एगो हिमेमती मलाइ
नौ हिन्दुस्तानी पहलवान
बाकी कमिहन देखत-देखत
कटलिस लेले भैले उतारू
धिरे-धिरे कनतोरो नकचाइन
एकमत गुर्रात
कमसारस के इ आफत देख के
अक्किल सब गाड़ि में घुस गे
बोले झल्दि करो प्रोकुरोउर-खेनेराल तु
हमरे ध्यान के ना है हो
उ सारा बोले- चुप-चाप जावो काम करो
नहिंतो गोलि चलि
कमिहन बोले छोड़ दे दसो के तब फिर
देखल जाए आगे
पाँच दाईं डाँटे पे कमिहन बात ना मनले
एक्को रे
गोलि चलल चौबिस बिर मर गैन
बत्तिस बच गैन गोलि खाय
दस में से आठ के जहल सुनान
बारा बरिस जबरदस्ति काम
असली इज्जत-बचवैयन मर गैन
नकली भरमाए के चूसत खात
धुन धुन
नालिस कर गवैहिया हम
ना धुन धुन डरान, ना धुन धुन डराई
तोरे सम्मु में मेढि बाँहल,तौने पे
झूर खट खट डरारा फटल
समाज पर तोके धियेन तो,
अपन भेस खातिर
देस खात तोर नेता

लबलोस भुच्चड़
जेबकट्टा अपन मन के थान
आइ ना धुन धुन ए ताकि
मि बेगि ना रस्ता रस्ता
जाए के मरलि ना लाँसिग्रोड
तु हमसे सरमैले
बकि कलंक तोरे पे कि, तु
जनले भी तो भूल गैले
हमलोग काहें का–का करलि
इज्जत के नाम पर खूनी हम
भलाई के नाता जोंक तोर नेता
आदमि और जानवर के फरक ना जाने
बेकम्मा होने पर अतना महँगा ?
बेसरम बोले इज्जत बचाव !

हिंसा परसाद

अब जब घटका लगल, तब
खियाल बढ़ल कि मरे से पहिले
एसे भेंट कर लेई, ओसे बोलचाल

अपन लत्ति अपने कटलिस से कट गैल
अपन सोड़ में जोर ना, पत्तन
कुम्हला गैलें

बादर गरजे मोत के अखाड़ा में, तु अकेल कुस्तिबाज
तौन पे खेल हारल है
मुरदा बोले मुस्कियाए

बादर ढल गैल, बरखा ना आइल प्यास तेजान, प्यार ललान
लहास गिरल जिभ झूरे रैह गैल
जा रे जीवन, जा–रे–जा।

माँगे घाट पे जीवन झेले

माँगे घाट पे जीवन झेले
काहें नाव समन्दर खेवे
हमें दे दे हमार आजा

एकर रोटी रहा सादा
हमरे पे एकरे तो खालि किरपा है

हमार गोड़ जाने मले धरति
हमार हाथ बोवे धरति में भरति

हमें गम है बकि करी का
इ घाट सड़े है औ मन बहे लागल।

नाम के एक फूल

हम तोहे पानि पे छोड़ देइला
बहके लौट जा इंद्रियन के दररा अलंग
इ तोहे तुरले रहा दिवाना हाथ से
जैसे तु फुलैले और जेमें से तु गढ़ुवैते-गरहेवात गिर गैले।

अब तु पानि पे उतरान बहे है
भि जबकि उ सब से गहिरा गहिरैया में जाइके घुसे है।
मस्त उतराई बहे एकर होला प्यार अब,
बक गर रोकावट जबरै से

तब तु एके अपन ढकना पे थामे चहले,
अब तु गहरैयाँ खालि बहिरे से छुवे है सारे के।
बह, बह ना, बैह जा बेबिस्वासी...

इ अब ना भेइगा एगो बीज फूल के
कि खालि एक फूल खात अपन अँगना पे।

छाट देलो अब छाति पीटो

छाट देलो अब छाति पीटो
कि चारों ओर बसल भारतिलोग

जबरजस्त संस्किरती भारत के
जब पेट ना भरल पाइल ते बिरथा है
तोर घमंड, इ अपना सरम के बदला है

ए भारति भाई, का हम तोर भाई है
काहें ना तु हमसे बराबर बतिया है
बड़ा भाई के हम गोड़ ना धरिला
और कैसन भाई, अब माई तो दुइ, तीन है।

अपन कमजोरि

संस्किरति के बहाने, अग्गु भग्गु बिद्वान बन जाए
पंडित बियास पे बैठे सबके भरमावे, अपने तौरियाए

खालि खोपड़ि में वेद के मन्तर, रैह रैह के पगलाए
पंडित बिचारा ठिक से कहाँ हिंदिए जाने
उप्पर से संस्कृत में अभुवाए।
गैया गाभिन बुलवा दुधान फोर फोर के समझावे,
जवान समझ के पंडित के चतुरपन बोले,
अपन ना जाने हमके का सिखाए
संस्किरतिवालन काँपे अपन कमजोरि के डर से,
जनता से बोले, एके लेव बचाए
ढेड़ जने सोचे दुइ-एक दाईं हवन करा लेई
तो हमार संस्किरतिया सच्चे बच जाए

हिंदि सीखो, हिंदि पढ़ावो, अपन संस्किरति लेव फैला
इहि के पूत बोले, आ तु दिपलोमा मि हाबि मा मि नो साब लेइसि
मोरो, मॉन,आ बुँनलाँगा कबा मुँह बिचकाए।

सरनामी भासा के बोले अइलि-गैलि, इ है संस्किरति बिगार
ना समझे इ बिचार के भिकमंगवन कि इहिं से बचल है
अब्बे तलक, एकर हिंदि के परचार।

रिस्ता नाता

रिस्ता नाता लम्बा चौड़ा
छिटे बाटि प्रेम से पुजाइ
नाहि समाज मरिगा ताना
इ जीवन हमार मुरछाइ
अरे हम है सामाजिक
हमके ना है डड़
जे माँगे आवे आजमाए
हमतो ओहि कलकतिया के पूत है
बड़ा धाव धूपवाल।

तेज प्रसाद खेदू

बिना सहारे

बिना सहारे हमने
बीते हुए समय को मुट्ठी में
कैद कर रखा है।
और आसमान की ओर देखते हुए
चुपचाप बैठे हैं।
हम कुछ सोचते हैं
पर कह नहीं पाते।
और व्यक्त हो जाते हैं वे जिनका
कोई वास्ता नहीं होता।
हम जब हँसना चाहते हैं।
तब आस-पास का माहौल देखकर
हमारी आँखो में छल-छला आता है पानी।
और हम एक मशीन की तरह
पूरी करते रहते हैं
अपनी दिनचर्या
निभाते रहते हैं
अपना दायित्व
और मुट्ठी में कैद
बीतता रहता है समय
चुप-चाप।

मैं करता हूँ

न राग है न लय
फिर भी वाक्य बनाता
मन के तार छेड़ कर

कविता सुनाता हूँ
दो हाथों के दम पर
ये संसार चलाता हूँ
हाथो की चन्द लकीरों को
पसीने से लिख जाता हूँ
दर्द हो चाहे कितना भी
गीत खुशी के गाता हूँ
रहूँ चाहे जिस हाल में
न कभी हारता हूँ
बुरे से घबड़ाकर मैं
पीठ नहीं दिखाता हूँ
जो कुछ भी दिया तूने
सिर्फ वही दीप जलाता हूँ
आ सकूँ काम किसी के
सपने ये सजाता हूँ
माँ तेरा बालक हूँ
तेरे बन्दन में शीश झुकाता हूँ।

जीवन का खेल

खेल यही इस जीवन का
कुछ खोना कुछ पाना
कभी रोना कभी हँसना
खेल यही इस जीवन का
गिरकर उठना चलकर फिर गिरना
हर ठोकर से सँभलना है
सँभल कर फिर ठोकर खाना
खेल यही इस जीवन का
जो दे वही लेना है
जो ले वही देना है
और बस चुप रहना
खेल यही इस जीवन का
बोया हुआ खुद काटना

दूसरों के लिए खुद जल जाना है
आपस में प्यार, प्रेम से रहना
खेल यही इस जीवन का।

मिलता है सच्चा सुख

मिलता है सच्चा सुख केवल हमको तो हिन्दी वाणी से,
हमको तो हिन्दी वाणी से।
हर जगह ध्वज लहराता है, त्याग का पाठ गीता पढ़ाता है
आनन्द बहुत ही आता है, हमको तो हिन्दी वाणी से
हमें श्रेष्ठ संगठन करना है, निज ध्येय-मार्ग बढ़ाना है
मिलकर सब ही से चलना है, हमको तो हिन्दी वाणी से

सब देश भक्त इससे बन जाएँगे, सूरीनाम को सुखी बनाएँगे
इस देश के वीर बनना है, हमको तो हिन्दी वाणी से
यह सूरीनाम देश हमारा है, हमें प्राणों से प्यारा है
इस देश में जीवन सफल बनाना है, हमको तो हिन्दी वाणी से

गैरों ने हमको ललकारा है, अब संगठन ही एक सहारा है
हर एक को हमें जगाना है, हमको तो हिन्दी वाणी से
साहित्यकारों का सन्देश यही है, मेरा भी उपदेश यही है
बस इस देश में हिम्मत से आगे बढ़ना है, हमको तो हिन्दी वाणी से

यह हिन्दी भाषा कई भाषाओं का मेल है, आपस में प्रेम करता है
श्रद्धा और प्रेम बढ़ाना है, हमको तो हिन्दी वाणी से
हम आपसी तनाव को मिटाएँगे, सभी भेदों को दूर भगाएँगे
संगठन मजबूत बनाना है, हमको तो अपनी हिन्दी वाणी से।

आल्हा

ओंमकार के सुमिरन करके, हृदय राखये माता का ध्यान
कथा बखानों सूरीनाम का, जिस पर हमरो है अभिमान
बड़े-बड़े हफसी पकड़ कर लाए, तबहुँ देश सुधर नहीं पाइ

कटी जंजीरी दासन के रे, मन्त्री दल रहे घबड़ाइ
खण्डहर पड़ा था देश उजाड़ा, जब नहीं थे भारत के जवान
वही समया के बतिया दादा, मन इन बिका बजारी आम
विनय सुनाई जिया घबड़ाई, भारत माता करो सहाय

लाज रखलो संकट तारो, कुछ बीरन को दे पठाई
सुनी विनय को करी तयारी, चले कमासुत चढ़े जहाज
कटी उदासी सभी परनासी, राख लिहिन सूरीनाम के लाज
हाथ गहे जब कटलिस सब्बल, मंजन अडुरिन दाँत चबाइ
पाँच वर्ष का गिरमिट कटा, झेला बहुत मुसीबत आय
तब करी तयारी भारत के रे, रूसफैल कहत दाँत चबाइ
मत जावो बाबा अबही, खेती करो बरस दुई चार
बिगहा पाँच खेत दीन्हा, रुपिया सौ दिया खजाना खोल
लालच में पड़ के बाप हमार, त्यागे भारत देश अनमोल
अब यहाँ की बतियाँ यहीं छोड़ो, और आगे के सुनो हवाल
जंगल काट के मकई लगाई, मछरिन पेटी दिहिन खोदवाई
लकड़ी बटोर के कोईला जलाई, भट्ठा पर बाना दिहिन लगाई
जगह-जगह पर धान मीरा, मोटर सभी लिहिन अपनाई
तरह-तरह के सौदा धरी साजे, तन्ता घर नित रहे पहुँचाई
कितने कमासुत रुपिया बटोरे, सौ पे नोतारस मिरन्दा जाई
बार बार उन्हें बताई चेताबे, तुम्हरों रुपिया न जय्ये नशाई
समय पाई के सोचे मिरन्दा, शुभ अवसर मिला है आय
किया दिवाला तुम्हरे खजनवा पर, देश रहे सन्हाटा खाय।

देवानंद शिवराज

सूरीनाम देश हमारा

हैं हम सूरीनामी, सरनामी हिन्दुस्तानी,
हम हैं क्रियोल, इंगी, चीनी और जावानी
मिलकर सब पीते यहाँ एक कुएँ का पानी
करते हैं निज कर्म को रखते नहीं गुमानी
हम हैं सरनामी, सरनामी हिन्दुस्तानी॥

जाना माना यह बागीचा जिसमें रंग अनेकों फूल
इससे सीखो मिलकर रहना, रहो एक डाली से झूल
अपने वतन और झंडे की खातिर हम दे देंगे कुरबानी
हम हैं सरनामी, सरनामी हिन्दुस्तानी॥

समय-समय पर आते हैं पूर्वज याद हमारे
धर्म संस्कृति, भाषा गठरी लाए जो साथ में सारे
डॉक्टर, वकील, मिनिस्टर, राष्ट्रपति बने सभी सम्मानी
भूलेंगे ना कभी, टपके नैनों से पानी
हम हैं सरनामी, सरनामी हिन्दुस्तानी॥

पाँच बरस का गिरमिट काटे लौट गए कितने हिन्दुस्तान,
बाकी बस गए इसी मुल्क में इस माटी को माई मान
हिन्दी उर्दू पढ़ा पढ़ा कर गली गाँव में किया प्रचार
मेल बड़ी थी प्रबल सबों में जिसे देख डरती सरकार
अपने हक पर बली हो गए, है उनकी अकथ कहानी
हम हैं सरनामी, सरनामी हिन्दुस्तानी॥

पाँच जून

मन मा बहुत दुख पइली
कि छुटल देश हिन्दुस्तान

गाँव, सहेलियाँ, भाई बहना
छुटल अम्मी जान
कि छुटल देश हिन्दुस्तान।
गली गाँव अरकाठी घूमे बोले श्रीराम टापू महान
चलो वहाँ चाँदी के लोटे में पीना पानी, सब मान
और करना सोनो की थाली में निसदिन तू खान पान
कि छुटल देश हिन्दुस्तान।
इ सुन खुशिया लौटे मन में जइबे हम टापू श्रीराम
छूटा जहाज, छूटा सरहद भारत मैया के मान जान
उस जहाज में बैठे कबीर-पंथी, हिन्दू, मुसलमान
आपस में सब रोवत रहले आँसू न ले रुके का नाम
कि छुटल देश हिन्दुस्तान।
कितने उतरे बीच समंदर डमरा पहुँच गए कुछ ठान
आपस में सब बिछड़ गए कइसे करिहौ उनको बखान
जब पहुँचे श्रीराम दीप पर देखली झाड़ी खेत खलिहान
कि छुटल देश हिन्दुस्तान।
पाँच बरस के गिरमिट काटे, गए बहुत लौट हिन्दुस्तान
पर जो बसे इस मुल्क में इस माटी को माई मान
पाँच जून परवासी दिवस, ना भूलो जब तक हैं प्रान
कि छुटल देश हिन्दुस्तान।

झूर मछरी

जाके बसे हॉलैंड़ में
माँगे चटनी आम
पैसा गिरे आस पास से
करना पड़े यहाँ न काम
चाचा तुम भी चले आओ
छोड़ो नरक देश है सूरीनाम
झूर मछरी माँगे हमसे
कैसे कहूँ मैं इसका दाम
हमारा सूरीनाम प्यारा देश
इसकी रखूँ मैं नित शान

डरपोक बन न भागूँगा
इस पर हो जाऊँ कुरबान
जान बचाने भी भागूँ नहीं
अपने घर में बैठे बचाऊँ प्राण
झण्डा ऊँचा रहे हमारा
चाहे आवे आँधी तूफान।

धान की खेती

धान की खेती अति सुक देती
किसानों का मन मोह लेती
कीचड़ पानी में नित मेहनत करते
नहीं सरदी गरमी से डरते,
गोदामों को अनाजों से भरते
न किसी की आस पे मरते
जहाँ भी देखो हरी पीली जमीं
किसानों में न कोई कमी
खेती जीवन में हरी भरी निराली
देश को ऊँचा उठाने वाली।

दीप मेरे टिमटिमाए

दीप मेरे टिमटिमाए
प्यार इसमें इतना भरा,
लगता कभी कम न होगा।
और इसके जलते रहते,
अब मुझे कुछ गम न होगा।
किन्तु अब तो बुझ रहे हैं,
अन्त तक न साथ आते॥

ज्योति तुम्हारी सब पाई,
पथ पर हैं चल रहे।

डगर का तम दूर करने,
दीप लाखों जल रहे।
डूबता अब मन मेरा,
और बीते क्षण सताते॥

हर अमावस की निशा को,
मान लेता मैं दिवाली।
फिर भी आशा बेल सूखी,
सो रहा है भाग्य माली।

परिवार

हे मानव द्वेष आदि छोड़ो
विद्या धन की इच्छा रखो
सत्य धर्म से मन जोड़ो
स्वर्ग की राह प्रकाश करो
ईश्वर की प्रार्थना में
पग न पीछे धरो
पूर्वजों के मार्ग चल
है यह जीवन सार
हिन्दी पढ़ो-पढ़ाओ
बने विश्व सारा परिवार।

अपना देश

अपना देश अपना घर
सारे जग से न्यारा है
माँ का तन ए वतन
तू स्वर्ग से प्यारा है।

मेरी धरती का तन
नित रज तिलक करूँ मैं

आँचल में तेरे बलि हो जाऊँ
सिर तुम्हारा है।

जो करते देश का अपमान
लिया है अपनी माँ का जान।
सेवा निस दिन जो करता
लाल वही माँ का मान।
धन्य है जीवन वही
माँ का चरण जो पखारा है।
सरनामी हिन्दुस्तानी हूँ माँ
जनम जनम हो गोद तेरी माँ
नाम मइया हो सूरीनाम
गिरने दूँगा न तुझे
बड़ा होकर लूँगा था
संकल्प मेरा पृथ्वी माँ
लक्ष्य यही हमारा है।

देश का नूर

होंगे बच्चों देश का नूर,
करो अत्याचार को दूर
अरमान भरे सपने होंगे साकार,
ऊँच-नीच देना बिसार
चाँद पर पहुँची दुनिया पर
पहचान न सकी इन्सान को
बच्चों अब करो विचार
जड़ से उखाड़ दुराचार
सत्य नेक लीडर बनो
सूरीनाम देश की आशा हो तुम
घटा न मातृभूमि की शान
है यह श्री देवा का अरमान।

धीरज कंधई

हिन्दी ज्ञान

हिन्दी ज्ञान
मेरे लिए अमृत रस पान
जितनी बार उसे पीता हूँ
लगता है
उतनी बार जीता हूँ।

सूरीनाम हमारा

यह सूरीनाम हमारा है,
हमको प्राणों से प्यारा है।
है यहाँ वैलहैलमीना खड़ा हुआ,
सूरीनाम की उज्ज्वल धारा है,
यह सूरीनाम हमारा है।

क्या ही पहाड़ियाँ हैं न्यारी,
जिनमें सुन्दर झरने झारी।
शोभा में सबसे न्यारा है,
यह सूरीनाम हमारा है।

है हवा मनोहर डोल रही,
वन में त्वात्वा है बोल रही।
बहती सुगन्ध की धारा है,

यह सूरीनाम हमारा है।
जनमे थे यहीं जगरनाथ लक्षमन,
सूरीनाम के नेता बहुत बड़कन,
हुआ यहीं विश्व हिन्दी सम्मेलन,

व्हाइट बीच का श्याम किनारा है।
यह सूरीनाम हमारा है।

तन मन धन प्राण चढ़ाएँगे,
हम इसका मान बढ़ाएँगे।
जग का सौभाग्य सितारा है,
यह सूरीनाम हमारा है।

हे प्रभु मेरा साथ निभाना

जीवन की सन्ध्या आए तो
अन्धकार पथ में छाए तो
हे प्रभु मेरा साथ निभाना

दूर चलें जब संगी साथी
रूठ चलें जब खुशियाँ बाकी
निर्बल को बल देने वाले
हे प्रभु मेरा साथ निभाना

लघु जीवन क्षण के उतार में
साँसों के धूमिल खुमार में
जब जग के सुख बुझ जाते हैं
परिवर्तन की लहरें आती हैं
पर में केवल धूल उड़ाती
केवल तुम न बदलने वाले
हे प्रभु मेरा साथ निभाना
जीवन की सन्ध्या आए तो
अन्धकार पथ में छाए तो
हे प्रभु मेरा साथ निभाना

अपनी धुन के पीछे चल

दुनिया क्या कहती कहने दे
तू अपनी मस्ती रहने दे

तू न जरा अपने पथ से टल
तू अपनी धुन के पीछे चल
बाधाएँ आएँ आने दे
विपदाएँ आएँ आने दे
हँस हँस काँटों पर धर चल
तू अपनी धुन के पीछे चल

जो जी में हो जग में कर जा
अपनी धुन के पीछे मर जा
होगी तेरी कामना सफल
तू अपनी धुन के पीछे चल।

हमारी प्रतिज्ञा

जननी की जय-जय गाएँगे
हम सेवा करते जाएँगे
सुख की हमको चाह नहीं
दुख की हमको परवाह नहीं
तन-मन-धन-प्राण चढ़ाएँगे

चाहे पड़ती हो धूप कड़ी
चाहे वर्षा की लगे झड़ी
पीछे पग नहीं हटाएँगे
हम सेवा करते जाएँगे

दीनो का दुख हरेंगे हम
माता के लिए मरेंगे हम
हम अपनी टेक निभाएँगे
हम सेवा करते जाएँगे

सीखना

अगर हो सके तो कर लो प्यार
सीखना है सबसे प्यार

कर लो सबकी इज्जत
सीख लो प्यार
मनमानी नहीं करना
सीखना है ठीक से रहना
माँ-बाप से मिल-जुल कर रहना
तब सीखा प्यार
गुरु का आदर करना
वे सिखाएँगे ज्ञान
तभी आप पा सकते मान

अच्छा रास्ता अपना लो
शुद्ध विचार कर
अच्छा कर्म करो तो आदर पाओगे
जीवन में कभी घमंड न करना
आगे बढ़ और खूब पढ़ना
सबसे मिल-जुल कर रहना सीख
ये सब सीख कर
अच्छा इन्सान बन।

हिन्दी भाषा

हिन्दी भाषा हमारी भाषा,
चाहे छोटा, चाहे बड़ा,
हम सबको बोलना है ,हिन्दी भाषा,
हिन्दी को लिखना, पढ़ना और बोलना।

हम भारतवंशियों का काम है,
चाहे छोटा, चाहे बड़ा,
हम सब बोलते, लिखते और पढ़ते हिन्दी भाषा,
कोशिश तो हम सबको करना है,
चाहे छोटा चाहे बड़ा,
हम सबको लिखना है हिन्दी भाषा।

ऐ सूरीनाम के नव जवानों खूब लिखो और पढ़ो,
बल्कि मत भूलो हमारी हिन्दी और हमारी संस्कृति,
डच, अंग्रेजी, स्पैनिश पढ़ो लेकिन हिन्दी मत छोड़ो,
चाहे छोटा चाहे बड़ा,
हम सबको पढ़ना है हिन्दी भाषा।
हिन्दी भाषा हमारी भाषा,
चाहे छोटा चाहे बड़ा,
हम सबको बोलना, लिखना और पढ़ना है,
हमारी प्रिय हिन्दी भाषा।

अपनी गलती दूर करो

अगर हुई गलती तुमसे
तो उसको स्वीकार करो
हर गलती उन्नति की सीढ़ी है
चढ़कर उसको पार करो॥

गलती करता
इसीलिए तो मनुष्य
बड़ा बन सकता
गलती दूर किए बिन
कोई कब आगे बढ़ सकता॥

गलती हुई इतनी
पर दुखी न होना
जो बार बार हो गलती
तो सचमुच लज्जा की बात है॥

अपनी गलती,
स्वयं नहीं दिखती, कोई और देखता है
कौन गलती नहीं करता
गलती तो मनुष्य का स्वभाव है।

ठीक से रहना, ठीक से चलना

इस दुनिया में ठीक से रहना है।
सब से प्रेम करो, सब का आदर करो
एकता में रहो,अपने होश में रहो
दुनिया में सबसे बच कर रहो
दूसरे को दुख मत दो, शान्ति से रहो
गुरु का आदर करो
संसार में घमंड मत करो।
एक अच्छे इन्सान बनो
अच्छे मार्ग पर चलते रहो
काम, क्रोध,लोभ, मोह से बचकर रहो
एक पवित्र इन्सान बनो
इस देश सूरीनाम में ठीक से रहना
यही भगवान तक ले जाता है।

बिहारीलाल कल्लू

विश्वास

भगवान पै जो विश्वास करै, उसे कष्ट क्लेश रहे न रहे।
सुख में दुख में वो मग्न रहे, कोई लाभ या हानि रहे न रहे।
सुख दुख से दुनिया का रिश्ता हरदम एक न रहता है।
हरदम बरसात न पड़ती है, हरदम न झूरा पड़ता है।
भूकम्प न हरदम रहता है, बगिया न सदा लहराती है।
घनघोर घटा आँधी-बिजली हरदम न जमीं पर छाती है।
भगवान तुम्हारा रक्षक है, उस पर यदि विश्वास रहे।
जीवन नैया वह पार करे, कोई नाविक पास रहे न रहे।
सत्संग, दान, पूजा-अर्चना, जप, यज्ञ, ध्यान कल्लू करे।
वेदों का अगर है ज्ञान तुझे, और का ज्ञान रहे न रहे॥

आशीर्वाद

यह है आशीर्वाद हमारा,
बुरा वक्त तुम पर न आए, हरदम मौज उड़ाओ।
धन परिवार सभी कुछ होवे। सुख से वक्त बिताओ।
हर दिन तेरी होई दिवाली, हर दिन फगुआ आए
सौ साल की उम्र हो तेरी, जग में नाम कमाए।
न डर होवे जन्म मरण का, तापत्रय न आए।
पर उपकार लक्ष्य हो तेरा जग तेरा बन जाए॥
परमेश्वर की कृपा हो तुझ पर वह सन्मार्ग दिखा।
कल्लू इस दुनिया में तेरा जन्म सफल हो जाए॥
प्रभु तेरा यश गाऊँ
प्रभु तेरा हरषि हरषि गुन गाऊँ।
गावत-गावत यश तेरा प्रभु मस्त भयो मन माही।
नाम-नशा चढ़ि कबहु न उतरे अब जम कर भय नाहि।

तू जग स्वामी अन्तर्यामी किस विधि तुमहिं मनाऊँ।
हरषि हरषि गुन गाऊँ।
पाप, ताप, अज्ञान हरो प्रभु, जीवन नैया पार करो प्रभु।
कल्लू राह दिखावो स्वामी, चरण-कमल चित लाऊँ।
हरषि हरषि गुन गाऊँ॥

उद्बोधन गीत

ऐ हिन्दुओ, जरा स्वाभिमानी बनो,
वेद-रक्षक बनो, और ज्ञानी बनो। ऐ हिन्दुओ।...
हिन्दू धर्म का आज कोई सानी नहीं,
कर्म करते, अहिंसा के मानी बनो। ऐ हिन्दुओ।...
शील सदगुण साक्षात मूर्ति हो तुम,
माता-पिता और गुरु के पुजारी बनो। ऐ हिन्दुओ...
नित्य सन्ध्या हवन और पूजा करो,
योग साधना करो ईश ध्यानी बनो। ऐ हिन्दुओ।...
निर्बलों और गरीबों के रक्षक हो तुम,
शक्तिशाली अटल सूरीनामी बनो। ऐ हिन्दुओ।...
माँस मदिरादि दुर्गुण से बचकर रहो,
सदगुणों की जहाँ में निशानी बनो। ऐ हिन्दुओ।...
कोई नंगा रहे और न भूखा रहे
ध्यान इसका रखो, धन के स्वामी बनो। ऐ हिन्दुओ...
स्वर्ग धरती को कल्लू बनाते चलो,
बेजुबानों की तुम जिन्दगानी बनो। ऐ हिन्दुओ।...

तमसो मा ज्योतिर्गमय

हे प्रभो, चरणों से तेरे क्यों मैं इतनी दूर हूँ।
हरो मेरे दुःख भगवन, मैं बहुत मजबूर हूँ।
ओम् नमः शिवाय, ओम् नमः शिवाय॥

बिना तेरी दया स्वामी मैं बहुत लाचार हूँ।
तेरे दर्शन को प्रभो मैं बहुत ही बेजार हूँ।
सत्यम् शिवम् सुन्दरम्, सत्यम् शिवम् सुन्दरम्॥
डूबते को बचा ले प्रभो मैं पड़ा मझधार में।
है दयामय तू प्रभो, मैं पड़ा तेरे द्वार में।
नमो मयस्कराय च, नमः शिवाय च, शिवतराय च॥
तापत्रय से दुखी हूँ प्रभु पापमय संसार में।
मोह-जाल में प्रभु फँसा हूँ घर-बार में।
तमसो मा ज्योतिर्गमय मृत्यो मार्मितम गमय॥
शरणदाता, भक्तरक्षक तू प्रभु मशहूर है।
दुखः में कल्लू पड़ा, तो तू क्यों इतनी दूर है।
असतो मा सद् गमय तमसो मा ज्योतिर्गमय॥
ओम्...

वैदिक धर्म—इन्सानियत की सेवा

अब तो समझ गए हम, वेदों का धर्म क्या है,
उद्घोष हम करेंगे वेदों का मर्म क्या है।
सर्जन जगत का जिस दिन भगवान ने किया था
वेदों का ज्ञान उसने ऋषियों को तब दिया था।
चलने की राह यह है, भगवान ने कहा था,
था कष्ट मार्ग में जो ऋषियों ने सब सहा था।
इस राह पर चला जो, धोखा कभी न खाया,
शान्ति का पथ सुन्दर, वेदों ने है बताया।
वेदों की राह तजकर बेराह हो रहे जो,
करके अशान्त दुनिया, बरबाद हो रहे वे।
वेदो का धर्म जो है, अपना उसे बना लो,
बनके मनुज जगत में जीवन सफल बना लो।
इन्सानियत की सेवा करके तुम्हीं दिखाना,
इक दिन यहाँ से कल्लू आखिर पड़ेगा जाना।

ओम नाम...

भगवान सर्व-व्यापक वेदों में भी कहा है।
सब काल में रहेगा, सब काल में रहा है।
उसका न आदि था औ, न अन्त ही कहीं।
वह तब वहाँ-यहाँ था, अब भी रमा वहीं है॥
माता-पिता औ शिक्षक उसका नहीं है कोई।
उसके सिवा जगत का कर्ता नहीं है कोई॥
सम्पूर्ण प्राणियों का रक्षक पिता वही है।
उत्पत्ति-स्थिति औ लय का, इक सिलसिला वही है।
कर्मों का एक प्रेरक, कर्मों के फल का दाता।
यज्ञादि का विधाता, तारक प्रभु वही है॥
वह जानता है सबके मन की समस्त बातें।
उसने बनाए दिन हैं, उसने बनाई रातें।
यह आसमान उसका, धरती, पवन औ पानी।
यह अग्नि, सब उसी की कहते हैं, ज्ञानी-ध्यानी॥
ऐसे प्रभु का कल्लू, एक नाम ओम् ही है।
जो ओम् नाम जपता ज्ञानी वही सही है॥

महादेव खुनखुन

कबीरावली

सुख में तू भूल गया, देखा न पीर पराई।
नाव डुबे मझदार में, तब कौन तोहे पार लगाई॥

करम बुरा मानत नहीं, बुद्धि हो गई लाचार।
देखो दुनिया घूमके, सब गया बुद्धि से हार॥

आया है सो भोगो यहीं, मृत्यु लोक यही कहलाए।
ऋषि मुनियोगी तपस्वी, सब यही चवरासी में आओ॥

जात पात जन्म से है नहीं, भगवान रचा समान।
मानव जाति में मानव है सभी, जाने दुनिया जहान॥

बिना भोगे कोई बचा नहीं, राजा हो या फकीर।
महादेव खुनखुन भोगा है, बँधा है हाथो जंजीर॥

आत्मा पापी है या शरीर, कौन लिखा है यह उत्पात।
कौन नरक कौन स्वरग गया, बतावो हमें यह बात॥

तुलसीदास महान कवि, धरती पर दूसरा न कोई।
रत्न को रतना मिली, विधाता के लिखा सब होई॥

बिना दो के दुनिया नहीं, देवी देवता भगवती भगवान।
सब ग्रन्थन में लिखा है, लख चौरासी में प्रमाण॥

बच्चों में झंकार उठी, कर्मों के अनुसार।
माता पिता दोषी नहीं, मिलता वही जो अधिकार॥

जात पात कुछ भेद नहीं ईश्वर जीव दोनों एक।
हम एक पिता के पुत्र हैं, मानव स्वरूप अनेक॥

लख चौरासी योनि सभी, दुख सुख दोनों रहे भोग।
जो जिस में जन्म लिया, पावे उसी में वह रोग॥

नरक स्वरग कोई जाति नहीं,इस धरती पर भोगे सब कोई।
आवागमन के चक्कर यही, कोई हँसत कोई रहत है रोई॥

मन तो चंचल बना है, और फूल गया कुमलाए।
जीवन में अँधियारा छाया, तो भगवान कहाँ दिखाए॥

दुनिया में जो गरीब के गला काटे धन खाए।
नमक की तरह गल जावे, बिन मारे मर जाए॥

अत्मज्ञानी है सब दुनिया में ज्ञान कहीं न दिखाय।
सब कोई भगवान बनेंगे, दुनिया में भक्त ना दिखाए॥

चैन के कदर है तुम्हें, और विद्या है तुम्हारे पास।
तुम्हारा बड़ा उपकार है, करो महादेव पर विश्वास॥

जात-पात अरु भेद-भाव, धन बल के अभिमान।
सच पूछो ते वह मानव, बना है पूरा शैतान॥

विष को अमृत समझा, तन से छूट गया प्राण।
नया जन्म जब मिलेगा, महादेव को कौन सकेगा पहचान॥

लिखना पढ़ना करे सभी, तौपर ब्राह्मण पूजा जात।
पूजा तो भगवान की है, उस पर बैठ के करे बकवास॥

भगवान प्रकट भये सिम्बोल में, वही के मूर्ति बन जात।
मूर्ति पूजा होत घर-घर में, महादेव के मानो बात॥

छल कपट से प्रभु मिले ना, घूसभरे से मिलत नाय।
शुद्ध विचार से दर्शन मिले, महादेव कहे यही है उपाए॥

जिन्दगी देकर प्रभु, उसी में समाया है।
अपना अधिकार माँग रहा, सब पर हक जमाया है॥

अपना मन और विचार को, कोई न सका सम्हाल।
अपने आप पर काबू न रहा, महादेव क्यों करे सवाल॥

क्या फैसनी के धर्म नहीं, प्रभु नहीं है उनके साथ।
विश्वास में प्रभु विराजे, दुनिया में कोई नहीं अनाथ॥

गला काट के धनवान भये, चले वह छाती उतान।
गदहा बैल बन के भोगो, यही है ओकर पहिचान॥

सुख-दुख मनुष्य पशु प्रीत, सब है करम के हाथ।
प्रभु ऐसा विश्व रचा, पाप पुण्य है तुम्हारे साथ॥

मन सब के कलयुग बना, करम से हो गए हीन।
महादेव समझावे कोई न समझे, सब के बुद्धि मलीन॥

पशु प्रीत दानव सभी, भला यह सब है कौन जात?
महादेव ब्राह्मण से पूछा, डर गया सुन के ये बात॥

पाँच तत्त्व के शरीर, बन कर जब हो गया तैयार।
मल-मूत्र के मकान में महादेव बैठ के करे विचार॥

भगवान सब के सामने खड़ा, अन्धा बना है इन्सान।
रोम-रोम में गूँज रहा, बिरले रहे उसे पहचान॥

महादेव कहे समझाए सभी, सुन लो हमारी बात।
जो धरम करम भूला, अगले जन्म में पछतात॥

दारु के नसा उतर जात है, धन के नसा न जाए।
दिन-रात जोड़ते रहिओ, मर जाने पर भी ना भुलाए॥

पागल ना बनो तुम, इस धरती पर मरता है न कोई।
आत्मा साफ करके देखो, आत्मा अमर सबके होई॥

मल-मूत्र से शरीर बना, फिर शुद्ध कैसे होई।
महादेव इस पर विचार करे, कौन पानी से इसे हम धोई॥

बिन धरती वृक्ष नहीं, जन्म बिना न कोई कर्म।
जल बिना कोई नाव नहीं, सत्य बिना ना कोई धर्म॥

ईश्वर जीव अमर है, पाँच तत्त्व भी है अमर।
नरक स्वरग जात कौन, महादेव पूछे कौन है जबर॥

कर्म जाल अपने बिनो, अपने ही खुद फँस जात।
दाँव पेंच कुछ चली ना, बड़ा खिलाड़ी भी फँस जात॥

घर के बच्चा पानी बिन तड़पे, बाहर पिए पियावे दारू।
घर के संस्कार कैसे सुधरी, जब दुकान के द्वारे है उतारू॥

नाच रंग बहु भाँति कीन, मन्दिर सजावे न कोई।
अपने-अपने रंग-ढंग में, नाचे सब कोई॥

दो पन्ना वेद पढ़ के, सब मूर्खन के रहे भरमाए।
यही भ्रम में भर्मत रहे, पार उतारे वाला नरक में जाए॥

गुण-अवगुण सब में भरी, छल-कपट से भजे राम।
बीच उमर में नाव फँसी, जीभ पर ना आवे हरी नाम॥

हंस चुने हीरा मोती, मनुष्य चुने खर पात।
बिन बुद्धि बहक जाए, फँस गया अपने आप॥

मन पतंग उड़त जात आकाश में, जब लग डोर न कट जात।
जाए गिरे दूर कहीं, यह आँखी से ना लखात॥

पानी से अग्नि बनी, दुनिया में रोशनी पहँचाए।
तरंग उठी जब आग में, वही पानी बुझावन जाए॥

थोड़ा समय निकालो तुम, भज ले तू राधे श्याम।
ना जाने किस पल में, निकल जाए तन प्राण॥

पल-पल हरि नाम जपो, भगवान के शीस झुकाए।
गहरी नदिया वो पार करे, बिना नाव में बैठाय॥

विद्या है मूल धन, विद्या से बुद्धि होवे तेज।
उल्टा काम से मति भ्रष्ट, उसे पागल खाना में भेज॥

जिन्दगी को देने वाले, तुम्हीं हो सहायक हमार।
ज्योति जलाकर अँधेरे में, दूर करो अन्धकार॥

जाती-पाती के भेद नहीं, आत्मा का एक ही पहचान।
आदि सृष्टि में प्रभु रचा, रूप अनन्त जान॥

सन्त महात्मा हार गए, ब्रह्मा शक्ति के पार न पाए।
बर्षों बन-बन में भटके, अन्दर में प्रभु बैठ के मुस्काए॥

जात कौन दुनिया पर, ब्रह्म है एक समान।
अनन्त रूप में प्रभु बसे, धरम-करम ब्रह्म ज्ञान॥

साधु-सन्त के जात नहीं, और ना योगि ऋषि-मुनि लोग।
औरों के नीच बतावे, बना दिया हिन्दू कौम में रोग॥

दुनिया में अपना बल कुछ नहीं, प्रभु बल में बलवान।
अपना अपना कर रहे, सब को तो जाना है श्म्शान॥

प्रेम छोड़े से दुनिया मरे, भगवान के यही न्याय
जीवन में कोई साथ न दिहें, धरती में सभी समाय॥

चंचल मन चित चोर बना, बुद्धि से लिया न काम।
आँखे होत अन्धा बना, जिन्दगी हो गया बे काम॥

लाल खून सब के अन्दर, मानव रूप में लखात।
एक पिता के पुत्र हम सब, कहाँ है ऊँच-नीच की बात॥

जीव तो आता जाता है, करो सब कोई खूब विचार।
कौन जीव किस में गया, ऊँच-नीच के झगड़ा है बेकार॥

देंहिया ले मन्दिर में बैठे, पंडित रहा मन्त्र उचार।
मनवा को राह पर बैठके, कनवा सुन के गैल स्वर्ग सिधार॥

मानव देहिया कबर बना, लम्बा है जीभिया हमार।
कौन साबुन से देंहिया साफ करूँ, ना मिली फिर उद्धार॥

मरके आत्मा भूत होईगे, परमात्मा होईगे सैतान।
ओझा के सितारा चमकल, घर घर में कलयुग बौरान॥

विद्या सब से बड़ा धन है, जीवन में और दूसर नाए।
मात-पिता दुश्मन बना, जो बच्चों को नहीं दिया पढ़ाए॥

करम है मूल जगत में, चंचल मन है अन्धकार।
ऊँच नाच के भरम में, जाए गिरे बीच मँझधार॥

सोच मुसाफिर अपने दिल में, महादेव कहे, क्रोध से रहो दूर।
दुनिया किसी के होत नहीं, ये कहावत है मसहूर॥

मुंशी रहमान खान

ज्ञान प्रकाश अर्थात शिक्षाप्रद दोहे कुंडलियाँ

दोहा—सुन्दर शिक्षा ज्ञानहित रच्यो ज्ञान परकाश।
पढ़िहैं बालक युवक वृद्ध होय तिमिर का नाश॥
तिमिर नाश भये ज्ञान हो ज्ञान से धर्महिं प्रीति।
धर्म प्रीति में ईश है यह सद्ग्रन्थन नीति॥

निवेदन

लिखत में सब से होत है ग्रन्थ के माहि।
सज्जन पढ़त सुधार तेहि दोष न देवहि ताहिं॥
यासे मैं बिनती करहुँ शीश नवहुँ बहु बार।
होत ग्रन्थ में भूल कहिं लेवैं सुजन सुधार॥

सच्चा मित्र

साई साँचो मीत वही जो कपास सम होहिं।
रक्षा करै तनु आयु भर जियत न छोड़ै तेहिं॥
जियत न छोड़ै तेहिं, मरे पर साथहि जावै।
सड़ै मृतक तन तोर संग तोरे सड़ जावै॥
रहमान मीत है धन हरै विपत्ति में जाय पराई।
अस सुमित्र से श्वान भल रहै द्वार पर साई॥

विद्या

पढ़ियो विद्या बाल तुम मन चित दे धर ध्यान।
मिली है पदवी धर्म धन दिन दिन बाढ़ै ज्ञान॥

दिन दिन बाढ़ै ज्ञान मान यश जग में होवै।
नहीं पढ़ै जो बाल शठ सब धन अपना खोवै॥
कहै रहमान साख यह नीकी निशदिन उर में धरियो।
रहियो सुखी सर्वदा जग में दुख उझाय कर पढ़यो॥

सुमति

सुमति शक्ति बलवान अति सुमति रहो सब कोय।
सुमति परावै प्रबल रिपु भूप सुमति वश होय॥
भूप सुमति वश होय सुमति तोहि राज रजावै।
सुमति हरै दुख दोष सुमति जौहर दिखलावै॥
कहै रहमान विजय नित पैहौ जो नहीं दाँव कुमति।
रहियो सुखी सर्वदा जग में रखियो कर में शक्ति सुमति॥

व्यर्थ खर्च

व्यर्थ खर्च करना बुरा है सब को दुखदानि।
सेठ धनी राजा बणिक उनहुँ उठाई हानि॥
उनहुँ उठाई हानि कर्ज से पार न पायो।
नाश कीन्ह धन धाम नाम कुछ काम न आयो॥
कहैं रहमान चतुर नर जग में करहिं खर्चे निज शक्ति यथा।
पालैं दीन दुखी अरुकुल को बचाय लेहिं धन खर्च व्यर्था॥

नीच

नीच निचाई नहिं तजैं नहिं मानैं वे पोष।
अपना मतलब गाँठ कर तुम को देवैं दोष॥
तुम को देवैं दोष पास कबहुँ नहिं आवैं।
पड़ैं तुम्हारा काम तुम्हैं बहु भाव बतावैं॥

कहैं रहमान कबहुँ नहीं परियो तुम नीचन के बीच।
बुद्धि तुम्हारी लेय कर तुम्हैं बतावैं नीच॥

घमंड

अति घमंज नाशै पुरुष चारेहु युग परमान।
मह माते जर्मन रहै कियो यूरोप संग्राम॥
कियो यूरोप संग्राम ग्रामपुर देश जराए।
मिली न एकौ इंच जिमीं धन प्राण गँवाए॥
कियो नाष सिंहासन अपना रह गए मलते हाथ मन्द मति।
कहैं रहमान गुमान न करते रहते धन जन पूर सुखी अति॥

धन बल विद्या

धन बल विद्या पाय कर नहिं करियो अभिमान।
नाश करैं करतार मद भेंट देंय अरमान॥
भेंट देंय अरमान मान मद नरक पठावै।
बिना दान जप योग तप कोइ नहिं स्वर्ग बनावै॥
कहैं रहमान सीख यह नीकी बुधजन कही सद्ग्रन्थन।
मान बिनाशै लोक दोऊ काम न आवै बल धन॥

आवागमन

जग में आवागमन है कोई आवै कोई जाय।
विविधि भाँति तन पावहीं करनी का फल पाय॥
करनी का फल पाय जीव कहिं चैन न पावै।
ईश करैं वहं न्याय पाप तोहि धर पकराबै॥
कहैं रहमान मुक्ति तुम चाहहु जाय गिरहु प्रभु पग में।
कटैं कोटि बाधा अमित फिर नहिं आवहु जग में॥

प्रबल कलियुग

कलियुग यहि संसार में प्रबल जानियो भूप।
हिन्दू मुस्लिम कर दिए दोनहुँ एकै रूप॥
दोनहुँ एकै रूप मूँछ दाढ़ी मुड़वाई।
कर दिये जाति कुजाति नहीं कोई चिह्न दिखाई॥
कहैं रहमान धर्म नहिं त्यागैं धर्म धुरन्धर कोई युग।
सत्युग त्रेता द्वापर जीते जीत लिहैं कभी कलयुग॥

धर्म से प्रीति

प्रीति रखियो धर्म से दुहूँ लोक सुख होय।
कलियुग अति बलवान है कही न मानैं कोय
कही न मानैं कोय संग नीचन का करिकै।
नेम धर्म आचार लाज तज चलैं चाल नीचन के बढ़कै॥
कहै रहमान युवक तुम चेतहु अपने पुरुखन रीति।
पुरुख तुम्हारे रहे शिखर पर धर्म से राखि प्रीति॥

तत्त्व

पाँच तत्त्व जल थल पवन पावक और आकाश।
इन्हीं पाँच से पिंड़ तन मिलकर करै प्रकाश॥
मिल कर करै प्रकाश ईश से साँठ लगाई।
करै प्रेम जो साँठ से गाँठहिं गाँठ मिठाई॥
कहैं रहमान साँठ रस पैहौ करिहौ करतब साँच।
काल आय लै जाय जिव काम न आवै पाँच॥

नेकी और बदी

ईश पैंठ संसार यह दोही वस्तु बिकाय।
व्यपारी मनु जीव है जो चाहे ले जाय॥

जो चाहे लो जाय बिभव कछु काम न आवै।
ईश करैं वह न्याय कर्म का फल भुगतावै॥
कहैं रहमान बदी संग लैहौ नर्क परै तोरे शीश।
लीजौ नेकी जगत महँ स्वर्ग देंय तुम्हें ईश॥

इस्लामी-कुंडलियाँ

मुस्लिम

मुस्लिम वही सराहिए मानहिं खुदा रसूल।
दें जकात खैरात बहु पाँच में रहें मशगूल॥
पाँच में रहें मशगूल हज काबह कर आवैं।
चलैं कुरान हदीस मग भूले न राह बतावैं॥
कहैं रहमान सदा हित करहिं बेवा रंक यतीमम।
रोज हशर में जिन्नत पैहैं वही हकीकी मुस्लिम॥

राज मोहन

कंत्राकी

सात समन्दर पार कराए के
एक नवा देस के सपना देखाए के
कैसे हमके उ भरमाए के
लेगइल दूर सरनाम बताए के

कपड़ा लत्ता खरचा गहना
गठरी में बान्ह के सब आशा
किरपा सिरी राम के पुट्ठी में
दूसर के सहारा पानी पे
कभी दिल घबराए, थारा पछताए
सायत अब जाए के दिन बढ़िया आए
आंच सुरपज के कुछ हमके भी
भाग में मिली, बरसन तरसाए के

दुई तीन महीन्ना जहाज पे
रिस्ता नाता तो बन ही जाए
कंत्राक जोगाय के थाली में
एक एक बिचार दिमाग में आए
उ देस में कैसन लोग भेंटाय
खेती बारी बढ़िया सैराय
लौटब गाँव अपना पैसा जमाय के

कुछ दिन सरनाम में रह के भाई
धीरे धीरे आदत पर जाय
अब इतना दिन मेहनत कर के
सब छोड़ छाड़ वापस के जाए
जीव बोले अब हिंया रह जाए
सरकार के बल पे खेत मिल जाए
मन के कोना में इ सपना बाकी
रहिगे एक दिन गाँव अपने जाय के

बुढ़ापा

एक गिलास चाय दुइगो बिस्कुट
और चार रकम की गोली
चिन्ता के पेड़ की ऊँची डारी पे
लटकल है बुढ़ापा

सूखल सूरत के नस-नस पर लिखल
जवानी के बीतल बात
फँसल कन्धा, गाँठी के पीड़ा
होस करवावे है पहले के जागर
बहल पसीना धान के खेत में
जमा करल तागत
पढ़ाई में लड़कन के

झुलावे है धीरे धारे कैसे
ओही कुरसी
डाम के खिड़की के कैती
दिन भर झाँकिला बाहरे
अपन जिनगी
काल के कुछ बचल लहा
आज न पकइली
कैसे उँघाए लगी
कुछ एइसन ना करली
के तनी थकाई लगत
कोसिस में लगल वा
बचल दिन
खरा करे खात
गिरल दिन अपन दुनो गोर पे
बकायनया हींचत
हाथ पे
ना दारू ना तमाखू
ना जादा ना मीठा
और नमक एकदम कमती
अब जिनगी में सवाद ना रहिगे

एक गिलास चाय दुइगो बिस्कुट
दस रकम दवाई के बीचे
अँटकल है बुढ़ापा।

वेकेन्सी थी

तब के खुरचल आत्मा पे धँसल
अब्बे ले गहीर चिह्न
जीव जर जर रह जाए
मन में मन गुस्साए
मूढ़ी पे कभी सनती
कभी ईंटा कभी ढेला
बहिन के देखे झोंटा हिंचाए
छोटा भाई
दाँत पीस के रह जाए
नौ बरिस के छोटा भाई
नवा नवा स्क्रिफ्त छिनाएगे
नवा नवा पोतलूद
बाप सुने के लात खा
माई बोले बेटा सह ले
आज छुट्टी मिली, बड़के वेकेन्सी
सब केई मगन में
एक बजे स्कूल निकरी
आज घरे कैसे पहुँचब
छूछू घोरे, शान्ती डाम से
के सम्पू सम्पू
चाहन्टा में
सैबना के रास्ते से
दुइ तीन जगह वेकेन्सी थी
अगारत होइ
हाथ गोर में लगत देर ना
छोंकत महीन पीड़ा
सान ना देना

चाहरी मूढ़ी पे
ग्यारह बरिस के बहिन
नौ बरिस के छोटा भाई
रोज के एही चिन्ता
आज घरे कैसे पहुँचब
उ सब के मुँह और रोज नित के बेजती
यू का कुली, कुली डाँग डाँग, यू लोसो माई
पोनरा के नीचे
कागज के बोट में
इगो पायल कटलिस...
तब के खुरचल आत्मा पे धँसल
अब्बे ले गहीर चिह्न।

सरनाम के प्रासी

सपने के अनरे में
हम्मे गोहरावे है
अब्बे ले आयके
सरनाम के प्रासी

मन के किनारे
चुपचाप खड़ा
संकारे है देखिल
सरनाम के प्रासी

बोले है हमसे
के सींच दे ना आए के
संझा के जूनी
रीबा के पानी से
झूरा से पड़ल है
मट्टी में दरारा
मकई के दाना
छींट दे ना हमपे
एक दफा फिर चरे
मुरगी मुरगा

मीजे हमार देंही
गुदगुदावे तनी हम्मे
मुरगी के बच्चा के दूब्बर गोड़

पसार दे छाती पे
लौकी के झमरा
जामुन के पेड़
कुसबंती के टिक्की
घेर दे तू हम्मे
अरहॉल के हेनिंग से
उज्जर लाल झंडी भी
गाड़ दे अगवारे
सजाए के आक दफे
चाहे चल जाए
अगोर लेबे फिनो
तीस बरिस और

बरखा के पानी में
खेले डमार गोदी में
कब अइए लौट के
हॉलैंड से राजू
अमरूद के छटकुन से
आगे से पीछे
कब अइए प्रासी में तू
उपरू दौड़ावे।

बपौती

पुरखन के परछाईं
डुबाइली बनारस के
बहत पानी में
जतन से इगो पुराना
घाट के कंती
गंगा माइ के गोदी में।

सरनाम के छाता
तारु पे चपकल
अब्बे मारकी छोड़े है
हॉलैंड के चिक्कन पक्का पे
कदम, कदम...

सबेरे के अंजोर

बहिरे दिन अगोरे है
अंजोर होवे खात
तकिया नरम गोदी बनावे
थकल कान सुस्तावे खात

सपना बुलावे जिनगी के
सपना दुखावे खात
बिचार कविता के भेस में
सेतयावल, ठंडा पक्का पे
फूल के तरे गाड़ल
जैसे ईगो असली मुरदा
अन्तिम बिदाई देवे खात

अब दूसर दिन आइ सके है
हम तैयार बाटी
अक्षर के बन्दूक ले के
कल्पना के छाती
सबेर के अंजोर में
छलनी करे खात।

माँ

लाओ माँ
तोर पुराना दुख
पूजा के बसी फूल में
बान्ह के

समुन्दर की छाती में
सेखा दी
देखी तो उ भी
इतना दिन
सह पावे है।

तोर दुलार के आँच से

तोर दुलार के आँच से
चूल्हा बरे है
तोर आँचल के हवा से
आँखि लगे है
तोर आँखि के ज्योति से
अंजोर रहे हैं
तोर कंगन के आवाज से
सबेर जगे हैं
सोच विचार के गोना होइगे
जुड़गइल नाता तोर साथ
देंहि के सब सोना गलगे
तोर देहि के आँच में
चुपचाप बैठल बाटे
झलवा के बगले
कब झूलब हम संगे
कब झूलब हवा में साथे
तोर हाथ के रेखा से
तकदीर हमार बहे।

ई जिनगी

हम ना माँगीला जलदी जलदी
जिए जिनगी
हम ना माँगीला लगे जलदी

देंही में हलदी
हमे छुरन दे मद्धिम आँच पे
पक्कनदे अस्तिले डार पे
तोर खातिर
हाँ तोर खातिर

जेबी में हाथ डार के
अब्बे तंको ना मूढ़ गाड़ के
ठहरीला घूमीला नाचिला
मौज के उधार पे
हम्मे बैठन दे सपना के द्वार पे
जीतन दे सब कुछ हार के
तोर खातिर
हाँ तोर खातिर

दूसर के ना बाकी
हमें हमार परछाईं के बगले लेटा दे
टिम से इगो खुलल खिड़की की हवा में लेटन दे
खूब खेलन दे
बरखा के मद्दिझम बौछार के हाम से
ताल के बाहर चाहे सुर से दूर
हमे बजन दे जिनगी के तार पे
झूलन दे गीत के धार पे
तोर खातिर
हाँ तोर खातिर।

हमार भासा

होइगइले सौतेला तू
अपने पलवार में
जमीन में कैसे
दफनावे धीरे धीरे
मुँह पे लगाए के तोर

करखा रे बासा

पठा दीस तोर जात तोके
घर में से बहिरे
और बोल दी बा
कभी जब टेम मिलि
ते सुनी जरूर तोर बात
तोर ओराहना

बैठक के रंग में खेल ले तू होली
बेजती भी होइगे तोर दारू के नसा में
दिवाली के पूजा में कब तोके पूछी
माँज पे आखिर कब मिलेगा नौता

काहे बिमार पड़ल बाटे रे भासा
काहे तू रोवे है आन्रे में हेए के
लंठाइ लँठाई में ताना सुनाए के
पास होवे अब्बे ले सब तोके नाँग के

बोलाले जात के अपन तू अखाड़ा में
हिम्मत ना हार हम बाटी तेर साथे
खोल दे अपन तू जिनगी के पुस्तक अब
धोएले लगावल मुँह पे से करखा
लगाले करेजा से गीत और कविता
सुनाव अपन मुँह से दुलार के गाना
तब एसन दिन के सरनामी तोर जाति
बैठाए लीगा सब तोके
मूढ़ी पे चढ़ाए के।

राज रामदास

समय में समाय गइली

समय में समाय गइली
सबेर के एक अँधेर इलाका में
जनम जब भी जगाइस
तब मौत मुस्कियाइस
बेर बेर सोचत
कि मिलगे गहनकी एक और हमके
संसार के सुखदुख के बेलैक भाग में
हम अपन बचपन बिताइली
मैल बीमारी में
खेलत कूदत

जवानी से करजा लेके
एक टुकड़ा जीवन कीन ली
माया की मीढ़ी के सोझे
उम्मीद और नाउम्मीद के मौसम में
हम बोइली तोर संघे
सोचली और बिचारली भी
खाली बखार के बगले
तमाखू खींचत

बिस्वास भरोसा
और आसा के भासा
भूलगैले रहली
जब थकल अँजोर के गोदी में
एक जीव जनम लेइस
हमार तोर
पक्कल फूटल प्रान के टुकड़ा

आधा डरायते
आधा खुसी में

उठाइली हम ओके
उधार के हथकड़ी कलाई पे लिए
और संसार के तराजू पे
रख देली।

हवा हाँफे है

हवा हाँफे है
खिड़की के आईना पे

बाहर
बरखा
बरसात से भीजल रास्ता पे
ओटो के बानती के सरसराहट
मद्धिम सुना है

दिखा है
हॉलैंड के एगो होल में से
जहाँ हम रहीला
खाँग के चिराग जलगे
फुरसाल में
काछल के होल्का
वीडियो के आहट-चाहट
और लड़कन के चिलबिल
मूढ़ी पे चढ़े हा

मन
खाली है
खाली।

बचपन से पहले

बचपन से पहले
जवानी बीतगे

अब ना पूछ हमसे
दिन कटे है कैसे

पर्दा से छानल अँजोर में
परछाईं के छन्ना में

ओकर याद जियावत।

बदल के भेस भी लौटल मौसम

बदल के भेस भी लौटल मौसम
बदल के बादल बरसे है
केके देखे के तरसे आँखि
केकर बोली बिन सूना मन

कभी खुसी रहली रहा सुख इतना
की सह सकती और कितना
आज बकी जौन बाकी रहगे
बहगे कौन जुदाई संघे

सहेलियाँ ना समझी ना समझिस समाज
अब खोली कहाँ अपने दिल की तजोरी
समझिस बकी ना जौन जान से प्यारा
फिर समझे कैसे पराया

कैसे कही अपनी कठिन कहानी
केके लेई भरोसे में
कहीं झुराई न जाइ, के जाने जवानी
पूजा के फूल जैसे

चाहत चिल्ला है छाती में ऐसे
हम बोली कैसे बोली कैसे
अनबोलल बात जो समझिम ना
उ प्रेम के भाषा समझे कैसे।

जब जाय जवानी

जब जाय जवानी
करके बहाना
और बुढ़ापा लहरा लगाई
बताइ फिर तोर बार के हर चाँदी के डोरा
जीवन के लम्बाई चौड़ाई

नरम नेनसुक के ओढ़नी तरे से निहुर के
झाँकत झटकी अँजोर
सोना के कान के मोहर तोर
मोटा चश्मा के मारे
लगी आँखि भारी
लगी कि तू ताके है
बाकी देखे है ना

तौभी संसार में के हमसे जादा
उ अँखिया के चरखा में
पढ़े पाई
तोर चाहत के
ऊँचाई
गहराई

हाँ चाहे सोखी समय तोरे सूरतिया के रस
चाहे चेहरा पर खींची रेखा
नरम ढीला होएँ सब देंही के नस
चाहिली हम तोके, चाहिबे सदा।

टँगल ठंडा चाँद

टँगल
ठंडा
चाँद
मैला चाँदी के मोहर

अन्धा अँधियार के माथे पे
दूर में नगाड़ा
तनन नस से
अपन बेनाम बरातिया के
स्वागत करे है
आज बिहान के घाट पे
हम टूटल मन के
समझाइला।

रहा है, रही

रहा
है
रही

गावत
गीत
नदी

कन्धा पे अपन
लेके नैय्या

केकर
कब
किधर
कहाँ।

पैदाई के पन्ना पे

पैदाई के पन्ना पे
संसार के स्याही से
चाहत के चिट्ठी लिखी चाहिस
कविता

हाँ
ओही
छोट–मोट
दिल के बोली
जौन अब्भे काल्हे
नंगे दौड़त–गिरत रहा
दुनिया के द्वारे

इ इन्सान के इच्छा है
मानुस के अन्तिम मतलब
या सोच समझ के सजावल भूल
जौन भविष्य के फुसलावे है

के जाने
खिड़की खुलल है अब्भे
बाहर
दिन के ओइय्या पे
किसकिल्ली अपन किलबिल से
बाहिर भासा के
नचवावे है।

जहाँ पे हम और तू

जहाँ पे
हम और तू
मिलत रहली
हुँआ
अब एगो दारू के दुकान है

पास जब होइला
तब मद्धिम चिराग में
मद्धिम आवाज में
बोल बात सुना है
कभी

नसेढ़ी के गीत भी

आम के पेड़ जौन रहा
उ तो कब्बे ना कटाइ गे

हबड़वा में
जौन छोटी के घरवा रहा
अब खाली है
ओकर रंग छूटगे
भला
इ सब बात
तू जानत होइए।

बचल कुचल अँजोर जौन है

बचल कुचल
अँजोर जौन है
ओहू भी
कमुड़िया रात
लिपटत अपनावे है

अबभे
कुछ दूर में
धुक्का धुक्का अँधियार
पसीजत गिरत
घेरी

हाथ पसरले
सोफा पे पड़ले
कोरान्तिया
गहुराएते रह जाइ

आज
चिराग
ना बरी।

रामदेव महाबीर

तन इसका माटी से बना है

तन इसका माटी से बना है
आँख में अग्नि जान।
पानी से है जीव बना
आकाश बना है काल।
हवा से है नाक बना
यह पाँच तत्त्व महान।
यही पाँच से बना सरीरा
तापर देव करत गुमान॥

माटी का है पुतला तू
माटी को रौंदत जाय
माटी माटी सब कहे
माटी में मिल जाय॥
देव हृदय में बास करत है
जन मत से ले आज
माटी में मिल जाय जोहीं ये
छोड़ दिहिन सब साथ॥
देव तोरा यह कर्म है
माटी को तू ही सजाय
भट्टी में रहे आग दिहिन
और माटी को दिहिन तपाय

बिना बिचारे जो करे
जग में कोई काम।
घोर दुख पावत वही
ना पावत चैन आराम
आराम की खान दान है
जो दे कर ना करे बखान।

पावत वही सुख जग में
और बनता बहुत महान॥

तिनका तिनका देकर के
तू सबके मन को जीत
जो न दिया तिनका जग में
वह जग को कैसे जीत
ये जीवन ही क्या जीवन है
जो काम किसी के आ न सके।
दीन दुखी कंगालों को
टुकड़ा रोटी खवा न सके॥

जीवन साथी जीवन तक
धर्म का साथी पुनर्जन्म तक
साथ बनाना किसे है साथी
बनाले साथी सोच समझ कर॥

जो ज्ञान तुम्हारे पास है
तरक तराजू पर तौला कर
जो बातें मिलती हैं तुम्हें
उसे धरम कसौटी पर देखा॥

तरना है तो कर ले प्यारे
अच्छी संगति के साथ।
किया बुरी संगति जन जोहीं
ना हुआ करम से माफ॥

जो माँगा है जग में तू ने
कदम कदम पर पाता है
भरा पात्र में देव कभी
कुछ नहीं भर पाता है

हे मानव तू अभी से चेत
यही करम है तेरी खेत।
बोया जैसा बीज तूने
फल वैसा ही काटेगा॥

माली आया बाग में
चुनता फूल निहाल।

ये दृश्य कलियाँ देखी
कल है मेरा हाल

तू क्या माया में उलझा है
जब माया रहे न साथ।
फिर ऐसी माया को खोजिए
जो रहत बसत दिन रात।

सूरीनाम

कौन सा है देश
जैसा देश सूरीनाम है
देख लो लहराती खेती
बढ़ा खुद की शान
कोयल की कूक
मीठी और अमराई घनी
सुबह दोपहर, शाम
चिड़ियों का चह-चहा गान है
मोर अपना नाचता है
एक सपना सा बना
बादलों को देखकर के
छोड़ती जो तान है
लहराती नदियाँ
गुंजाते गीत झरने जोर से
पर्वतों पर सीप चाँदी
और स्वर्ण समान है॥
फूल फल है
बाग-वन है
देश आखिर देश है
देश बस
अपनी खुशी का
जहाँ हर समान है
हम बनें अच्छे बनें

जो भी यहाँ इस देश में
देश तन है
देश धन है
देश जीवन प्राण है।

सतरंगी देश

दुनिया में देश कई
लेकिन ऐसा है नहीं
देश सूरीनाम जैसा
और कौन महान है
लहर की दीवार
नदियों में यहाँ जब गूँजती
तभी लगता यहाँ
सूरीनाम में क्या जान है
लोग हो धनवान चाहे
या गरीब किसान हो
सभी है कुछ खास
सब को देश की है पहचान
बोलियाँ हैं कई
पहनावा है कई देश में
किन्तु सब के हृदय में
सूरीनाम का मान है
सतरंगी है देश मेरा
आपस में मिलकर रहते हैं
'देव' कहे इसी बात पर
कितना हमें गुमान है।

तू महान है

तू छोटा है
तेरा रास्ता एक है

तू बढ़ने लगा
तेरा रास्ता अलग हो गया
दौड़ने लगा है
दौड़ते-दौड़ते
जो मोड़ पर पहुँचा है
वहाँ रास्ता एक है
तू एक बन जा
तेरे में एकता है
तू महान 'देव' है।

एकजुट

एक होने से क्या नहीं हो सकता है।
गोवर्द्धन पर्वत उठाया गया॥
कोई उँगली लगाई।
कोई हाथ॥
कोई सिर।
तो कोई माथा॥

कितनों की अँगुली टूटी।
कितनों का हाथ॥
कितनों का सर फूटा।
और कितनों का माथा
मगर एक होने के कारण
गोवर्द्धन पर्वत उठ के ही रहा॥

चोरी-चोरी-चोरी

बैठे राष्ट्रपति की कुरसी पर
वो भी करता है चोरी
पार्लियामेंट के नेता बोलत
बातन पर है चोरी

हस्ताक्षर करता डैरक्टर
जो न करनी है चोरी
जो अगल-बगल बैठ के
देखे आँख मीच कर
वो भी है चोरी
आहार में चोरी
व्यवहार में चोरी
विचार में चोरी
आचार में चोरी
चोरी-चोरी-चोरी, देव॥

डफली फूट गई

देश में क्या हो रहा है।
क्यों हो रहा है॥
यह सोचा कौन।
पीटी गई डफली॥
कि गरीबी मिटाओ।
गरीबी बढ़ती गई॥
और डफली फूट गई।
जनता भूखी है नंगी है॥
गन्ना केले की परनासी उजड़ी है।
और चमकती है राजधानी देव॥

रामदेव रघुबीर

राखी

इन्द्र

इन्द्र राक्षस मारन के,
जूझे दिन अरु रात।
राक्षस जूझे उसी तरह,
इन्द्र से बनै न बात॥

राखी तेरी महिमा न्यारी,
जो जाने होए भवसागर,
पार अति भारी॥

इन्द्र जाए गुरू बृहस् चरण में,
दिहले शीस झुकाए।
जंग में जूझत राक्षस दल से,
उससे पार न पाए॥

कहे इन्द्र अन्तिम जेग में,
गुरू जूझन को हम जाएँगे।
जय ना भया तो लड़ते लड़ते,
अपना भी अन्त मनाएँगे॥

इन्द्रानी

"ओऊम् भूर्भुवः स्वः
तत्सवितुर्वरेण्यं भर्गो देवस्य धीमहि
धियो यो न प्रचोदयात्"

दिव्य गायत्री मन्त्र जप इन्द्रानी ने,
बाँधी राखी पति के हाथ, दाएँ में।

कही पति युद्ध करन जाओ,
हम जीत की जय को मनाएँगे॥

आरती उतारी इन्द्र की इन्द्रानी ने,
चरण छुई सुख सीस धरे।
चले पति इन्द्र फिर युद्ध करन के,
सती के तप के बल को लिए॥

भै घमासान युद्ध राक्षस दल से,
इन्द्र देवत मुयी-मुयी मार।
जब ताकै इन्द्र राखी डोर के,
तो बल लागै चार॥

राखी के बन्धन का देखो हाल,
एक-एक डोरे बने ढाल।
जैसे इन्द्रानी साथ भी लड़ती थी,
इन्द्र को जिताने में॥

ऋषि-मुनि

(दोहा)

करतब ना छोड़,
प्रति वर्ष याद धराता डोर।
ऋषि मुनि आचारी,
करते हैं प्रचारी

(गीत)

तेरी बिगड़ी भी बन जाई,
गुरू मन्त्र लेलो ले भाई।
सत्य के मनसा-वाचा-कर्मा,
दिहें अति सुख भाई॥

तेरी बिगड़ी भी बन जाई,
ब्रह्मा रचै और बनावै,

विष्णु सारी ओर सँवारे।
महेश सुख देवे और मिटावे,
तीनों अर्थ को भजलो भाई॥
तेरी बिगड़ भी बन जाई।

हुमायूँ

(कौवाली)

बादशाह हुमायूँ फर्जी फौलाद,
देखो राखी का मान बढ़ाया।
खुदा के बन्दे ही बादशाह बनते,
बादशाह की नमाजी अदा करके,
दुनिया में मान पाते।
शाही का शान दिखाया।
देखो राखी का मान बढ़ाया।

(कर्णावती)

कर्णावती पर गम पड़ा,
हुमायूँ के पास राखी के साथ खत लिखा।
हुमायूँ ने उसे पढ़ा, कहा
भाई का करूँगा फर्ज अदा।
हाथी घोड़े सैन सजाया।
देखो राखी का मान बढ़ाया।

तभी से चला जोरों से परम्परा भाई-बहन का।
जोहे हर साल राखी के दिन राह बहन भाई का।
आ दुआ दे और दुआ ले बहन का।
ले उपहार बहना का घर भाई आया।
देखो राखी का मान बढ़ाया।

(प्रोहित)

त्रिधागा के डोरों से हाँ,
रक्षा सबके होए।

देव पित्र और अचारी,
इन तीनों को न खोए॥
देव के देन से मैं,
मेरे सब कुछ हैं।
गुण कर्म और स्वभाव,
इनके पावन से उनको पाव॥

माँ के ऋणि-भार,
पिता के किए उपकार।
सेवा से उनको दे प्यार,
होगे पित्री ऋणि से उद्धार॥

गुरु देत हैं ज्ञान,
विद्या, विनिमय-सुख-दान।
पूजे घर, परिवार, समाज-राज,
आवे सारे भूमंडल के काज॥

बहन-भाई

राखी बहनो का त्योहार,
युग-युग और घटनों के प्यार।
भाई राखो इसे सँवार,
बहनो की रक्षा का है तुम पर भार॥

बहनें करतीं हर वर्ष याद,
सुबे से लेकर आधी रात।
पूर्णनिमा के पुन्यों को ले धागों में,
भाई के दाहिने हाथ बाँधने में॥
भाई दे आशीर्वाद,
जुग-जुग जियो, सुहागन रहो।
करो ईश्वर और पति भक्ति,
तुझे मिले लक्ष्मी की शक्ति॥

मन-ज्ञान

जा जा यहाँ से भाग जा,
कहीं दूसरे गली में तीर चला।
यहाँ तेरा दाल नहीं गलेगा॥
जो तेरे बस में फँसा,
वो कभी खुशी से नहीं हँसा।
तू मुझे दगा नहीं दे सकेगा॥
कितनो को चढ़ाया, फिर फँसाया
कितनो को बड़ा आदमी बनाकर गिराया।
तू मुझे ऐसे जीते जी नहीं मार पाएगा॥
पंडित, सन्त, महात्मा और योगी,
इन सबको भी चक्कर में डाल बनाता भोगी।
तू मुझसे ऐसा सौदा न कर पाएगा॥
तेरा नाम मन है,
मेरा नाम ज्ञान है।
नादान, तू मुझसे परास्त हो जाएगा॥

विद्या

अपना कर्तव्य निभाते रहो।
विद्या पढ़ो, विद्वान बनो, पुरुषार्थ करो,
अपना कर्तव्य निभाते रहो।
धन कमाओ आप परिवार सँवारो
अपना कर्तव्य निभाते रहो।
सुखी रहो, सब हँसो, दुखी रहो सब रोओ।
अपना कर्तव्य निभाते रहो।
धर्म की बातें सीखो, सिखाते रहो
अपना कर्तव्य निभाते रहो।
कल आज और आने वाली बातें जानो,
अपना कर्तव्य निभाते रहो।
विश्व कल्याण की कामनाएँ करते रहो।
अपना कर्तव्य निभाते रहो।

लक्ष्मीप्रसाद बलदेव (बग्घा)

सूरीनाम संस्कृति भजन वल्लरी

(1)

चैतन्यं सर्व भूतानां विवृत्त जगदात्मनाम्।
नाद ब्रह्मा तदानंद मव्दीतीय मुसास्महे॥

सकल जगत् के रक्षक हे प्रभो।
होय प्रसन्न वर देव।
सुरिनाम संस्कृति भजन लिखत मैं,
कृपा करो देवों के देव।
यह औसर निष्कपट हो,
सत्य की बजे अब नाद।
हैं अति दीन मलीन जन,
विनय करत 'लक्ष्मीप्रसाद'।
ओउम् शान्ति! शान्ति!! शान्ति!!!

(2)

भजन

पहले पुरुषाओं का कैसा था रीत अब कैसी होती हाय!
ध्यान देकर सुनना चाहिए, कहूँगा भजन में समझाय॥
मनुस्मृति आदि ग्रन्थ में ऐसा लिखा है।
जातीय इतिहास में अब वही वाक्य पढ़ा गया है। टेक।
करो क्या घाट जी, हम उन पहिले पुरुषाओं से
उन पहिले पुरुषाओं करते रहे धर्म से नहीं किनारा
इतिहास का लेख देखो कहना नहीं कुछ हमारा
पहले पुरुषाओं सत्य असत्य का करते रहे विचार
क्या घाट जी, हम उन पहिले पुरुषाओं से
हम अब सत्य असत्य एक ना माने मन वांछित करें बहार

पहिले पुरुषाओं में पंडित सन्ध्या हवन ज्ञान साधन की थी रीत
अब के पंडित चोरी हिंसा व्यभिचार में जीवन करें व्यतीत
कहो पहले के पंडित त्याग सन्ध्या हवन शूद्रवत हो जाते
अब के पंडित त्याग सत्य क्रिया हिंसा से नहीं डराते
क्या घाट जी, हम उन पहिले पुरुषाओं से

पहिले पुरुषाओं भक्त शिरोमणी का करते रहे मान,
हम अब वेश्या भाड़ों का करते हैं
क्या घाट जी, हम उन पहिले पुरुषाओं से
सम्मान पहिले पुरुषाओं सब जीवों से करते रहे सत्य व्यवहार,
हम अब निर्बलों के गर्दन पर छुरी की धार।

(3)

गजल

जिया पछितात है रे, मित्रों देख दशा अपनी जाति की,
विस्की की चुस्की की खुस्की मिटाने की मुँह में दबाई सिगार।
बाइसिकल सजा कर के टन टन बजा कर पहुँचे बजार,
चार बजे टिकट ले शाम को पहुँचे किनो के दरबार।

गजब इन का चाल है रे,
जिया पछितात है रे, मित्रों देख दशा अपनी जाति की,
उसी की शिक्षा ले अपनी मातबहिन चले,
चाल बेचाल, नकल देख औरों का, डाले अपनी हिन्दी मर्याद बिगाड़।

बिगड़ गई चाल है रे,
जिया पछितात है रे, मित्रों देख दशा अपनी जाति की,
खोटे कर्म किए जैसे तैसे फल लीनी पाई।
हिन्दी मर्याद को त्याग हेय सब पड़े कुमार्ग जाई,
ये मन सकुचात है रे,
जिया पछितात है रे, मित्रों देख दशा अपनी जाति की,
लक्ष्मीप्रसाद क्या कहै मित्रवर बहै नैन जल धार,
आज सुरिनाम देश में भारती की नैया पड़ी बीच मँझधार
हा डूबी जात है रे,
जिया पछितात है रे, मित्रों देख दशा अपनी जाति की।

(4)

भजन

सुरीनाम देश में रे, अब तो ऐसा चाल चले॥
तजी सकल, हिन्दी मर्याद पुरानी नवीन कौतुक धारे।
तोड़ ईश्वरीय नियम हाय अधर्म को करत प्रचारे।
सुरीनाम देश में रे, अब तो ऐसा चाल चले॥
वेद पुराण का कहा ना माने करते हैं मन मानी
जाति सेवा करना रहा अलहदा, भूल गए अपनी बानी।
सुरीनाम देश में रे, अब तो ऐसा चाल चले॥
सतसंगति से करें किनारा गैरो का संगत चित धारे।
निज नारी को छोड़ अधर्मी, रण्डी से सिर मारे
सुरीनाम देश में रे, अब तो ऐसा चाल चले॥
अपनी जाति से करें नफरत नहीं प्रेम आपस में।
भाई की जड़ काटे भाई, तर्स न लावे दिल में
सुरीनाम देश में रे, अब तो ऐसा चाल चले॥
शिखा जनेव का हाल न जाने, हब्शी बाल लेत रखाय।
अब हिन्दी मर्याद बिगड़न पर ऐसा देत लखाय
सुरीनाम देश में रे, अब तो ऐसा चाल चले॥
यही देश में ढंग हमें प्रत्यक्ष दिखते भाई,
वह ही प्रियवर अल्प बुद्धि से सब को दिया सुनाई।
सुरीनाम देश में रे, अब तो ऐसा चाल चले॥
याद करें जब इन को धड़कती छाती हाय
लक्ष्मीप्रसाद जो कुछ देखा कहे भाव भजन में समझाय
सुरीनाम देश में रे, अब तो ऐसा चाल चले।

(5)

लावनी

हाय सुरिनाम देश में जन्मी ऐसी नारी,
हिन्दी मर्याद बिगाड़ कर चलने लगी बदकारी।
अपने पति को छोड़ कर अन्य पुरुष का सेवा करे
सण्डे मुसण्डे लुच्चे गुण्डे की जाके पैरों परे।
टेक–देख–देख गैरों की चाल यह भारती नारी
गई भ्रम में भूल हिन्दी मर्याद सारी॥

प्यारी बहिनो क्या है यह दशा तुम्हारी।
कर नकल गैरों का हिन्दी मर्याद बिगाड़ी
अपने कुटुम्बियों में रहती हो पर्दादारी
पर हाट बाट में तुम फिरती हो मुँह उघारी।
यह स्वांग तमाशे में हो जाय व्यभिचारी
गई भ्रम में भूल हिन्दी मर्याद सारी

कहाँ गई द्रोपदी सीतादि सम नारी,
जो महा क्लेशों के बीच धर्म नहीं हारी।
जिनके अब जाय सभा में नाम पुकारी,
करो उन के ग्रहण गुण सुधरे बुद्धि तुम्हारी।
करें ख्याल नवल सिंह वेद धर्म प्रचारी,
गई भ्रम में भूल हिन्दी मर्याद सारी॥

कहें लक्ष्मीप्रसाद सुनो बहनो यही शिक्षा हमारी,
चलती हो गैरों का चाल, यह लाज भारत की भारी
गैरो के संग जाकर अपना धर्म बिगाड़ी
मन वाक्य देखो देवी नाम है तुम्हारी।
रही तुम्हें भला बुरा को कुच्छ नहीं बिचारी,
गई भ्रम में भूल हिन्दी मर्याद सारी।

(6)
वार्ता

सीय लषण जन सहित सुहाए,
अति रुचि राम मूल फल खाए।
भये विगत सम राम सुखारे,
भरद्वाज मृदु बचन उचारे।

सीताजी लक्ष्मणजी और निषाद के साथ राम जी ने
प्रेम से सुन्दर फूलों और फलों को खाया था,
थकावट दूर हो गई और राम जी सुखी हुए,
तब भरद्वाज मुनि ने कोमल बाणी से कहा।

(7)
भजन

जगाय रहे हैं जान कौन नींद सोए।
कोई चोर जार पापी कोई करता रण्डीबाजी

कोई सिगरेट का धुआँ उड़ाए रहे
जगाय रहे हैं जान कौन नींद सोए।
कोई कीनो होटेल जाई करता सुलफेबाजी
बुरे कर्म का बुरा फल मिलेगा चाहे पंडित य काजी
जगाय रहे हैं जान कौन नींद सोए।
चंगे में इत उत घावें निश दिन पापी पाप कवामें
हो पीड़ित जब हर गुण गावें
यह पूरा मक्कार है, जाने कौन नींद सोए
सुनो सकल सुरीनाम बासी!
यह कहता 'लक्ष्मीप्रसाद' प्रोफिदेन्स निवासी
यह सब उल्टा चाल है
जगाय रहे हैं जान कौन नींद सोए।

(8)
भजन

अब तो छोड़ दो रे मित्रों ऐंठ गुमान को
चीन मुसल्माँ ताड़ी को बेचते देते पानी मिलाय
खड़े-खड़े पंड़ित जी पीते जरा शर्म नहीं आय
कायस्थ ब्राह्मण कहलाते हिन्दू कहे पुकारा
चीन हाट का उचिष्ट पानी पीते नहीं बिचारा
हिन्दू के सभा उत्सव में पंड़ित पहुँचे जाय
कदम-कदम पर राड़ मचावें जरा शर्म नहीं आय
शराब ताड़ी माँस उड़ावो हो गए बुद्धिहीन
इसी सबब से धर्म तुम्हारा हो रहा तीन तेरह तीन
होटल का पानी बासा में भोजन खावें जाय
पर हिन्दुवों का साथ में तुरन्त बिगड़ दामन जाय
ऐ! अघ के करने वालों डरो जरा ईश्वर से
विद्या पढ़ो धर्म गहो मुहँ मोड़ो लड़ने से
अब तो होश में आवो धन और धर्म बचावो
धर्म कहाँ लड़ने में मिलता हम को भी समझावो
भूलों का अब राह बताना यही काम है मेरा
वरन् अख्त्यार तुम्हीं को करो नरक में डेरा
'लक्ष्मीप्रसाद' सायुज्य का रीत बतलावें मानो सीख मेरा
छूत छात का भूत भगावो चन्द्ररोज का डेरा।

श्रीनिवासी (मार्तिन हरिदत्त लछमन)

बुलाहट

कौन रात्रि में हमके बुलाइस है?
आवाज बाहर से धीरे से आइल है
मालूम ना है कौन पुकारिस
काहे के हमारे द्वार पर आइल है।

नेवता लेकर...साइद नाउ है
गुसाइके के जाने फिर लौट गइल
सरमसे आलस हम रह गइली
कौन रात्रि में हमके बुलाइस है?

अँधियार में चिराग लेकर
मेढ़ी पर से आ पुकारिस
जवाब देली गदगद दिल से
उसको जो हमार भगवान है।

स्वागत

वसन्त साड़ी में
तू मेरी प्रेयसी
शाम के सोने पथ पर
तू उपस्थित है।

उठित गया दिल मेरा
नीली धुँधुलाइ में
अनोना वर्षों
खाली स्वप्न के सदृश
मेरे जीवन में
उल्लिखित थे।

वसन्त साड़ी में
तू मेरी प्रेयसी
शाम के सोने पथ पर
तू उपस्थित है।

तेरी शक्ति से
चूर हुए तीव्र दुख के बन्धन।

मेरे देश के मोहार में
गले गले से
हृदय हृदय से
तूने आज लगाया

पाठ अनुपम मोहिनी
निज अकथ शुचि प्रेम
अपने हाथ पढ़ाया

शाम के सोने पथ पर
तू सरनामी देवी
स्वागत कमल नयन में
ओ वसन्त कुसुम-कली!

कवि और शब्द

ये शब्द भला क्या हैं
देश हैं
कवियों का स्वदेश हैं
कवियों का निवास हैं।

ये शब्द भला क्या हैं
मुख हैं
दिलासा देते
सुख हैं
मनफल अर्थात
मनोच्चारण हैं।

ये शब्द भला क्या हैं
हल हैं
मानवीय समीज तो खेत हैं,
कवि इसका हलवाहा है।

ये शब्द भला क्या हैं
माला हैं
कृतज्ञता की परीक्षा।
कवि के भेद का लक्षण
आकार और मुखाकृति हैं।

ये शब्द भला क्या हैं
देश हैं
प्रियतम स्वदेश कवियों का
कवियों का प्रभुत्व हैं।

जयपत्र

ढमढम बजता
बज रहा है
बज रहा है ढिंढोरा डमरू
मिष्ट भाषा से बोल रहा है
पुकार रहा है
नज्म नजात नगाड़ा।

क्रम क्रम आती
धीरे धीरे
आँखो में बरसाती
खुशी वृष्टि
सुकल-उषा
निज दिल में समाई है।

बाला विलित हुई
प्रलय कालकूट
दिल में नित नित फूल रहा है

रिद्धि-सिद्धि
सुखद-नंद
सहस्त्रांशु सुन्दर।

क्रातु बल से
प्राप्त हुए हैं विभूति वासु
निज परिश्रम ने
अन्तिम में
हमें विख्यात बनाया।
मैं हूँ, तू है
वह है, तुम हो
हम सब हैं श्रीनाम निवासी
हम सब हैं कुलीन प्रजा
हम सब सुख्यात श्रीनिवासी।

देखो खिलखिलाती हुई
खिल रही है
लालारुख मुस्कान
दिल भरपूर है
आँख में वसन्त है
सारे देश में
गूँज उठा है
विजय है जयपत्र।
पुरवाई में भेद छिपा है
सर्वत्र है महोत्सव
सूरीनाम में सुगन्धित है
भारतीय सन्तान।

मैं हूँ गृहस्थ
तू है कर्षक
उर्वर है देस हमारा।
वास करती है उसमें कौन?
लालारुख मुन्ना
कान्ति कामिनी प्यारी
देश की युवती
देश की प्राणाभृत ननकी

भविष्यत की माता वह है
सुघराना दीपरक
देश की आभा
देश का आदर्श
रामनी रवि पारा
मेरे देश की आशा वह है
सकल अरमान हमारा।

मैं रसिक हूँ
देशार्पित तू
सुकुमारी हमारी

मैं हूँ कृष्ण
तू है राधा
उपकारक हूँ मैं तेरा
दास बना हूँ
और तू दासी
सरनाम देश की सारे।
युग-युग ढमढम
बज रहा है
जीवन भर तो जुगजुगाती
तू है सरनाम सितारा
और मैं हूँ सरनाम कुमार।

आँख में देखो
दिल में देखो
देखो तन मन धन में
चारों ओर विजयोल्लास है
आज सरनाम देस तरंगित
मालूम क्यों कि मालूम नहीं?
महत्तम मुलाकात है
आज नव्वे वर्षों की।

तब एकमत बोलो
भाइयो बहनो
एकदस्त बोलो

डमरू नगाड़ा के साथ।
मैं हूँ, तू है
वह है, तुम हो
हम सब हैं श्रीनाम निवासी
हम सब हैं कुलीन प्रजा
हम सब सुख्यात श्रीनिवासी।

अन्तिम शोक

तब उसे अनुभव हुआ
कि नदी का सिर्फ
एक ही किनारा था
जहाँ खड़े होकर बीते दिनों के
कहीं दूर तलक देखता
यादों में घुल गई
आत्मीय छवि दिखती
और जिसके बाद ना कोई भविष्य था
न अतीत, न इच्छा
और न अन्तिम शोक।

तुम्हें बाँधना चाहता हूँ मैं

तुम्हें बाँधना चाहता हूँ मैं
एक ही राष्ट्र में
बिना किसी परीकथा के
जबकि शब्द में हम हैं सरनामी
लेकिन कर्म में अभी भी
निग्रो, जावी, चीनी, और हिन्दुस्तानी
बदल सकता हूँ तुम्हारे चर्म के
कर सकता इलाज तेरे हृदय का
एक फर्ण प्रार्थना में

कई बार यही आग्रह
देश में आँख मूँदकर अब चलना नहीं
खेलो उन बच्चों से जे तेरे खत के नहीं
बोलो सभी जाति की भाषा
करते सभी भोजन दुनिया के
तुम्हें बाँधना चाहता हूँ मैं
एक ही राष्ट्र में
बिना किसी परीकथा के।

सन्ध्या भग्गू

हिन्दी

हिन्दी पढ़ो-पढ़ाओ
अपनी भाषा को आगे बढ़ाओ।
हिन्दी से मान है
वेद, रामायण गीता
का ज्ञान है
हिन्दी से हमारी पहचान है

छोटा भारत

भारत से पूँजी
सूरीनाम में आए
पुष्प पूर्ण से
सारा देश सजाएँ
सुन कर देखकर भारतवासी
गद-गद हो जाएँ

हैं तो ये हमारे लोग
जो धोके से आए
सरनामी बनकर
सूरीनाम देश को
छोटा भारत बनाएँ।

घूम अइली

अइली-गइली में
भरम गइली

इ संसार में
कुछ न पइली

हाँ परिवार दोस्त
बहुत बनइली
घर द्वार बनाय के
पैसा खूब कमइली

देस परिदेस घूम अइली
मन्दिर मसजिद देख अइली
सूरीनाम के प्रेम
जब देख ली
बहुत मजा पइली।

भाषा

भाषा हर मानव की जान है
भाषा में ज्ञान
न रंग न रूप
भाषा सब की पहचान है

अवधी, भोजपुरी, हिन्दी
भारत देश से सब लाए
सरनामी हिन्दी से माई-बाबा
अपनी पहचान बनाए

मानव का विकास
भाषा की उत्पत्ती से होता

हिन्दी हो या सरनामी
दोनों ही अति प्यारी।

सत्य की ज्योति

सत्य की ज्योति
जब सामने आए

समाज की ताकत बनकर सही रास्ता
देश में दिखाए
परन्तु जब!
भ्रष्टाचार बढ़ जाए तो
देश और जाति
दोनों को डुबाए।

देश और समाज में
सच्चाई से काम करना
चोला रहे या न रहे। लेकिन!
नाम रह जाता है
जैसे काम-वैसे ही नाम।

पढ़ो

पढ़ो बच्चो
मिलकर पढ़ो
अपने अधिकार के लिए लड़ो

दीये की तरह
जलते रहो
अपने लिए आगे बढ़ो
बच्चों पढ़ो
ध्यान लगाकर पढ़ो
जीवन में तरक्की करो
अपने भविष्य के लिए लड़ो
बच्चों पढ़ो

विद्या पढ़ विद्यादान दो
दीये की तरह
उपकार करो
देश के अपने
ऊँचे नागरिक बनो
सत् उपदेश

हमेशा देते रहो
बच्चों पढ़ो।

भारत से आए

बाप दादा खूब कमाए
इसी मिट्टी में समाए
इस बात को हम क्यों भूल जाएँ

काट के जंगल शहर बनाए
चुटा-चूटि बहुत सताए
घाम बरखा से जिया घबराए
इस बात को हम क्यों भूल जाएँ

कॉफी-ककाव खूब लगाए
मसकिटा गोजर काट खाए
टोपी लगाए मंझा आँख दिखाए
इस बात को हम क्यों भूल जाएँ
सब्बल चलाकर डाम बनाए
पत्नी लाए परिवार बढ़ाए
चार द्विन्नी दिन में कमाए
इस बात को हम क्यों भूल जाएँ।

वीर

वीर नौजवान
इस देश का
बहादुर इन्सान
विद्या पढ़ना
आलस्य न करना।

सरवन बरव्वावर

सुनलो मोर कहन्या हम ऐली सिरी राम!

दिल तो माँगे हम कुछ आप लोगन के सुनाई,
कहानी ना, बलकि इतिहास,
हाँ...इतिहास...हमार, तोहार, हम लोगन के इतिहास,
चल! ले चली हम उस दिन के ओर, जब हम लोगन के पूर्वजन
बहकावा में आयके भारत देश छोरीन

सुनलो मोर कहन्या हम ऐली सिरी राम!
लालारुख जहाज निकरल भारत से,
चलल समुन्दर पार...
का भैल जहाज में, सुनावत, करेजवा में लागे कटार!

बाप छोरिन, माई छोरिन, छोरिन बहिन भाई,
आयके गोरवा धरिन, देस्वा जोन रहा पराय,
नाही सोना के थरिया, नाही राज्य प्रभु राम के,
महलन जे आसा दिलाय के, आँखन से मीठा सपना दिखाई के,
हाथ में कत्लिस चापू थमाईस, और बकरन खूब काम कराईस!

बहुत पिरा सहीन, मर मर काम चाहे करिन,
पर अपन धर्म-सभ्यता-संस्कृति के झंडा,
न छोरीन एक्को बन्दा!
रात बिरात कमवा के बाद, देख कौन तमासा रचले,
दुःख दरद भुला कर आपन, घूम घूम कर नचले!

अपने तो पढ़ न लिख सकिन, पर आपन वारिस के पढ़ावत ना थकीन,
कोनों के बनैले डॉक्टर, कोनों के जज,
जितना पैसा कमाईन, करदिन लरकान के पढ़हन लिखन में खरज!
सुनलो मोर कहन्या हम ऐली सिरी राम
आयके चाहे गर्मित काटीन, करिन खूब काम,
पर बनाईस सुरिनाम के आपन हिरदय के धाम!

काहे सरम ?

"का भैल, अपने आप के काहे हिन्दुस्तानी कहलावत हैले,
हिन्दुस्तान से ऐले का ?"
कोई और तो हमके "कुली" बोलावत,
हमार घरवे के एगो भय्वा बोले,
ना हम सरनामी तो न बोलब, का हम "बोइती" से ऐली का ?

हम तो ना ऐली हिन्दुस्तान से, पर आइल हमार "बाप-माई",
गठरी में बाँध के लाइस, अनमोल संस्कृति महान,
"कुली" तो ना हैली, लेकिन कौन सरम !
उ अनमोल गठरी उठाबे हम, जोन देइस हमार पूर्वज हमके दान !

"बाप-माई" खून पसीना कर देइस एक सामान,
ना देखिस "बोइती" के चहटा ना धसान,
ताकि हमार भविष्य ना रहे सुन-सान,
ओकर बोली काहे ना बोली ? जरा इस पर तू कर ध्यान !

मौन हिरदय

उ तो बोलत गैल, ऐसन बोली जैसे तीर के समान,
हिरदय से हमार कोई बात ना निकरल, रह गैल हिरदय मौन...
पीर और दरद सहा ना गैल, अँखियाँ से दुई बूँद आँसू भी चुई गैल...

सोच तो बस इतना भैल,
काहे हमके ना मिलल ओकर साथ ?
जेके हिरदय में बसैली, ओही ना समझिस हिरदय के बात ?

पर तसल्ली मिलल सोच के,
ओह्मन ओकर कसूर कौन,
जब हिरदय ही हरदम रहत गैल मौन

मौन रहके भी बोलिस हिरदय सब बात,
हमहू ना समझ पैली, सोचत रह गैली दिन-रात।

गुरु की खोज

नदिया के इस पार, बैठल रहली उदास,
कोई लाईके, हिया हमके छोर गैल,
बोले हिया तक हमार-तोहर साथ,
अब और आगे कैसे जाय, कैसे करी हम नदिया पार?
इधर तकली, उधर तकली, कोय देखैते न रहा...
बस बैठ गैली मान कर के हार

आँख बन्द होयगे, सूत गैली, ओही नदिया के किनारे
सपना रहा, या सच्चे के, पर ओतने में देखान एगो छबि महान,
रोमांच पुलकित हो जात है देहिया, करत उ दास्तान बयान..

वोही सुन्दर सावर रूप, होठ पर दिव्य मुस्कान,
मोर मुकुट, गल बनमाला, दिव्य आभूषण, हाथ में बंसी का प्याला,
पीत वस्त्र...रूप अद्‌भुत निराला,

हिरदय से लगायके बोलिस, हम कराबे तोहके नदिया पार,
मुँह से कछु बानी ना निकरल, आँखन बन गैल हिरदय के द्वार,
तब भैल हमके अहसास-
''गुरु गुरु धुनधत फिरा, गुरु था हमरे पास,
जो कृष्ण को गुरु कहा, उ तो न रहा कभी उदास।''

भविष्य बानी

भविष्य अपन मंगली जाने, गैली बाबा के पास,
कुंडली देखैली अपन, ओही राहा एकही आस,

बाबा हाथ देखकर बोलिस, इह तो है एकदम खाली,
बनी काम तब-ही, जब भरियो हमार थाली,

इह बात सुनकर, हम तो होई गैली उदास,
भविष्य बनावे के, और ना है कोई रास?

अच्छा कर्म कर एही हथ्वन से, हाथ के रेखा न देख,
बदल जाई तोहार जिन्दगी, झूट-फुट के पैसा न फेंक!

होली

होली के दिन आवत है बबुवा,
गावो बसन्ती गीत!
गाँव-गाँव में होलिका गड़ गैल,
होई प्रह्लाद के भक्ति के जीत!!!!
अरे मन मीत, काहे बातो इतना धीट?
प्रेम-प्यार में बाँधो सबको,
येही है प्रीत के रीत।

सुरजन परोही

याद करो वह दिन!

याद करो वह दिन!
जहाज में बैठे महीनों गुजार दिए
उस समय सब कोई जहाजी थे
ना कोई सनातन और ना कोई समाजी थे
ना कोई मुल्ला और ना हाजी थे
एक साथ खाना पीना और एक ही
चीलम में सब दम जगाते थे।
याद करो वह दिन!
ब्राह्मण क्षत्रिय, वैश्य और शूद्र
भाई-भाई थे हिन्दू और मुसलमान
नीचे समुद्र की लहरें और ऊपर आसमान
उलटा सीधा हवा का रुख, आँधी और तूफान
कंधे से कन्धा मिलाकर वे
राम रहीम के गुण गाते थे।
आज धर्म का झगड़ा, ऊँच नीच
के भेद भाव
अमीर गरीब के रगड़ा, और
पोलिटिक्स के दबाब ने हमें बहुत दूर कर दिया।
ना रहा जहाजी का नाता,और ना बिरादरी का दसतूर
एक सौ पचीस साल के बाद हमें
कर दिया बहुत दूर।
बहुत आगे बह जाने के बाद जब
मुड़ कर देखा
तब पता चला कि हम कितना पिछड़ गए हैं।

सरनामी हिन्दी

सरनामी हिन्दी हमारी बोलचाल भाषा है
भारत जैसे हमें इसे अपनाना है
हिन्दी जिन्दा तो धर्म-कर्म जिन्दा है
नही तो धर्म ग्रन्थ कागज का पुलिन्दा है।

हिन्दी में गीता कुरान पढ़ सकते हैं
बिना अनुबाद के अर्थ समझ सकते हैं
हे भावी जवान अगर स्वयं पर अभिमान है
तो समझो सूरीनाम भी दूसरा हिन्दुस्तान है।
विराट भारत के टुकड़े हजार हुए
कुछ यहाँ तो कुछ वहाँ बिखर पड़े
जो कुछ भी पाए हो भारत का रक्त है
दर्पण में देखो रे भारत अभिव्यक्त है।
चेहरे से दर्पण को सब कुछ पता है
कल हम क्या थे और आज क्या हैं।
भूलो न हिन्दी न भूलो सरनामी
अपने पूर्वजों की है ये निशानी।

हमारी पहचान

भाषा, भेष-भूषा हमारी पहचान है।
जैसे सब देश में अलग-अलग
वैसे हमारी भाषा के साथ
और उससे सम्बन्धित
बहुत कुछ अलग है।
हम सबका सब कुछ बदल दें
लेकिन रंग रूप बदलेगा नहीं
भारतवंशी का खून बदलेगा नहीं।
कुली तो हमारे संस्कारों से जुड़ा है
फिर क्यों इससे नफरत पड़ा है
एक ओर भारत से इतना लाभ उठा रहे हैं

दूसरी ओर हिन्दुस्तानीपन से इतना नफरत
जवाब खुद आपके पास है
खुद ही चेतो
पहचानो तुम कौन हो।
मंजिल पहुँचने के लिए चलना जरूरी है
वह चाल जो मिसाल है
वह चाल जो बिना पैर उठे धरती पर चला सके
जिस पथ पर चलने की इच्छा हो जिज्ञासा रूप में
वह बीज जब अंकुरित हो समझो मंजिल सामने है।

सुपात्र बन

सही वक्त पर सही काम
सही जगह सही धाम
मन्त्र कुपात्र के लिए नहीं होते हैं।
पहले सीख
फिर पढ़
फिर समझ
.फिर सीधी तरह समझाना
मन्त्र समझने के लिए होते हैं।
नहीं तो होगा नतीजा
गदहा महाराज जैसा।
मन्त्र सर्व सुलभ दूबों पर लिखा था
गदहा महाराज ने उसे चर लिया था
चरते ही वह और लात चलाने लगा
आखिर गदहा निकला निपट गदहा
वह सुपात्र नहीं है
चरने के लिए पात्र नहीं है
मन्त्र चरने के लिए नहीं विचार करने के लिए हैं।
सूरज आता है—जाता है
उदय-अस्त ही जीवन बिताता है
जीवन में जब सूर्य उदय होता है
हम वादा खूब करते हैं

सूर्य अस्त होने पर सोने के वक्त
सब भूल जाते हैं।
हम धोखे में जीवन बिता रहे हैं

सूर्य तो अस्त होकर भी चलता रहता है।

पहचाना नहीं

मैं,
छोड़ आया था 'माँ'
पर छूटी नहीं, तुम
जहाज-भर साथ रही
मैंने,
पहचाना नहीं—
सूरीनाम नदी तट पर
देश में
तुम मेरे साथ हो
अपनी परछाई में
तुम्हें ही देखता हूँ 'माँ'।

कंचन बन जाऊँ

बिखरा है जीवन मेरा, पिरो दो तो कंचन बन जाऊँ
सन 1873 में हमारे पुरखे भारत से सूरीनाम लाए गए
भारतीय थे पहले हम, सूरीनामी आज कहलाए गए
धर्म-जाति का झगड़ा छोड़े, आपस में मेल बढ़ाए गए
भारत से निकला हीरा मोती अपनी कीमत भूल गया
माटी में बिताई जिन्दगी, अब फाँसी का फन्दा खुल गया
विद्या सागर कहलाए कई, पर मैं निपट अज्ञानी हूँ

माटी के पुतले हैं हम, और माटी हो जाना है
इस देश की माटी को, भारत-सा श्रेष्ठ बनाना है
मौत भी आए तो आए, पर देश पर बलिदान हो जाना है।

सूरीनाम धरती मातृभूमि हमारी इस पर मर मिट जाते हम
हर एक की है यही तमन्ना, फिर भी मिलता है गम
फिर भी मिलता है गम, अपनी अपनी कमजोरी से
बनो एक में मोटी रस्सी, पतली पतली डोरी से
देश भक्तों के हित में, खींचकर सीधी करो लगाम
धरती माँ की लाज रखकर, सूरीनाम देश को बनाओ महान।

कहाँ छिपकर बैठे हो

कहाँ छिपकर बैठे हो प्रभु जी, जरा आजा पास हमारे
तेरे बिना तरस रहे हैं, ये दो नैन बेचारे
बड़ी देर कर दी भगवन, मेरे घर आने में—
तूने अहिल्या को मुक्त किया
सबरी के बेर भी खा लिया
सूरदास को तार दिया, उनके तार बजाने में
बड़ी देर कर दी भगवन, मेरे घर आने में—
गणिका की भक्ति अपार
कुबेर का भर दिया भंडार
हनुमान को कर दिया पार, उनका शीश झुकाने में
बड़ी देर कर दी भगवन, मेरे घर आने में—
जब द्रौपदी का चीर हरण हुआ
रो-रो किया पुकार मन-ही-मन
तब कृष्ण का डोल गया आसन, न किया देर उनका चीर बढ़ाने में,
बड़ी देर कर दी भगवन, मेरे घर आने में।

विश्व का ध्रुवतारा

यह है देश हमारा सूरीनाम, प्राणों से भी प्यारा।
देश की उन्नति, देश की रक्षा ही है धर्म हमारा।
यह है देश जहाँ पर रहते हैं—हम हिन्दुस्तानी।
क्रयोल, जावी भी हैं, साथ में इंगी और चीनी।

सभी धर्म मिलकर रहते हैं जैसे हों चाँद सितारे
भेद भाव नहीं करते हम, सभी हैं अपने प्यारे।
यहाँ सबकी है अपनी बोली, अपनी बानी
ललित कलाओं की बना ली है अमर कहानी।
नदियाँ, समुद्र और पहाड़ों की हैं हमारी सीमाएँ
हरा भरा रहे वर्ष भर, बरसे यहाँ अमृत धाराएँ।
इस मिट्टी से हमें मिलता है, करेला, गोभी, बाना
सब्जी, नारंगी, कसेरू, खेतों में उगता हर दाना।
नहीं है कमी किसी चीज की, हर घर में है धान।
मिट्टी का तेल, बॉक्साइट और सोने की है खान।
बताता है हमें ध्वजा में चमकता सुनहरा सितारा
प्यारे देश को बनाना है विश्व का ध्रुवतारा।

सुरजन की कथनी

हम कहाँ पर थे
कहाँ पर हैं
और कहाँ जाना चाहते हैं
याद दिलाता है वह इतिहास
जो भारत माता गुरु के नाम से
जाना जाता था
सारा संसार उससे
शिक्षा पाता था
उनकी ही औलाद
जाकर बसी परदेसों में
सब कुछ साथ ले गए
सँभाल न सका
हम गिरे उसे भी घिरा दिए
खो जाने के बाद
याद आती है
हमें कहाँ जाना है
कैसे बचाना है
उन जड़ों को

फिर से सींचा
जो 130 साल पहले था
आज भी है
उसे जिन्दा रखा
फिर छाया मिलेगी
फल मिलेगा
और उन फलों के बीज से
हम अपना बाग फिर सजाएँगे।

अन्तस की गुलामी

आजादी की लड़ाइयाँ
हुई कितनी—ऐतिहासिक

बँधे हुए जकड़े हैं
एक-दूसरे के गुलाम हैं
नहीं तो—
अपने आप के गुलाम
अपने पाँव तले दबे हैं
आजादी की लड़ाई लड़ी कितनी
पर अपने आप से
आजादी की लड़ाई
नहीं लड़ी कभी।

सुशीला सुक्खु

सागर

समुद्र कहूँ या सागर
जल का तू है गागर
पाकर जल अपार
करें न कभी अहंकार
तेरे में आवे न कभी बाढ़
न घटे न बढ़े तेरा जलधार
तेरा क्या कहना
मर्यादा में सदा है बने रहना
महत्त्व भरा यह सन्देश
इन्सानो में कर देना प्रवेश
सागर कहूँ या रत्नेश।

हिन्दी

हिन्दी हिन्दुस्तानी की अपनी भाषा।
हिन्दुस्तानी की है यह असली पहचान॥

मिले उसे सम्मान, हो इसका उत्थान।
है यही मेरी हार्दिक अभिलाषा॥

हिन्दुस्तानी होकर हिन्दी नहीं बोलनी आती।
ऐसे लोगों से जाति की करो रक्षा विधाता॥

जीवित होकर खुद को ममी-डैडी कहलाते।
घृणा करें निर्धन बच्चों से, कुत्तों को सहलाते॥

भाव हिन्दी भाषा के प्रति, जब नेता जी में जागे।
बोले हिन्दी की उन्नति से देश बढ़ेगा आगे॥

किन्तु नाम हिन्दी में लिखना उनको कभी न भाता।
ऐसे लोगों से देश की रक्षा करो विधाता॥

हिन्दी नें जीना सिखलाया, हम आज भी खाते हैं रोटी।
लेकिन त्रैई, पैजामा, दास में हम भूले कुर्ता-धोती॥

पिता व्याख्याता हिन्दी के, पुत्र होल्लान्स बोलता जाता।
ऐसे लोगों से भाषा की रक्षा करो विधाता॥

हमारे सम्मलित प्रयास से ही, हिन्दी का दौर निराला आए।
हम सब मिलकर हिन्दी के लिए आगे बढ़ें, और इसको अपनाएँ॥

हिन्दी मेरी शान है, हिन्दी मेरा मान।
हिन्दी ही इज्जत आस्था, हिन्दी मेरा प्राण॥

नया साल

नया साल आता है
ज्ञान और आत्मनिरक्षण लेकर
पुराना साल जाता है
शिक्षा और अनुभव देकर॥

हम नादान इन्सान
कामार्थ में अस्त-व्यस्त
कर ना पाए
नए पुराने की पहचान॥

हम बड़ी उमंग और उत्सुकता से
नए साल की प्रतीक्षा करते हैं
यही आशा के साथ
कि नया साल और अधिक
सुख शान्ति लाएगा॥

हम ने सुख शान्ति पाने की
उन कारणों की कदर नहीं की
जिसे हम पुराना साल कहते,
लाया था॥

नव जवानों

जवानी न सिर्फ जवानी है
तुम्हारी जिन्दगी की कहानी है
बिगड़ोगे जवानी में
तो बिगड़ जाएगी
जिन्दगी भी
सुधरोगे जवानी में
तो सुधर जाएगी जिन्दगी भी
बना लो-बना लो इसे सब से सुन्दर
नहीं तो जिन्दगी भर पछताना है
जवानी न सिर्फ जवानी है
जिन्दगी की कहानी है।

नेता

कैसा नेता।
कैसी राजनीति
कैसी नेतागिरी
लोग फिर भी हैं दुखी।

क्या फायदा बोट बटोरना
जब तुम्हें आता नहीं जोड़ना
केवल फूट बोकर
अपना खीस निपोरना।

जनता की भलाई का बहाना
बढ़ता अपना धन-दौलत-खजाना
जनता के पसीना को जो खाए लूट-लूट कर
वही परता है घुट-घुट कर।

नेता! तू कैसा नेता
जब अपने ही घर में
चोरी करे बेटा

नेता उसे कहते
जो है सुख देता
तू तो बन गया केवल लेता।

मोबाइल सन्देश

दिल का दौरा सूचना दिया
'कृपया ध्यान दीजिए'
दिल के धड़कन के खाते में
बकाया बहुत कम राशि है
आप की वैधता अवधि
समाप्त हो रही है!
अपने दिल के खाते के
बकाया की बचत को
रिचार्ज करने के लिए
पहली सूचना है।
अन्तिम सूचना कभी भी आ सकती है
मगर आप की जानकारी
के लिए बताया जा रहा है कि
दिल को रिचार्ज करने की
कोई सुविधा
उपलब्ध नहीं है
धन्यवाद!

बुढ़ापा

उम्र का अजीब पड़ाव
जिसमें
एकाकी जीवन असम्भव है
सहानुभूति, सहारा की हमदर्दी और

सहारे की
अधिक जरूररत
जो इस अवस्था के
अँधेरों से घिरे जीवन में
उजली किरण बन
जीवन के अन्तिम दिनों को
सुखद जगमगाहट देती
वृद्धवस्था वरदान है
अभिशाप नहीं।

तुम्हें करना है

कुछ मत बोल
तुम्हें करना है
कुछ मत बोल
तुम्हें करना है
कुछ मत बोल
तुम्हें लड़ना है
कुछ मत बोल
तुम्हें सहना है
कुछ मत बोल
तुम्हें रहना है
कुछ मत बोल
तू इनसान है
तुम्हें सिर्फ करना है।

एक परिवार

हमारी संस्कृति
भाषा, भेष और भूषा
संस्कृति की ऊषा

भाषा से ही है संस्कृति
भाषा नहीं तो बड़ी दुर्गति
अगर बन्द हो जाए बोलना
भाषा हिन्दी बोली
कैसे मनाएँगे हम होली
कैसे सजेगी डोली
भाषा बिना
संस्कृति हो जाएगी खाली
कैसे मनाएँगे हम दिवाली
समाप्त हो जाएगी राखी
बन्धन निराली

अगर अपनी संस्कृति को
है जिन्दा रखना
तब सब को होगा
हिन्दी पढ़ना सिखाना
यहीं से है संस्कार
यहीं से है सुधार
यहीं से हम सब एक परिवार।

नारी

नारी, तुम्हारी शक्ति है भारी
बन विदुषी वीर खिलाड़ी
चला अपने जीवन की गाड़ी

कभी न मानना हार
रहो न मन को मार
दूर भगाओ यह बीमारी
न रहेगी लाचारी
तुम ईश्वर की सब से प्यारी
तुम्हारी शक्ति है भारी
हाँ, तुम नारी।

दोस्ती

प्यार को मत समझो पूरा
उसका पहला अक्षर ही है अधूरा
अगर करना है सच्चा प्यार
तो बन पहले एक दूसरे का यार।
दोस्ती हर बन्धन से मजबूत होती है
दोस्ती मन का सम्बन्ध होती है
जिसमें स्वेच्छा से त्याग की भावना होती है।
दुनिया में हर रिश्ते–नाते
समय के साथ बदलते हैं
मगर सच्ची दोस्ती उम्र भर चलती है।
सच्ची दोस्ती में हर एक रिश्ता मिल जाता है
मगर
हर रिश्ते में दोस्ती नहीं मिलती।
दोस्ती
दो के बीच समता और एकता
जो सुख दुख में भी निभाया जाता।
सच्ची दोस्ती में न दूरी
न नजदीकी है जरूरी
हर हाल में पक्की बनी रहती है
जो करते हैं
वे समझें मेरी बात
न मोहब्बत, न इजहार
पहले दोस्ती करो
फिर प्यार।

शरणार्थी

भीड़ से घिरी हुई
लेकिन बेहद अकेली
कितनी बेचैनी
डर से डर

जगह से जगह
देश से देश की भागदौड़
किसी एक जगह टिककर
रहना मुश्किल
कितना असहाय जीवन
सन्तुष्टि के लिए व्याकुल रहती
चंचल मन की भाँति
चाहकर भी घर लौट नहीं सकती
घर लौटने के इन्तजार में
शयद कभी लौट सकेगी
अपना सपना लेकर
लेकिन कब पता नहीं।

सुशीला बलदेव मल्हू

सूरीनामी पौधे

धूल में सने
सूरीनामी पौधे
वर्षा की प्रतीक्षा में
धुँधली आँखों से
राह देख रहे हैं।

वर्षा आई
पौधों को हिला-डुला
नहला कर
साफ सुथरा कर गई
पौधे अब
झूम-झूम झुक-झुक
सलामी दे रहे हैं

पर धूल में मिला
सूरीनाम का भविष्य
सदियों से
आँख बिछाए बैठा है
कोई ऋतु तो आए
इस भविष्य को
नहला-धुलाकर
सुनहरा बनाए।

प्रभु की याद

जब सुबह-सुबह चिड़िया चहकें,
और चहक-चहक सोने वालों की,

नींद दूर भगाती हैं,
प्रभु के गुण गाती है
मुझे उस प्रभु की याद आती है,
जिस की सारी खेती है।

जब सुबह-सुबह की सूरज किरणें,
सुरभि को जीवन देती हैं,
स्वर्णिम ज्योति को सजाती हैं,
मुझे उस प्रभु की याद आती है,
जिसकी यह सारी खेती है

जब सुबह-सुबह शबनम की बूँदें,
मोती बन पुष्प सजाती हैं
दिनकर किरणें दमकाते हैं
मुझे उस प्रभु की याद आती है,
जिसकी यह सारी खेती है।

जब सुबह-सुबह एक-एक पत्ता,
रेशम के वस्त्र में हो लिपटा,
जल से उठ नमन करे कलिका,
मुझे उस प्रभु की याद आती,
जिसकी यह सारी खेती है।

जब सुबह-सुबह पूरब के गगन,
लाली-धानी चुनरी को पहन,
दुल्हन जैसे चली पिया मिलन,
मुझे उस प्रभु की याद आती है,
जिसकी यह सारी खेती है।

जब सुबह-सुबह प्रेम-पाश में,
खिंची जाती हूँ प्रभु प्यास में,
उनके मिलन की अरद आस ले,
आसन लेती हूँ उनकी याद में,
तब हृदय में जगती भक्ति अग्नि,
अनुभव होता है उस प्रभु का,
जिसकी मैं भी हूँ जीवित खेती।

कुत्ता

कुत्ता,
कितना भी वफादार हो,
मनुष्य उसे कुत्ता ही कहता है।
कुत्ते ने,
वेद रामायण नहीं पढ़ा,
फिर भी अपना धर्म निभाया है।
रक्षा करता है.
मालिक की,
फिर भी मालिक ने उसे
कुत्ता ही कहा।

कुत्ते ने तब से अब तक
अपनी जबान नहीं बदली
क्योंकि कुत्ता,
अपने पूर्वजों की सीख का,
पालन करता है।
वह अपने संस्कार नहीं बदलता है
फिर भी मनुष्य उसे
कुत्ता कहता है।

कुत्ता,
मालिक के पैरों को चाटकर
कृतज्ञता, प्यार और
सद्भाव प्रकट करता है,
मनुष्य जब तलवे चाटता है,
तब छल कपट की तैयारी करता है।
फिर भी मनुष्य उसे कुत्ता कहता है।

सम-असम

किसी को ज्यादा, किसी को कम
यह भगवान का काम नहीं,
वह देता है सबको सम।

बूँद-बूँद जब बारिश होती
हर पौधे को समान भिगोती।
सुबह-सुबह जब सूरज की किरणें,
सुरभि तम दूर भगाते हैं,
स्वर्णिम धन बरसाते हैं,
जीवित-हरित को एक समान
अपनी किरण पहुँचाते हैं।

एक-एक स्वाँस में प्राण समान
सब को देता है भगवान
एक समान प्रेम सभी को
एक समान सब को वरदान
सम से बना सारा संसार
सम में रहता है भगवान।

रूप-अरूप धन-धान्य व मेधा
जब असम भाव से मिलता है।
अपने ही कर्मों का फल
हर प्राणी उगाहता है।
दोष नहीं परमेश्वर का,
किसी का ज्यादा किसी का कम
भगवान नहीं, करते हैं हम।

सिरि राम देश

5 जून आइल।
नाना बोले- हहम को मनाई
भारत से जुदाई
कि सिरि राम देस से मिलाई।

सुनत रहली,
सिरि राम देस में नगर बाई
माता पिता, कासी पारा

सोची
तब ज़रूर होइ जयपुरा, उदयपुरा
निकल पड़ली बटोहिया बनके।
तीन महीना झूलत झालत
डूबत उतरात
पहुँचली सिरि राम घाट।

जैसे उतरली, बकड़ा सब्बल कुदाल से
अगवानी लेइस।
देइस कटलिस, बोलस काटो जंगल
बनाओ खेत
मुफत में नाँहीं मिलत है एक टुक्का ब्रेड,
और नाँहीं दाल भात।

सोची,
कमाई खात तो अइली,
तब काम करो
और दिन भर मरो
और जइहो कहाँ
5 बरिस के कंत्राक भुगत,
और भारत माता के गोद छोड़े के
(बकड़ा डच लोग—अभी भी कहा जाता है)

और बकड़ा सब परनासी में भोगवाइस
करम भोग, मरयम भोग, फरयम भोग,
सब भोग ही भोग,

अरे बच्चन हम का बताइ
भोगली, भुगतली
बाकी टुटली नाँहीं
हम हिन्दुस्तानी बाँस के बंसज
जरूरत पर झुकब, टूटब नाँहीं
बाकी बच्चन,
सन्तोख के पेड़ में मेवा फरे है।
भुगत के बाद सुख आवे है।

इ देस अब हमरा देस हव
सिरि राम देस, हमारा प्यारा देस।
जहाँ घर-घर में सिरि राम बसत
वेद, रामायण, कुरान पढ़त
जहाँ दयानन्द के सीख समझ
जाति-पाँती के भेद मिटत।

जहाँ सात नदी समन्दर चूमें
कंत्राकी आकाश के छूवे।
तुफान न आवे, भुइडोल न आवे,
सब जाति एक साथ मिल गावे।
कभी न झगड़ा, कभी न दंगा,
हियाँ के दाना, रखे चंगा।

अब बच्चन तू देस सँभाल
बाप दादा के रेले से
भारत सिरि राम दोनों के भैल भलाई
आज भी हम हिन्दुस्तानी हैं।
हाँ सरनामी हिन्दुस्तानी
हमरा देह सरनामी अन्न जल से पलल
पर हमारा मन, आत्मा और संस्कार,
भोजन, भासा-भेस,
अब्बे भी ओइसने हिन्दुस्तानी बाय
धन-धन सिरी राम के
हमका देहिले नया देस
सिरि राम देस।

ब्लांशमारी

दूर कोसों दूर तक
मारी की आवाज
घने जंगलों के सन्नाटे में

गुन-गुन गुन-गुन कर
यात्रियों को बुलाती है।
हरियाली से घिरी हुई
मँडराती, उमड़ती ब्लांशमारी
सदियों से सफेद साड़ी में सजी
नील से नीचे
तांडव के धुन पर
दो तरफ घने वन
सामने नील गगन
बीच में बहती नदी की धारा
जैसे नीलकंठ ने गगन से उतारा।

चट्टानों के सिर से टकराती
मारी साड़ी के आँचल फड़फड़ाती
बल खाती, आसमान से धड़धड़ाती,
धरती को चूमती,
और व्याकुलता को आगे बढ़ाती है।
फिर फूट-फूट मारी जलधारा
बूँद-बूँद बन चहुँ दिशी निखारा।
बन की वृक्ष लताएँ टहनी
नमन करें झुक प्रेम अति गहनी।
बूँद के बदले पुष्प की वर्षा।
देख इसे सब का दिल हर्षा।
अमृत रस सब जन को पिलाती,
सब की प्यास एक क्षण में बुझाती।
मारी कल-बल कल-बल करती,
इठलाती और आगे बढ़ती।

पत्नी विरह की व्यथित व्यथा में
जलधारा लाई छवि प्रिया की
अपने प्रिय की याद अमर कर
जल प्रवाह को दिया नाम धर
ब्लांशमारी, तू उज्ज्वल मारी
पत्नी जैसी तू भी अति न्यारी

युग-युग रहे यह दश्य अति प्यारी
ओ मारी, मैं तुझ पर वारी।

आगे का रास्ता

जब दिल घसीट कर
पीछे को ले चला
आँखों ने कहा, 'आगे बढ़!
और ढूँढ़ मंजिल नई
पीछे नहीं है कुछ,
केवल खँडहर तितर-बितर
आगे मिलेगी तुझको
नई दिशा, नई डगर।
दिखा रही हैं आँखें,
आगे का रास्ता
कदम चल रहे हैं
आगे का रास्ता
बुद्धि बता रही है
आगे का रास्ता
फिर मुड़ कर क्यों देखें,
पीछे का रास्ता।

बदनामी

बाप दादा भारत से सरनाम ऐंले
झोली में धर्म संस्कृति के सिवाय
कछहुँ ना लैलें।

मेहनत करिन, दुःख काटिन,
और कबहुँ सरम ना देहिलें।

नाम रौशन करन अपन कौम के
और सरनाम के हम का कही,
नया भारत बनैलें।

पर अब ?
पुरनियन के इज्जत मर्यादा,
मुद्दत के धर्म के कमाई,
दुइ-चार कुलबोरन
सब मिट्टी में मिलाय देइन।

के सोचे रहा ?
कि हमार हिन्दुस्तानी नारी,
अधिकार की खातिर
लड़े तो लड़े,
पर इ कहाँ के मर्यादा
कि औरत मरद के

सिर पर चढ़े ?
के सोचे रहा
कि हमार हिन्दुस्तानी
मेहनत करे के दर पर
गाँजा-कोकाइन के धन्धा में

अव्वल आई ?
पुरखन बोलें राम जबान में,
प्राण जाए पर बचन ना जाए
और अब ?

कोई सोचे रहा
कि इतना धोखा हमार जाति देई ?
इतना फरेबी हमार जाति होई ?

इतना झूठ हमार कौम बोली ?
कोई सोचे रहा,
कि हमार हिन्दुस्तानी
फूट के कारण

दस ओर छितराई?
ना, हम तो ना सोचे रहली!
कभी ना सोचे रहली
कि इतना बदनामी होई!!
आँख खोल के देख
परसैदे देखा है।

हरिदेव सहतू

महतारी भाषा

महतारी भाषा
हम तोहके का बोली
बोली बोली
भाषा बोली
अवधी की भोजपुरी
हम तोहके का बोली (2)

सरनामी कि सरनामी हिन्दी
हिन्दुस्तानी कि सरनामी हिन्दुस्तानी
हम तोहके का बोली (2)

मानक हिन्दी कि खड़ी बोली
टूटल भाषा कि अइली गइली
हम तोहके का बोली (2)

अपन भाषा में एक बात बोली
तोहसे हम्मे बहुत है प्यार
महतारी भाषा हमार (2)।

के रहा उ

के रहा उ मैया
के रहा उ जौन
सबेरे तड़के उठा के
प्रार्थना के बाद
गाय बैल, मुर्गी-मुर्गा के
देखभाल करके

लड़कन के सेवा में
लग जात रहा...
हमार नानी
हमार आजी,
सबके रानी।

के रहा उ हिम्मती मन
के रहा उ जौन
करके खेती
धान बना, बकुआ
ककाउ और भाजी के
धन दौलत कमाइ के
लड़कन के पेट भरत रहा...
हमार नानी
हमार आजी,
सबके रानी।
के रहा उ
के रहा उ जौन

अपन बोट में लड़कन के
बैठाइके
सरमक्का-नदी में
खे-खे के
ना केवल पानी
के हलफा पे
बाकी जीवन के
के हलफा पे भी
विजय प्राप्त करिस...
हमार नानी
हमार आजी,
सबके रानी।

के रहा उ गुरुमन
के रहा उ जौन
अपन मेहनत की कमाई से
बाप के ना रहे पे भी

अपन लड़कन के
पढ़ाई लिखाई के
समाज सेवक,
देश सेवक
धर्म–जाति रक्षक
बनाइ के
अमर होइगे...
हमार नानी
हमार आजी,
सबके रानी।

हँसना चाहता हूँ

मैं कवि नहीं,
लेखक नहीं,
सूरीनाम के वनों के काँटों के बीच
खिलने वाली एक कली की तरह
खिलना चाहता हूँ।

खुश हो मुस्कुराता रहता
फैलाता सुगन्ध
हरता दुर्गंध
शान्त रखता अपने वनों को।

चुभता यदि मुझे काँटा
हँस देता मुखड़ा मेरा
कवच बन करता रक्षा मेरी
बरसती आँख मेरी
सँभल–सँभल कर हृदय मेरा
क्षमा कर देता।

खिलखिलाकर
हँसना चाहता हूँ

औरों के साथ
औरों के लिए
अपनों के साथ
अपनों के लिए।

महतारी भाषा बचाई

गरम लगी
अमृत बरसी
ठंडा लगी
बन सुरुज चमकी
अँधियार होई
बन चन्दा मुस्काई।
महतारी भाषा रोइ
के अब बचाई
बादर, सुरुज चन्दा बन जा
अँधकार जाई
रोशनी आई
सरनाम के
घर आँगन
खेत जंगल से
लेई के चली
महक महक के
मधुर बानी
सुनावे सबके
अजवा अजिया
नाना ननिया
तोहार हमार
हृदय मन के
एकता प्रेम
प्यार के बतिया।

आशीष

घड़ी की
चलती सुई पर
ध्यान दो
धड़कन सुनो

मन के गर में लगा जाल
मान
नाम
अहंकार का
साफ कर डाल
कहता सहतू
उपकार हेतु
झुका लेना शीश
बरसेगा आशीष।

गद्य-संचयन

अमर सिंह रमण / जन सुरज नाराइन सिंह 'सुभाग' / जीत नराइन / प्रेमानंद भोंदू / मंगल प्रसाद / रबीन बलदेव सिंह / रामदेव रघुबीर / हरिदेव सहतू / लक्ष्मीप्रसाद बलदेव (बग्घा) / सूर्यप्रसाद बीरे

अमर सिंह रमण

महालक्ष्मी पूजा

पात्र

एक नरक का दूत
बड़ा आकार का व्यक्ति
काली वेष-भूषा में (आयु 25 साल)
ज्योति एक स्त्री (आयु 18 साल)
दो नित्य वन्दना करने वाली (आयु 15-15 साल)
एक नृत्य शिक्षक (आयु 30 साल)
एक पुजारी राजा (आयु 30 साल)
एक किसान (आयु 25 साल)

(परदा खुलता है। मंच पर एक घर का आँगन होता है। दो बक्सा इधर-उधर पड़े हैं। घर की मालकिन लछमिनिया भीतर से कुछ मैले कपड़े बाहर आँगन में लाकर तोबो में धरती है तथा वासी ऊमा से धोती है। तार पर कपड़े फैलाती है और कुछ बड़बड़ाती भी है। आचानक जोर-जोर से सोए हुए बच्चों को जगाती हुई बोलती है।)

लछमिनिया : झुन झुन! ऐ झुनझुनवा, परबतिया नव नौ बज गइल और अबहीं कूम-करण के नाई सूतत हैं। ना जानी केकरे घर में एकर गुजारा होई! हमार जीव तो ई लड़कन से उबियाय गइल है। आज तिहवार के दिन है और हम अकेले मोरसू कपड़ा-लत्ता, घर द्वार सब कुछ साफ करी। हमरे एक जने हैं तो ओके मछरी मारे से कभी छुट्टिए ना मिले है। जब देखो तब ओही खेमल्स के पेटी कि ओही खोमल्स के पेटी। आज ऊ आवे तो ओहू के हुरमत हम उतारी ला। आपन

लड़कन ले और आपन घर। हम्मे का, हम्मे बहुत जगहँ मिल जाई रहे के।
ई छौड़ी अब्बे ना जागल, परबतिया! ऐ परबतिया हम आईला माई तोहार खबर लेवे! और ई झुनझुनवा के तो हम बेदिए समेत उठाय के बहरे बिगब। आवे दे हम्मे!

(इतना कहकर बड़ी तेजी के साथ भीतर जाती है और भीतर से कम्मर बिछौना तथा सारे कपड़े को बाहर फेंकती है। इतने में दो व्यक्ति प्रवेश करते हैं और आवाज लगाते हैं।)

एक व्यक्ति : कोई है घरे! कोई नहीं बोलता। भाई कोई है घरे!

(भीतर से लछमिनिया बोलती है।)

लछमिनिया : कौन गटई फारत है सबेरे-सबेरे!

(बोलकर बाहर निकलती है तो देखती है द्वार पर दो व्यक्ति खड़े हैं। बिचारी शरमा जाती है।)

दो व्यक्ति : नमस्ते!
लछमिनिया : राम राम!
दो व्यक्ति : हम लोग कुछ चन्दा माँगने आए हैं।
लछमिनिया : एक जने घर पर ना हैं।

(दो व्यक्ति में से एक ने कहा कि यह लहँगा गेट पर टँगी है अच्छा नहीं है। रास्ते में।)

लछमिनिया : अरे निहुर के पास हो जाना। अब तोहरे खातिर हम काम बढ़ाई।

(एक ने कहा)

एक व्यक्ति : ई बड़ी ताक्रू औरत जान परत है।

(लछमिनिया ने सुन लिया। घूँघट से ओढ़नी हटाते हुआ बोली)

लछमिनिया : का बोलले सुकदेउवा। हम ताक्रू हई! अब्बे दुई झाड़ू में सीधे चले लगिए।

एक व्यक्ति : आवना आवना एक डंडा लगाव, बस छनमनाय के नाचे लगिए। हाँ नहीं तो।

(लछमिनिया झपटकर भीतर गई झाड़ू लेने। इधर एक व्यक्ति ने दूसरे को खींचते हुए कहा)

: आव चली मान रहे दे औरत के मुँहे ना लग।

(ज्यों दोनों गेट में घुसने लगे त्योंही उधर से मोटूराम यानी घर के मालिक इन दोनों को ठेलते हुए मंच पर फिर लेते आया और कहा)

मोटूराम : पंडित जी राम राम। कहाँ अयलो और कहाँ भागल जात बाट?

लछमिनिया : हाँजी हमहूँ तो कहली कि पंडित जी थोड़ा रुक जावा अभी एक जने आवत होईहें लेकिन...

(पंडित लछमिनिया की त्रिया चरित्र देखकर अवाक् रह गया। कुछ बोल ना पाया लेकिन घूरकर जरूर देखा।)

मोटूराम : अच्छा कोई बात ना है हम तो एय गइली ना। पंडित बैठा, लेव तमाकू बनावा।

(सब उसी आँगन में बक्सा आदि पर बैठ जाते हैं। अब मोटूराम अपना मछली पकड़ने का सामान उतार-उतार धरने लगा, तभी एक व्यक्ति ने कहा।)

एक व्यक्ति : एकव्य भाई आज आप क्या दीवाली के दिन भी मछली पकड़ते हैं?

मोटूराम : वास्तव में मछली पकड़ने नहीं गया था। वो तो मैं जगाने गया था।

व्यक्ति : तो क्या मछलियाँ सोती हैं?

(फिर सब हँसने लगते हैं)

मोटूराम : नाही हो ई बात ना है। मतलब है कि जब दिवाली के दीन कोई जो काम करे है ऊ साल भर ओसने करे है।

मोटूराम : मतलब कि जब हम दिवाली के दिन मछली मारे जाबे तो समझो साल भर आसानी से मछली मिलते रही।

व्यक्ति : अच्छा तो ई बिचार से गयलो रहलो। बाकी आ बात तोके के बताइस।

मोटूराम : ई बात हम अपनी दादी से सुन ले रही। अब पुरनिया लोग झूठ थोड़े बोली।

व्यक्ति : ई तो एक कहकूत है।

मोटूराम : बाकी लोग तो ई दिन खूब जुवा खेले हैं।

व्यक्ति : हाँ खेले हैं तो, बाकी लोग के भ्रम हैं।

मोटूराम : तो फिर सही बात का है।

व्यक्ति : इसके प्रति मन्त्र जगाना होता है, हाँ।

मोटूराम : लेकिन मन्तर–ओन्तर तो हम ना जानीला, कैसे होई?

व्यक्ति : भाई आदमी का न सीख सके है? सबकुछ

मोटूराम : तो पंडित हमके ई मन्तरवा सिखाय देतो तो बहुत अच्छा रहत।

व्यक्ति : सबकुछ होय सके है मोटूराम, बकि तोहौं मन्दिर में आवे के पड़ी।

मोटूराम : हम आबे पंडित जब बोल।

व्यक्ति : अच्छा आज साँझ के मन्दिर में आ जइयो, वोहीं सब बात होई जाई।

मोटूराम : साँझ के कय बजे?

व्यक्ति : सात बजे से प्रगराम शुरू होय जाइ।

मोटूराम : ठीक है।

(मोटूराम लछमिनिया को बुलाता है। लछमिनिया आकर बोलती है।)

लछमिनिया : कहो काव है?

मोटूराम : अरे पंडित को कुछ दे देना!

लछमिनिया : कौन चीज दे देई अपने मुड़िया के बरदा नोच के दे देई! सब पैसा तो तू अपने टेंटे में लेके घूमे है। हाँ नहीं तो। अब हमसे कुछ न बोलवैये तू।

(बोलती हुई भीतर चली जाती है। इधर मोटूराम उन व्यक्तियों से धीमी आवाज में बताने लगा कि लछमिनिया पर मैं नहीं विश्वास करता हूँ इसलिए सब पैसा हाथ में ही लिये रहता हूँ। अचानक लछमिनिया खाँस देती है।

मोटूराम जल्दी से बोलने लगता है कि लछमिनिया बहुत घर सिरजन औरत है। फिर सबको कुछ चन्दा दे कर विदा करता है तथा शाम को मन्दिर में आने का वादा भी करता है। दोनों चले जाते है।)

दूसरा दृश्य

(परदा खुलता है। मंच पर धीमा-धीमा सा प्रकाश दिखाई पड़ता है। उसी प्रकाश की छाया में एक भयानक आवाज सुनाई देती है। हो-हो-हा-हा, साथ ही चलने का पदचाप सुनाई पड़ता है। खट-पट, खट-पट आदि, अचानक छाया में बड़ा आकार का व्यक्ति प्रवेश करता है तथा मंच पर पैतरा मारता हुआ चलता है और बोलता है।)

काला व्यक्ति : मैं कौन अन्धकार! महान् अन्धकार हो-हो-हा-हा, भीषण अन्धकार हो-हो-हा-हा, मैंने सारे जग को घेरा डाला, पिचासों ने डेरा डाला, चोरों बटमारों का फेरा, काले विषधर निर्भय होकर करते विहार। मैं हूँ अन्धकार हो-हो-हा-हा।

(फिर मंच पर नाचता-कूदता तथा चक्कर लगाता है। फिर बोलता है।)

मुझे रक्त की लगी है प्यास सर्वनाश सर्वनाश
हिंसा है मेरी पटरानी करती युद्धों का प्रचार
मै हूँ अन्धकार हो-हो-हा-हा
जय हो जय हो मेरी जय हो
मुझसे सारे जग को भय हो।
नरमुंड़ों का क्रय-विक्रय हो
मानव मेरे पद का जूता हो मेरा दुर्गम अहंकार
मै हूँ अन्धकार हो-हो-हा-हा

(अचानक सितार की आवाज सुनाई पड़ती है। उसी आवाज के साथ लक्ष्मी का प्रवेश होता है। एक हाथ में दीपक और दूसरे हाथ में त्रिशूल जिसमें विजय पताका फहराता है। बीना की आवाज सुनते ही काला व्यक्ति जो मंच पर चक्कर मार रहा था। चौककर मंच पर ठहर गया और बोला।)

काला व्यक्ति : तू कौन?
लक्ष्मी : किन्तु तू कौन है काला क्रूर?
काला व्यक्ति : मैं हूँ नरक का एक महान दूत।
लक्ष्मी : तो मैं हूँ तेरे नाश का सबूत!
काला व्यक्ति : हैं।
लक्ष्मी : क्या काम है तेरा?
काला व्यक्ति : मेरा काम है बोना शूल!
लक्ष्मी : तब तो तेरा काम तमाम करेगा यह त्रिशूल!
काला व्यक्ति : आगे मत बढ़, नहीं तो जग को दे दूँगा विषपान!
लक्ष्मी : किन्तु प्रकाश से जला तुझे, करूँगी विश्व का कल्यान!
काला व्यक्ति : रुक जा!
लक्ष्मी : हट जा!
काला व्यक्ति : आगे बढ़ोगी तो हो जावोगी बदनाम!
लक्ष्मी : भाग यहाँ से, नहीं तो कर दूँगी तेरा काम तमाम।

(इसी शब्द के साथ काला व्यक्ति मंच पर से भाग जाता है। फिर लक्ष्मी आगे बढ़कर बोलती हैं।)

(कविता)

क्षितिज उषा की किरण हूँ मैं, विश्व के कोने-कोने में,
सूर्य किरण को आकर्षित कर, जला दिया है दीपों में।
अन्धकार का नाश हूँ करती, चाहे निरत रहे वह विष बोने में
हर घर में प्रवेश हूँ करती, अन्धकार को धोने में।
हर औरत है रूप हमारा, दुनिया के मेहमानों में
आज परीक्षा लूँगी मैं, कौन है असली मानव में।

(कविता समाप्त होने पर लक्ष्मी मंच के एक तरफ मूर्ति की तरह खड़ी हो जाती हैं। यह जगह एक सार्वजनिक मन्दिर है। घंटा घरियाल बजने के साथ एक धनवान प्रवेश होता है। थाली में पूजा के सारे सामान लेकर और प्रार्थना करते हुए बोलता है।)

धनवान : हे माँ, मैं हूँ इस शहर का रईस,
मेरा नाम है चार सौ बीस।
मैं हमेशा रहता हूँ तेरी यादगारी में,

चल, अब चलकर घुस जा मेरी अलमारी में।
मैं किसी को तुझ पर हाथ तक लगाने नहीं दूँगा,
रहूँगा सदा तेरी रखवाली में।

लक्ष्मी : यह दीखती है तेरी माया,
पर यह किसानों का है कमाया।
मैंने देख ली तेरी पूजा,
अब तू बाम बगल मेरे होजा।

(धनवान एक तरफ हो जाता है फिर घंटा बजता है। अब मंच पर फूल-पान लेकर गन्धर्व लोग प्रवेश करते हैं और बोलते हैं।)

गन्धर्व : जय हो, जय हो, जय हो माता, शरन तेरी हम आए हैं। बालक अभी नादान हैं मइया, भक्तिभाव ना जाने हैं।

(फिर तबले सितार आदि के साथ खूब नृत्य होता है। नृत्य समाप्त होने पर लक्ष्मी बोलती है।)

लक्ष्मी : आहा-आहा क्या है यह ताना-बाना,
किन्तु इसमें तो सिर्फ उलझेगा जमाना।
जरूर ये बच्चे की प्रार्थना है प्यारी,
लेकिन मुझे अभी औरों की है इन्तजारी।

(ये लोग भी मंच के दूसरी ओर चले गए। फिर घंटा बजता हैं। अबकी बार एक किसान कन्धे पर कुदाल लेकर प्रवेश होता है। वह मूर्ती के आगे घुटने के बल झुक जाता है और बोलता है।)

किसान : हे माँ, मैं हूँ एक गरीब किसान,
तेरी भक्ति से अनजान।
फिर भी मेरा आश्रय करता है जहान,
इसी से न हो पाता हूँ धनवान।
हमें जग का है ध्यान,
कहीं रूठ ना जाए हमारा भगवान।
माँ, हमारी बिनती तू ले मान,
और भर दे हमारा खलियान।
जिससे मानव का जीना हो आसान
हम जरूर हैं एक नादान किसान।

प्रवासी भारतीय

(परदा खुलता है। मंच पर एक टेबल दिखाई पड़ता है। उसके आस-पास दो व्यक्ति दिखाई पड़ते हैं। एक तो मंझा होता है। दूसरा सरदार। मंझा बोलता है।)

मंझा : Offr. Sital, eris mewe Hnngrate bimme.

सरदार : (जल्दी से खड़ा होकर बोलता है) Ja miji heer.

मंझा : Laat fe bimmem kome.

सरदार : (ja-ja करके भीतर दौड़ कर जाता है। और नए मजदूर को लाता है मंच पर।
नए मजदूर मंझा को सलाम करते हैं। फिर सरदार ने कहा, मंझा साहेब से ऐसे सलाम नहीं किया जाता है।

मजदूर : हम तो ना जानित है कैसे करै के हैं। सरदार साहेब तुमही हमारे खातीर करकर देवा।

सरदार : नहीं मैं तुम लोग को बताऊँगा, सलाम कैसे करल जाई।

(सरदार के बताने पर सबने मंझा को सलाम किया। मंझा हँसता है।)

मंझा : ह-ह-ह-ह

(हाथ से इशारा भी करता है। फिर सरदार के बताने पर बारी-बारी से सबका नाम भी पूछता है। और मंझा लिखता है।)

सरदार : बाबा इधर आओ, तोहर का नाम है?

मजदूर : तिलका।

सरदार : बाप के का नाम है?

मजदूर : बाप का नाम तो हम ना जानित।

सरदार : कैसे बाप का नाम तौहें ना पता है?

मजदूर : ओय सेता सब लोग घिसयावन बोलावत रहिन और तो हमका ना मालूम है।

सरदार : अच्छा ठीक है इधर आओ।

: तोर का नाम है?

मजदूर : हमार नाव?

सरदार : हाँ-हाँ तोर नाम!

मजदूर : छोटा पर हमके हमार माई मरयार बोलत रहा तो सब कोई हमका मरये नाव धराय दिहा।

सरदार : ई नाम हम ना पूछीला कि तेर माई कैसे बोलावत रहा। बुक पर तोर नाव का है?

मजदूर : ओ बुक के नाव, हाँ-हाँ बुक के नाव तो मँगरुआ है।

सरदार : तब फिर काहे ना बतावत रहे।

मजदूर : हमार माई बोलिस रहा कि बुक के नाव कोई ना बतइए।

सरदार : काहे ना बतइए?

मजदूर : बोले कि इ साइत लोग अच्छा नाव सायत कोई जादू-आदू कर देई।

सरदार : अच्छा इधर आओ। और तू भी इधर आ। तोरा का नाम है बाबा?

मजदूर : हमार नाव तो छुन्नीलाल है सरदार!

सरदार : तोर बाप के का नाव हा।

मजदूर : हमार बाप के नाव हीरालाल है।

सरदार : अच्छा अच्छा, इधर आओ बाबा।

सरदार : तू इधर आवा माई। तोहार का नाम माई?

मजदूर : माई किसी दूसरे आदमी से नाम बताने को कहा। साथ ये भी कहा कि हमें सरम आती है। बहुत बार पूछने पर तो बताया कि हमार नाव कबुतरिया है।

सरदार : तोर बाप के का नाम है।

मजदूर : बाप के नाव लुटावन है।

सरदार : तू भी इधर आव माई।

(इसी तरह सबका नाम लिखा जाने पर मंझा ने कहा)

मंझा : *(तोतलाकर बोलता है)* सब कोई काम कारे। बहुत अच्छा। *(और हँसता हुआ चला गया, फिर सरदार सबको समझाने लगा।)* तू बाबा ओकरे साथे काम करिए अच्छा और तू ओकरे साथे। लेवाँई कटलीस खेत में कुबड़ी खोज लियो।

सरदार : सब कोई हियाँ काम करे आइल है। खूब अच्छा से काम करियो। जौन मंझा साहेब खुशी रहे।

(फिर मजदूर ने पूछा)

मजदूर : कौन काम करे के है सरदार साहेब?

सरदार : काम बहुत हल्लुक है वोही ऊख का टेके और ठोय रस्ता पर रक्खे के।

मजदूर : बकीले हमका तो कलकत्ता में बोलिन रहिन कि खाली चीनी थाले के है। इ तो बहुत कड़ा काम है।

सरदार : अच्छा, अब हुआँ के बात छोड़ो। अब तो आय गइलो है तो काम तो करे के पड़ी।
हिम्मत कर काम करे सब कुछ ठीक होय जाई।

(एक मजदूर दूसरे से बोलता है)

मँगरू खूब कहेल एकौ बात सच भवा? लायक मारे में सोक दि हे ना।

मँगरू : अब का करल जाई जो गवा सो गवा। अब आगे का देखा जाए।

(सब लोग खेत में जाते हैं सरदार सब को काम बता देता है। लोग काम करने लगते हैं। चीटीं भी लोगों को काटती है। लोग बाबा दादा कर चिल्लाते हैं। अपने को कोसते हैं, एक-दूसरे को समझाते हैं। कि घर की याद करके अपने बच्चों के नाम से गाना में विलाप करते हैं।)

गाना

मुन्ना भेंटना होई हैं हमार किरवा काटा सर में
अपना भाग आया परदेश, बबुआ भाग आया परदेश...

(गाना समाप्त होते ही मंझा उस तरफ आ निकला और नए व्यक्ति को सलाम किया। नया व्यक्ति भी हाथ उठा दिया। फिर मंझा बोला)

मंझा : फाइतांग

नया व्यक्ति : फाइतांग, साले मेरे को गाली छेड़ता है। तुम्हीं माई के फाइतांग, तेरे बाप के फाइतांग साले, तेरे सारे परिवार को फाइतांग तेरे

खानदान के फाइतांग साले! मेरे को यहाँ ला के भार में झोंक दिया।

(मंझा जल्दी से चला जाता है। पास में काम करने वाला दूसरा मजदूर आ कर पूछता है।)

मजदूर एक : भाई छुन्नीलाल काव भइल?

मजदूर दो : देखो ना ई साले मेरे को गाली छेड़ता है।

मजदूर एक : ऐ नाहीं जहाजी ऊ तोका गाली थोड़ा दियल। ऊ तो तोहे सलाम किंनिस, हम तो सुन ली।

मजदूर दो : हम का तो ना मालूम पड़ल जहाजी, ऐसा कौन सलाम होव?

मजदूर एक : सलाम नहीं ऊ तो पूछत रहिन काव हालचाल हव।

मजदूर दो : ओ अच्छा अच्छा पूछत रहिन कि कैसे रहेव। भई ई सब व्यवहार हम तो अभी ना जानित *(बोलकर दोनों हँसते हैं।)*

मजदूर एक : हियाँ तो पूरा बनवासे जा नेव। ना कोई घर तमाश, ना कोई तीरथ घाट, और नाही एको बाग बगीचा। ई कहाँ हम सब आय गयन जहाजी?

मजदूर एक : तुमार बात ठीक है जहाजी। ई हे खातिर तो रात के खाए-पी कर आज गुर दियाल के लोजी महियाँ कुछ भाव अपन करे के होई।

मजदूर दो : काव कोई गजनियाँ हियाँ है?

मजदूर एक : आय से तो नहै बाकि ले कानपुर का एक और कलकत्ता का एक—ये दोनों कुछ कलाबाजी करिहैं।

मजदूर दो : अच्छा तो हमहूँ कुछ देखाय देव ओका का बात है। अरे हमहूँ तो कोई गुरू के चेला हैं।

मजदूर एक : अच्छा तो आज रात को जमेगा। फिर आवा चला अब छुट्टी होय गवा। सुना घंटी बाज गइल *(दोनों जाते हैं।)*

(अब परदे के आगे गुरुदयाल के यहाँ बारी-बारी सब आते हैं और परिचय भी करते हैं। तथा एक-दूसरे को कुछ दिखाने को कहते हैं। कोई बाजा खोज के लावत है तो कोई कुछ और फिर बिरहा शुरू हो जाता है। उसमें भी जवाब-सवाल)

जन सुरज नाराइन सिंह 'सुभाग'

अनपढ़ सूरीनाम में

जैसे दुनिया के सब देश में अनपढ़ लोग हैं, वेसे सूरीनाम में भी अनपढ़ लोग हैं।

अनपढ़ के मतलब है कि एक भाग जनता के ना लिखे जाने और ना पढ़े जाने तो जोन लोग ना जाने लिखे पढ़े, ता उ लोग के अनपढ़ कहाल जाहै।

जब तू ठीक से जानिए लिखे और पढ़े तब तू अनपढ़ ना बाटे। जब तू होलांस भाषा ना जाने बाकी इगो दूसर भाषा जाने, जैसे हिन्दी या चिनवा ठीक से जाने लिखे और पढ़े तब तू अनपढ़ भी ना बाटे। अनपढ़ लोग ऊको बोलल जा ही ईको भाषा में ना जाने लिखे और पढ़े।

सरनाम देश में लगभग 66000 मनाई है जोन ना जाने लिखे और पढ़ना, ठीक से खयाल कर 66000 मनाई जोन पन्द्रह बरस से ऊपर है। दुनिया में इखत देश है जहाँ नब्बे प्ररसेन्ट जनता के ना जाने लिखे और पढ़ना, बाकी सबन अपन भाषा बतिया है।

गौर से देख, की एकर मतलब का है। देश के बरहन्ति खात, सब कुछ मुँह जबानी होउ के। धेर मामूली बात जोय मी पराई–लिखाई और गिन्तयारी के काम है, ना होई सके।

खाली लिखे–पढ़े से तू और दूर बड़ सके। तू अपने सोच, जब तू चिनवा देश में आए अपन होलंस भाषा लिखे, हुआँ पर कोई तोके ना समझ पाई, जब तोके हुआँ पर रहे और काम करे के परी, हुआँ के आदमी से बतियाई के परी, कागज पतर परहे की पढ़ी, बखेरा–वखेरा, तब तू एकदम बेकमा बाटे, तब तू सच–मुच में एक गेर कोई बाटे, दुनिया के बिचार लेई के।

जब तू हुआ पर ईगो गुपचुप में मुरगी के गोस और भात मागिये खाई, तब तो के वासतो में मुरगी खात परी पक पकाई के।

साइत ई इतना अचम्भो के बात ना है। बाकी अनपढ़ लोग के ऊपर ऐसन बीते है। जौन रास्ता आप के खारतिन खुलल है, आप के पढ़े के वजह से, उ रास्ता अनपढ़ लोग के लिए बन्द है।

अखबार उ लोग कीन सके हैं बाकी पढ़ ना सके हैं।

अनपढ़ लोग के दुनिया, उ दुनिया है जहाँ पढ़े और लिखे के नाम जिकिर ना है उ अँधेर दुनिया में उसब की अपन जिन्दगी काटे के परी।

तब उ अँधेर दुनिया में उ लोग के लरकन बरका होई। तकदीरवालन स्कूल में थोड़ा लिख और पढ़ सके। धीर हमलोग मेसे ऐसे बक गईली। आप सेठ अपन अनपढ़ माई या बाप के पिचा ना पुकारेली, हमलोग के देश में धीर किशन, मचछरमारवाह वगेहराह, बाप दादा से इ काम करत अइली। वकील अध्यापक वगेहराह-वगेहराह, कउनो ना कउनो उपाय से अपन लरका के पढ़ाने की कोशिश करी, किशन की लरकन की राई मिली, की काम से काम किशन बने की।

अब एक गपोलिया बात, ईगो बुड़िया जोर से अपन पतोह के बुलावे, रोसा इ देख, इतना बिसल धक्का हम कभी न देखल, लगल, सब उतउवन ऊपर के नीस रोसवा दवारत अली अपन सास लगे और थक होई के देखे की सासजी एक अखबार उलटा पकरिस और देखवे एक चम्पा जहाँ देर से उठा धरा है।

सरनाम की जनता
लिखो पढ़ो
आगे बढ़ो।

अहीर

एक अहीर रहा। ई अहीर रोज सवेरे जागे, नहाय धोय के पूजा करे। ई अहीर जब जब पूजा करे तब तब घंटी बजावे और ओही समय अहीर के गधा हौंक-हो-हौंक-हो करे। गधा के आवाज सुन के अहीर बहुत खुस होवे, बोले: देखो इ हमार संकेस्वर है। जब जब हम पूजा करिला और घंटी बजाइला तब तब हमार संकेस्वर संख बजावे है। एसेहिन होवत बहुत दिन बीतल। उ अहीर के ई बात बिस्वास होइ गिल कि उ अच्छा से अपना पूजा पाठ करे है, तब्बे संकेस्वर भगवान, पूजा के समय आवाज देवे।

ऐसे होते होते थोड़ा दिन और बीतल। अब एक रोज के बात है कि अहीर होत फ़जीरे जब जगल, तब उ देखे है कि ओकर गधा, जौन के उ संकेस्वर मानत रहा चारों गोढ़ पसार के घुर पर पड़ल रहा। नहा धोय के, हाथ मुँह खँखार के पूजा करिस। कठिन के बात इ रहा कि उ रोज फ़ंजीरा के जूनी अहीर अपन संकेस्वर भगवान के आवाज ना सुनिस। मने मन सोचे कि ओहो, आज हमार संकेस्वर जब रहत तब जरूर आवाज देवत।

अहीर बहुत सोच में पड़ल। अब इ का करिस। दसवें दिन गधा के मरे के बाद, नाउ के बुलवाय के अपन मूढ़ के बाल खोखोरवा लेइस। जब मूढ़ के बाल खोखोरवा लेइस तब गाँववालन उ अहीर से पुछे है,कि एअहीर तूने काहे के अपन मूढ़ मुढ़वाएले।

अहीर बोले—हमार संकेस्वर भगवान, मर गइले। अब गाँववालन इ बात सुन के चकरियाइ गइले। ओहु सब गइले अपन-अपन बार,दाढ़ी और मूँछ खोखोरवा लेलन।

अब ई बात दूर दूर तलक फैलगे। गाँव के राजा के पास ई बात भी पहुँचगे कि संकेस्वर भगवान, मर गइले और सब गाँववालन अपन-अपन बार,दाढ़ी और मूँछ छिलवा लेलन।

राजा गाँव के हालत और दुख सुनके बोले, इ बात कैसे हो सके कि संकेस्वर भगवान, मर गइले और सब गाँववालन अपन-अपन बार, दाढ़ी और मूँछ छिलवा लेलन और हम इ दुख में ना सामिल, इ अच्छा बात ना है। राजा दरबार के नाउ के बुलवाइलन और कहे उनसे कि हमरो मूढ़ के बाल छील दो, हमार देस के संकेस्वर भगवान मरगे, संकेस्वर के सोक में अपना मूढ़ के बाल खोखोरवाना है।

नाउ के महल में देख के रानी साहिबा पूछ बैठल राजा से, कि हे राजा साहिब क्या कारन है कि आज आप नाउ को महल में बुलवाइलों।

राजा साहिब उत्तर दें—गाँव में सब लोग सोक मनावे हैं संकेस्वर भगवान मरगइन, ओही के मारे हमहूँ जाइला बार, दाढ़ी और मूँछ छिलवाने। एपर रानी बोले-राजा साहिब, बिना देखे, सुने और बिचारे आप कैसे जइहै मूढ़ मुढ़वावे, आगे देख तो लो कि कौन संकेस्वर भगवान मरल है और कहाँ संकेस्वर भगवान इस वक्त हैं?

राजा बोले—हाँ रानी तोहार बचन बिलकुल सही। राजा साहिब घोड़ा पर सवार होइके, सिपाही और मन्त्री के साथ गाँव में गइले, तो क्या देखे अहीर के घर संकेस्वर भगवान के मिट्टी देवाइगे। तो राजा साहिब अहीर से पूछ बैठलें कि इ कैसन बात है, मैंने सुना है कि संकेस्वर भगवान मरगइन?

तब अहीर बेचारा बतावे लगल, कि ओके एगो गधा रहा और पूजा के समय उ गधा हौंक-हो-हौंक-हो करत रहा। उ ओकर संकेस्वर भगवान रहा।

राजा साहिब बोले—ओहो अहीर, गधा मरल और तू सोचे कि उ तोहार संकेस्वर भगवान रहा। कितना मूरख आप, और गाँव भर के भरमाइके बार छिलवा देलो।

भले हमार रानी वक्त पर आइगे, नहीं आज हम भी मुरुख के बात में आइके और अपन बार, दाढ़ी और मूँछ छिलवा लेती,गधा के देवे खात। हमार मति मरल रहा।

साधु और लड़का

एक लड़का रहा। उ लड़के के माई बाप, लड़का के साधु के हियाँ करिस पढ़े के खातिन। पढ़ते-पढ़त ऐसे कुछ दिन बीत गइल और लड़का धीरे धीरे सज्ञान भी हो गइल। लड़का के माँ बाप लड़का के सादी कराइन।

जब लड़का के ब्याह हो गइल तब लड़का साधु के पास कभी जाइ कभी ना जाइ। ऐसे इहु में थोड़ा दिन बीतल। तब साधु एक दिन लड़का से पूछ बैठल, कि ए बच्चा का बात है कि तू कभी आवे है, कभी ना आवे है, कहुँ कठिनाई है?

तब लड़का साधु से बोले: बाबा हमार ब्याह हो गइल अब। जब घर से निकरिला तब औरत बोले है कि हम तोर बिना न रह पाइला। ओही के मारे हम कमति आइला बाबा के पास।

साधु बोले—बच्चा तू माँगे है जाने कैसे औरत रहि अकेले। तू माँगे है जाने। लड़का बोले: हाँ। साधु बाबा बोले: अच्छा, ऐसन-ऐसन टैम पर हम आइबे, तब तोके दरसावे कि कैसे तोहार स्त्री तोहंके जाने माने है और तोहार माई बाप। आकीर में एक बात है आप घरे टैम पर बोल दिहो कि अच्छा से अच्छा खाना और पकवान घरवालन बनाय। ई भोजन आप माँगे है खाय। और तुम इ भोजन करियो। लड़का बोले: अच्छा।

घर में खूब स्वादिष्ट खाना बना के धराइल और लड़का स्वाँस साध ले। लड़का के औरत गइल पति के बुलावे, कि पति जी चलो खाना तैयार है, चलो खा लो। बाकि पति तो स्वाँस साध लिहिन रहा, ओ तो जैसे मरगे।

अब घर में रोना पीटना परल। माई हियाँ चिल्ला है, औरत हुँवा चिल्ला है। रोई रोई के बोले है—कि कोई जिया दे हमार बच्चा के और हमें लेले, ओकरे औजी हम मर जाइती, बाकी उ जिन्दा रहत। ओही समय साधु बाबा धीरे-धीरे अपनी कुटी से चलल।

लड़का के घर आइगे,साथ में एक जहर की पुड़िया लेकर। तब ओतनी देर में लड़का के माई बोले है, साधु बाबा से कि ए साधु बाबा तू हमार बच्चा के जिया दे ओकरे बदले हम मर जाइती।

तब साधु बाबा जेबी में से जहर की पुड़िया निकारिस,निकार के पहिले माई के दिहिस, कि इ पुड़िया में जहर है, आप एके पीलो आप मर जाहो और तोहार लड़का जिन्दा हो जाइ।

तब मइया पूछे है साधु बाबा से, कि बाबा इ बताओ कि हमें दूसर लड़का अभी हो पाइ कि ना।

बिना जवाब देवे साधु लड़का कि पत्नी के पास गइल, ओही पुड़िया देखाइ के बोले है कि आप एके पीलो और तोहार पति जिन्दा हो जाइ।

स्त्री उत्तर दिहिन : हमार नहार अभी पड़ल है। हम अपन बाप माइ में बैठ के खाब। स्त्री अभी बोलते जा है बाबा से। उ मरल तब हम ओके पाछे अपन जान गँवा देंइ।

साधु बाबा कहिस, कि लड़का के ए हेल देख के सब कोइ बोले है उ जिन्दा रहत हम मर जाइती या तो भगवान हमैं लैलै और लड़का जिन्दा करदे। बाकि जब वक्त आइल अपनी जान देवे के और लड़का या पति को जिन्दा करे के तब कोइ के हिम्मत ना है।

अच्छा अब साधु बाबा बोले है : इ पुड़िया में जौन जहर है हम एके पी ले बाकी इसे पिए से पहले सब बात जौन भइल है, लड़का से बता दिहो। हम धीरे धीरे पियब

और लड़का धीरे-धीरे होस में आय। हम पी चुकब तब लक लड़का से सब बात बताइ दिहो।

जब लड़का सब बात सुन चुकल, तब साधु बाबा के बात लड़का के मन में अच्छा से बैठल कि इ दुनिया मोह माया के बन्धन है और कोई के कोई ना है, ओही दिन से उ अपन औरत छोड़िस, माई बाबा छोड़िस, और जाइ के संन्यासी के रूप धारनकर लेंइ। जाते बखत बोलिस कि: दुनिया में कोई के कोई ना है, माया रूपी सब चीज है।

प्यार में पागल

आज सुक के सबेरे है अउर कुमार के आज छुट्टी है। कुमार कभी रात के काम करे कभी संझा कभी सबेरे।

अइसने सिपाही के काम है। अलियाकोप अउर पारदो के डाड़ मेरे एग बड़का नरिया रहा, जोन दुनु बोइतियान के बाँटिस।

अउर ज कोइ इ पार से उ पार माँगे त ओके बहुत गड़बड़ी ना रहा, सरकार हुँवा एगो बुरुक्की बना देइस रहा।

कुमार बुरुक्की से थोड़ा दुर पर रहत रहा। घर ले कोइ दुइ-तीन केती पर। बुरुक्किया के इपार पार दो के कोनवे सिमला रहत रहा। सिमला बहुत सुन्दर रहा।

एतरा सुन्दर कि जब कोइ ओके ताकदे तब आँखि में चक चोनी मारे लगे।

कुमार हरदम घरे ना रहा, बाकी जब ओके छुट्टी रहे, तब उ अपन मन बहिलावे के खातिन आपन चिरय के लेके बुरुक्की पर बइठल रहे।

ओकर उ चिरय रहा कि ... फेलाम; दारू-आरू में उ ना रहा। जब सिमला आपन गदरी में बुक पढ़े, तब एकर निगाह उ लड़की पर हरदम परे। कुमार के गरहन भी ओइसने रहा जइसे सिमला के।

त अइसे होते-होत इ दुने के आपस में बात चले लगल। अइसने इ दुनु के सनकी-मटकी जब थोड़ा दिन चलल, त कुमार सोचिस कि अइसे बात न चली, हम्मे कुछ चाही करे के। चली सिमला के हाथ ओकर बाप-माई से माँगी।

जब कुमार गइल सिमला के घरे, ओकर हाथ माँगे खात, त सिमला के बाप बोले : तु सिपाही अपने भर के काम है, हमार बिटिया के निस्तार तोरे हियाँ ना होइ पाइ। सिमला कि बियाह धनी के हियाँ होइ।

कुमार अउर सिमला एतना दूर पुहुँच गइल रहा, कि एक दूसर के बिना इ सब ना रहे पावत रहा।

कुमार सिमला के प्यार में पागल होइगे अउर सिमला जब कुमार के ना देखे तब उ बेचारी कुमार के बिना रहे न पावत रहा। कुमार फिन गइल सिमला के घरे; अबकी खाली सिमला के भाई घरे रहा।

तब उ कुमार के खूब गरियाइस; बोले "तोके भुजी-भाँग ना हइ माँगे हमार बिटिया के रक्खे, खली चिराय कितो फेलाम; कुत्ता निच नजनी कहाँ के; हमार आँखि के साम्हने से एकदम दुर हट जा दहिजरा के पूत।

हमार बिटिया के लिए? अबकी तू हमार बिटिया के तकले तब तोर आँख फोर ढारब।

सिमला के बाप तोर कपार रंग देइ। "बस कुमार तो सिपाही रहिबे करल रहा, बोले, "सिमला हमार जब ना होइ पाइ, त अउर कोइ के न होइ।"

कुमार आपन बन्दूक उठाइस, गइल ओकर माइ के दागिस, बाप काम पर रहा, उहें पर ओके भी दागिस।

अब बचल कुमार अउर सिमला।

कुमार चिल्लाइ के बोलिस, "सच्चा प्यार अमर है, ना बाँस रही ना बाँसुरी बाजी।"

बन्दूक लेइके सिमला के दागिस अउर अपने के भी दागलेइस।

इ कहानी में हम लोग देख सकीला के नौजवान लोग प्यार में पागल हो जा है। अउर माइ-बाप के ना हरदम आपन जिद करे के चाही।

आँखि के देखल बात

इ इतिहास विधवा धनराजी बलकसिया लखी सरन मासा के लिखे वालन से मुँह जबानी बताइस।

धनराजी बलकसिया लखी सरन बीस मई 1896 के पइदा भइल रहा अउर ओकर मिरतुक फरवरी 1984 में भइल।

जब मरियाबाग में हलचल भइल रहा अउर मंझा गेवा के समन जन से माड़ डालिस, तब धनजी एक हउ साल के बच्चा रहा। उ आपन आँखी से देखिस कइसे सब चीज भइल।

सवाल : माई आप कुछ बताइ सको है मासा मेवा के बारे में?

जवाब : भइया अइसन बात भइल, पइसा के बारे में। थोरा पइसा के कमाल होत रहा, मिले छउ दोन्नी, सात दोन्नी रोज।

तब अइसने एकात बरिस बीतल, तब आदमी मंझा लगे गइल हिनउता लेइ के बोले, "मंझा साहेब, पइसा कमती है।"

तब मंझा बोलिस कि "देखो हमहूँ कोइ के निच्चे हैं; हम काम करीला, करवाइला, मा कोइ के निच्चे बाटी।

तु लोग चुप मारे काम करो, हम ओलमिना लगे सनेस भेजब, तब जा सनेस फिन आइ तब हम बढ़ाब पइसा।" बकी अदमियान ना मानिन, बोले हम लोग के पइसा ना अँटे है।

तब मंझा साहेब बोले हम इ बात ना जानीला। एतने पर घोड़ा पर चहिरले कटलिस बानहिस अउर टोपी ओढ़ रुमाल गिराइ के चलल।

तब जा सिढ़ी के लगे जहाँ से चीनी आवत जात रहे, आदमी ओकर घोड़ा रोक देइस।

अच्छा अदमी ना मानिन : बोले : तिग्गिर बिग्गिर करे, मारिस घोड़ा के चारों गोरकाट गइल, घोड़ा गिर गइल अउर मासा मेवा भी गिर गइल।

मारिस घोड़ा के, बोटी-बोटी काट ढारिस घोड़ा के अउर मंझा के काट ढारिस सिढ़िए के लगे।

तब जुरते मेनीर विलेम के खबर कर दिहिस किला पर।

अउर अस्पताल के लगे बोले, 'मुसलमान अउर हिन्दू होवे तो मइदान में निकरयावे अउरमासा मेवा के हम काट ढरली, निकरयावो अउर चली।

तार जेतना राहा काट ढरले बाका फोटो लेक बकी किला के ना कटल। तब समन मितरे-मित्तर बुकु तार करले—

सुर में एक ठो बामन रहे अउर एकातगो बेटवन तब मट्टी मासा मेवा के हुँवा गइल, त उनकर अउरत मासा मेवा के अउरत बोले अब हम इ देस में ना रहब अउर चलगे।

जब चलगे तब बबुल्ला, नियामत, करामतली, मातादीन अउर इस्माइल, इसब हुवे रहे। तब हुवाँ से जिनती के लगे गइल अउर रोवे बोले माइ काट तो ढरली बकी पइसा ना पइली। ता उ लगल गरयाबे, बोले जिनती के लगे का अइलो, जिनती के लगे का करिय तु लोग, कि मंझावा के लगे, रोइली गइती तो साइत कुछ देत।

अउर हम लोग भुजवा हियाँ से आंवत रहिली; तब हम लोग हुवाँ से भाग गइली। तब सब बिस-बिस बरिस के, पचीस-पचीस बरिस के जेहल पाइस।

तबसे कोन फिरयरि (मेला) ना लगे। जब छुटे के भइल तब फिनो सुरु भइल। एतना बात हम जानीला भइया, अउर अगारी में मासा छेदी उ तो अपने से मरल।

सवाल : के मइदान में ठड़ा होइ के बोलावत रहा।

जवाब : अरे मुनेसर हरे, रामदत हरे, जनकिया-ओनकिया।

मासा विलेम बड़ा सच्चा रहा अउर मासा जूती सिड़ही पर से गिरल रहा, गिरल बस एक्के दफने में मरगे।

उ सुर के मंझा रहा अउर मासा छेदी अपने मउत से मरल।

सवाल : अउर जोन समें पर काटिस, सिपाही ना आइल।

जवाब : अरे बेटा, पुलिस तिन दर्जन आइगे, सुरजाती तिन दरजन आइल हुवाँ जो न असपताल बढ़ल मरियाबोग में।

हुवें तो सुरजतियन खाइ अउर हम लोग ओकरे पिछवे रहत रहिली, कटहर के पेड़ के लगे। त सुरजतियन हम लोग के बोलावे, बड़ेत अउर बिसकुट चाह देवे। त हम लोग बोली ना मेनीर। हम बड़ा छोटा-छोटा रही।

डर के मारे ना जाइ। बाप बोले ना रे बेटा न दागी, बोली बड़ेत-कुकु बची तब देइ।

हमार बाप भंडारी के काम करत रहा, खाइक बनावल रहा, हमार बाप के लखीसरन नाम रहा।

सवाल : कइ जने मासा मेवा के काटिस राहा? अउर सब कइ बरिस के जेहल पाइस। सब कलकतिया, हियाँ के किखल कोइ ना रहे अउर सब मंझा अच्छा रहा।

व्राग : भाई, उ जोन आदमियन दगाइल राहा, इ कइसे भइल?

ऐंट : आदमियन मइदान में ठड़ा होइ के बोले : निकरयाउ जे माँगे। तिन दरजन ब्रक्की लगे ठड़ा रहा। अउर बोलिस सब से कि घरे जाइ के। सभन ना मानिस। तब सुरजतियन एक आवाज दागिस, अदमी जइसे माची गिरल, एकवन भाग गइल। चौबिस आदमी मराइल अउर तिसगो के खाली चोट लगल। एगो बड़का गढ़ा में तोप देइस।

व्राग : का उ लोग के मट्टी न परल?

अटवा : ना बेटा, सब के एक बड़का गढ़ा खोद के समन ओही में तोप देइस...फिनो एकातगो पकड़ाइल, उ लोग के जेहल मिलल...।

दुनिया मकड़ी के जाला

सही सलामत परताब पहुँच गइल होलांद में। इधर उधर कारबार आपन, सब स्कूल के चीज-उज सेतियावत एकल हफ्ता बित गइल। धिरे-धिरे एके एकात संगहतियान भी मिलगे।

अइसे अइले परताब एक बरिस होइ गइल होलांद में अउर जोन दुइ चारगो पलवार रहा, ओहू से चिन्ह-पहचान होइगे हुवाँ पर।

तप उ हफ्ता सात तारिक सितम्बर के परताब के जनमदिन हइ, परताब आपन सब संगतियन नउता देइस ओकरे घरे आवे के उ रोज, जनमदिन के उपलच्छ पर। अच्छा सात तारिक के सब, ओकर साथ जोन पढ़त रहा, आइल उ सब के बिच में कई लड़की भी रहा। उ रोज परताब खूब सउख सिंगार करिस, हजारों में एक। ओइसे तो ओकर गरहन भी बढ़िया रहा। अउर सब लड़की के निगाह उ रोज परताब के उप्पर, बाकी ओमन में एगो रहा जोन बहुत सुन्दर लगत रहा। सादा सुभाव वाला, चान सा मुखड़ा जइसे, बउत सुन्दर।

परताब के नजर अव्वे कम्भी ना ओकरे उप्पर पड़ल रहा बढ़िया से, तब आपन जनमदिन के रोज पर जब एके अच्छा से देखिस, त ओही अपने आप के ना बिस्वास कर पाइस कि उ का देखे है। सादा सुभाव देख के परताब के मन लोभाइ गइल। परताब के रहन-चलन उ समाज से थोरा मिले-जुले जगल, तब इ ताक-तुक न करिस अउर लड़की के पास गइल। थोरा बात-चीत भइल, चिन्ह-पहचान भइल। परताब के नाम लड़किया जानत रहा, बाकी परताब ओकर नाम ना जानत रहा। ओकर नाम इन्द्रा सुन के, परताब मन में सोचिस कि सचमुच इ इन्द्रलोक से आइल है, एतना सुन्दर उ लड़की रहा।

सरनाम में भी सनसेर और परताब के माई खुसियाली मनाइस। का करे उ सब एही जनम दिन से त थोरा मन के बहिला लेवत रहा; बेटा होलंद में अउर उ सब हियाँ।

परताब हालंद में खाली पढ़े है, काम न करे। उ लड़की, इन्द्रा, स्कूल जा है अउर काम भी करे है। परताब एकाद महिन्ना बाद चलगे इन्द्रा के साथ रहे, उ सब के प्यार बढ़ गइल। जब कभी परताब के पइसा-ओइसा के जरूरत पड़े तब इन्द्रा ओके दे देवत रहा, काम-ओम निकारे के।

अइसने परताब के अउर इन्द्रा के जिनगी चलत रहा। सूरिनाम से चिट्ठी-उट्ठी आवे-जाइ, खबर मिलल करे। परताब के चाल-रिवाज देख के इन्द्रा मन में सोचिस कि जइसे क्या ढंग, इ हियाँ के समाज के, ओइसे परताब चले है। हमहूँ चाही ओइसही रके के, नहीं अदमी बोली कि परताब कइसे।

परताब बदला सा रूप इन्द्रा के देख के अब बोलिस कि, वाह अब तू देखा है, हमार होने वाली जना है। पहिले इन्द्रा बहुत ना जात-ओत रहा परताब के साथ घूमे-उमे। एकर कारन रहा कि परताब बहुत आपन संगतियन में रहा अउर इन्द्रा दुसर लोंडन के बीच ना आवत रहा। इन्द्रा बदलल जब से परताब बोलिस कि "हमार संगतियन बोले है कि काहेना तोरे होने वाली तोर साथ आवे है। इन्द्रा सोचे कि परताब के दुख, एक्को बात पर ना चाही होवे के। परताब के साथ इन्द्रा जाइ लगल घूमे, पँउरे, एहर-ओहर, सब जगहा। इ रूप में इन्द्रा के देख परताब के संगतियन के मन बदले लगल। इन्द्रा इ बात समझ लेइल अउर न माँगे अब जाइ। परताब जब बोले, जाई के घूमे के इन्द्रा के साथ, तब जवाब मिले, "हम न जाबे।"

अब परताब अकेले जाइ लगल फिन। परताब के संगतियन बोले लगल कि "यार इन्द्रा के घर में बन्द करले है का? इ सरनाम ना है।"

बेर-बेर इ बात सुनत-सुनत परताब के कान के परदा फटे लगल। आइके घरे, इन्द्रा से बोले, कि उ साथे चले, बाते-बात में बोलिस कि "उ इ समाज के रीत है।" इन्द्रा बोले, "हमार बियाह तोसे होइ, अउर तू माँगे है कि दूसर कोइ हम्मे ताके, फिस-फास करे, कइसन तोके लागी।"

परताब इन्द्रा के बात ना सुने अउर ओके खूब में हँसे। इन्द्रा अपने मन में सोचे कि जब लग हम लोग के बियाह ना होइ तबलक परताब के आँख न खुली, अब चाही कुछ करेके। इन्द्रा के बिचार एतना दुर के धावा मारिस कि जल्द ही जलद बियाह दुनु के होइ।

इन्द्रा एतना दूर तलक धावा मारिस कि ओकर अउर परताब के सलकल बइठ गइल। नौता वणवाइल बियाह के तइयारी सनन करिस—बियाह के एकात दिन बाकी है।

परताब आपन माइ-बाप के भी नौता देइस, कि उ सब चाही आवे के, ओकर बेटवा के बियाह है।

समसीर अउर कौसिल्या बहुत खुसयाली में भइल कि परताब के जिन्दगी भी बनी। सूरिनाम में समसीर एहर-ओहर चारों बगल सनेस दे देइस कि ओकर बेटवा के बियाह है होलांद में।

समसीर अउर ओकर अउरत गइल होलांद-आपन बेटवा के बियाह में। बियाह हुवाँ सब अच्छा से भइल। परताब के बाप-माइ फिन लउट आइल सूरिनाम में।

इन्द्रा जोन माँगत रहा उ होइ गइल बकी, अब, देखी कि परताब बदले है—

परताब के संगतियन इ बियाह में सामिल भइल रहा, उ सब भी खूब धूमधाम मचाइल आपन दोस्त के बियाह में।

थोरा दिन जब बितल बियाह के बाद तब परताब के दोस्त देखे है कि परताब ओतना सामिल ना होवे है जइसे पहिले। तब एकर संगतियन अब परताब के घरे आवे लगल।

परताब सोचे कि...हम ना जाइला इसब के साथे ओही के मारे उ सब अब हमार घरे आए हैं।

बकि इ बात इन्द्रा के अच्छा ना लगे, तब इन्द्रा परताब से बोले कि संगतियन के बहुत घरे न परकाव, इ बरहिनया चाल ना है। तोके अउरत है—तू घरे बाटे अउर जब तू घरे न रहिए अउर उ सब आइगा, हममे इ बात अच्छा न लगी, तू जाने है उ सब के चाल कइसे हइगा।

परताब जुरते ना बोल पाइल, सोचे कइसे बोलब, का सबन सोचि। अइसने सोचत सोचत परताब के दुइ हप्ता बीत गइल अउर परताब के अउरत के जनमदिन भी नकचाइगे। अब एहर ओहर नवता बाँटिल कि जोन सनीचर आवे है, उ रोज ओकर घरे नउता है।

सनीचर के सबेरे से समन सुरू करिस तइयारी करे कि जब रात के आदमी आइ तब कोइ के कुछ कमी न रहे।

उ रोज रात के सब कोइ जे जे आइल मुबारकबाद, बधाई सब कोइ देइस।

परताब के संगतियान, परताब और इन्द्रा के साथ घरबे रुक गइल। उ सब के दोस्त के अउरत के सालग्रह है, खूब खाई-पी, नाची। सब कोइ चलगे खाली संगतियन परताब खूब खाइस और पीइस, नाचे बोले बंबा है आज, एतना दिन बाद अइसे सब कोइ साथे खुसियाली मनावे है।

इन्द्रा एक कइत बइठल-परताब ओके बोलिस नाचे के-अच्छा नाहिन-नुकर करत, तब्बो गइल नाचे (घरवे) संगतियन भी ठुड़ा भइल ओहू सब नाचे लगल। नाचत में छुइ-छाइ करिस। परताब के संगतियन। इन्द्रा उ सब के नाचत छोड़ के चलगे सूते। ओके तो इ सब चाल एक्को बन ना अच्छा लगल। थोड़ा देर के बाद जब सबन थक गइल, चलगे घरे तब परताब भी गइल सूते। बिहान भैल, परताब जागल; नसा उतरल तब इन्द्रा के उपर खूब गुस्साइल कि ओकर बेइज्जती भइल जोन चलगे गुस्साइ के सूते। इ रोज के बिहाने अब्बे झगड़ा दुनु प्रानी में चले हैं। कोइ इग्यारह बजे दिन के देखे पर तब की कोमारी के नीचे एगो चिट्ठी परल है। खोल के चिट्ठी पढ़े लगल, ओहू ठक।

उ सब के झगड़ा ओही लगे रुक गइल।

चिट्ठी पढ़ते इन्द्रा के गुस्सा दोन होइ गइल। परताब चिट्ठी लेइ के गइल बैठल, परताब के गाल इन्द्रा सुहरावे लगल। परताब इन्द्रा के हाथ पकड़ लेइ अपन गाल पर अउर इन्द्रा के ताके।

बिना कुछ बात बोले दुनु अपने में तके है। एकाद मिलिट बाद परताब धीरे-धीरे आपन पढ़े वाला कमरा में गइल अउर कुर्सी हींच के बइठ गइल मुड़ी गार के।

हुवाँ से फिनो ठड़ा भइल अब इहर-ओहर फेरा मारे है ओही कोठरिया में। इन्द्रा आइल भी कमरवा में अउर तार मारिस हुँवे नगीचे एगो रेइसबुरो में अउर दुइ जगहा रोकवाइस कि विहान सबेरे उ सब होलांद से सूरिनाम आइ।

बिना कुछ बतियाइ कुछ बोले, इन्द्रा गइल कपड़ा-लत्ता सेरियावे लगल अउर परताब उदासे सब देखे है कइसे इन्द्रा हल्ली-हल्ली एहर-ओहर काम करे है कि हाल्ली से सूरिनाम में पहुँच जाइ।

काम करत इन्द्रा के साँझ बीत गइल। सभन भी गइल सउकेरे सूते, कि होलांद से दस बजे के हवाई जहाज पकर लेइ सूरिनाम आने के।

हियाँ जब सूरिनाम में पहुँचल तब रात होइगे। टक्सी लेइके सभन घरे, आपन माई-बाप के घरे पहुँचल। तब देखे है कि हुवाँ ढेर आदमी जुटल है। जइसे परताब अउर ओकर अउरत, इन्द्रा उतरल, परताब के माई दौर के आइल अउर परताब के पकर के रोवे लगल।

रोवे है और बोले : काहे के भगवान के तो बबुआ के प्यारा होइ गइल।

इन्द्रा भी आपन सास के पकर लेइस, अउरतिनु खूबे रोवे लगल।

एकातगो रिस्तेदार आइके ओतवना मसे फलिसयान निकारिस आउर तिनु के पकर के भित्तर लेइगे।

परताब अपन बाप--माइ के बहुत चाहत रहा। परताब घर में आइल गइल जोन कमरवा में ओकर बाप सुतत रहा-बेदिया पर बइठ के खूब रोवे है अउर बोले कि—बप्पा तू एतना दुख से हम्मे पोस-पाल के बड़का करले, आउर मोका भी ना देले कि हम तोके सेवा करी, बिना हमसे कुछ बोले तु हम्मे छोर के चल गइले, काहे के पा; काहे के...।

इन्द्रा आपन सास लगे अउर पकड़ के आके समझावे कि अब हम लोग का कर सकीला जब इ भगवान के खेल है, दुनिया के रित है।

परताब हरे आइगे तब तइयारी भइल मट्टी देवे के। सिपाही हरे आइल इसब बतियाइन अउर मट्टी देवाइल सरवे उदइ में। जब सब चीज थोरा साधारन होइगे तब परताब आउर इन्द्रा पूछिस कि कइसे इ सब चीज भइल।

इन्द्रा के सास इन्द्रा लगे बइठल रहा, तब सोच-ओच के लगल बतावे कि जोन रोज इन्द्रा के जनमदिन रहा-ओही रोज समसीर खुसियाली में एकतगो चीज किनके लावत रहा बइसीक्री पर, बस पाछे से एगो ओतो आके मार देइस। परताब के बाप जब घर से उ रोज सबेरे निकरल तब बोल के गइल रहा कि आज पतोहिया के जनमदिन है।

जीत नराइन

सरनामी

सरनामी भाषा के जड़ भारत में मिले है। ई जड़ के बड़ा भाग का नाम भोजपुरी है। दूसर भाग के नाम अवधी है। ई दुनू भाग मिलके उ रस बनाइलें है जे के अब हम सरनामी कहिला।

भोजपुरी और अवधी से भी हिन्दी के नींव बनल है। जैसे आप लोग को मालूम होइ तो कबीरदास के कविता भोजपुरी में लिखल है और तुलसीदास अवधी में रामायण का प्रचार करिस है। कबीरदास के कविता और तुलसीदास के रामायण दुनिया में बड़ा साहित्य मानल जा है। आप भी सोचो कि जब भोजपुरी और अवधी कौनो नीच भाषा रहत तो कैसे कबीरदास और तुलसीदास के लेख इतना उम्दा होवत। और जब भोजपुरी और अवधी के जड़ से सरनामी बनल है तो इ काँहे कौनो और भाषा से नीचा है।

सरनामी सरनाम के हिन्दुस्तानियों की महतारी भाषा है। हिन्दी सरनाम के खातिर एक परदेसी भाषा है। अब जब आप हमार बात ना मानो तो बिचारो होलाँस और दुइत्स आपस में बहुत मिले-जुले हैं। होलांडर और दुइसारी में बहुत चीन्ह पर्ची है। बाकी तो भी होलांडर खात दुइत्स इगो परदेसी भाषा है और दुइसारी खात होलाँस।

अइसे ना समझो कि हम हिन्दी से कोई लड़ाई करत है। ना! जे माँगे जौन भाषा सीखे ओकी खुसी है। बाकी सरनाम के हिन्दुस्तानियों की पहली भाषा सरनामी है, कि ना? वैसे भी बहुत माई-बाप हैं जौन सोचें हैं कि दुइ तीन भाषा लड़कन के सिखावे से लड़कन घबराहट में पड़े हैं। ई बात बिलकुल गलत है। जतने भाषा आप अपन लड़कन के सिखाइयो उतने चालाक और भरबोल लड़कन रहियें। सरनामी भाइयों अपन समाज पर भी मूढ़ मारो। समाज बनावे के पहिला नींव अपन भाषा है।

हिन्दुस्तानियों के लानत है

भाषा कमाय खाय खात पढ़ल जा है, हिन्दी ई मारे लड़कन के पढ़ावल जा है, जौने सभन अपन धर्म और संस्किरति ना भूले। सरनामी पढ़ के का करियो, ई से कौन पेट भरी।

ऊपर का लिखल बात कोइ खास बात ना है। ढेर जने के मुँह से ई तो सुने में आवे है। बाकी दुख का बात इ है कि ढेर जने अब्बे तलक ऐसन सोचे है।

हिन्दुस्तानी अपन कमाय खाय खात हौलांस सीखे है। ई भाषा खाय के देवे है,और हाँ उ उतने दूर तक ओको सीखे जितना में उसका पेट भर जाइ। अपन उन्नति खात इके ना पढ़े है। लिखे के, के बोले, इके अच्छे से बोले के अभ्यास ना करे है। साहित्य के का कही, ईतो उ लोग के ना लगे है। इके जैसे ना मालूम है, कि जतना भी लेख दुनिया में लिखे है आदमी के लिखे है। और इही लेख से भाषा के बढ़न्ति होवे है और संस्कीरति के अपन जोर बढ़े है।

हिन्दी पढ़ावे के कोसिस तो जरूर रहा और है। बाकी पढ़ावे के ? अतना हिन्दी पढ़ावे से अब्बे तलक एको उपन्यास इ भाषा में ना लिखा पाइल। और जौन कुछ भी इमन लिखल है का इसे हिन्दुस्तान वालन से बराबरी हो पाइ। इंडिया में एसन एसन लेख देख के लोग मुस्कियाय के मूढ़ हिला देवे है। ई का बात है। और जबकि हिन्दी पढ़े से अपन धर्म और संस्कीरति के और ज्ञान मिले है, तो कहाँ है उ ज्ञान ? इ बात के ना कोइ लेख से पता चले है और ना परचे से। हिन्दी पढ़े से कुछ ज्ञान मिलल और एकर परचार ना होय सकल, तो समाज के एकर का लाभ पहुँचल ?

कलाकार के खातिन भाषा एक हथियार है। कविता, नाटक और उपन्यास लिखेवालन।

जतने इ हथियार के जान मान करि, जतने एके काम में लावे जानि उतना अच्छा माल उ तैयार करि।

छोटा लेख, बयान और विज्ञानी लेख खात भी भाषा के पूरा पढ़े के जरूरी पड़े है, जे जतना इमें हुसियार रही, उ अपन णाल अच्छा और आस्ते से तैयार करि। और आज तक तो ऐसे है कि लोग अपन महतारी भाषा सब से सहज से सीख जा है। और इ भाषा के मदद से गैर भाषा चाँहे तो भी सीख लेवे है। जेकर महतारी भाषा पर पूरा गौर है, उके गैर भाषा के का जरूरी। अपन भाषा में उ सब विद्या पा सकै है।

गैर भाषा में लिखे और पढ़े से ज्यादा कष्ट उठावे के पड़े है। कमाय और खाय भर के साइत लोग सीख लेइ बाकी सँस्किरति बढ़ाव और सामाजिक उन्नति खात उ फीका पड़ जाइ।

हिन्दी आज से ना पढ़ावल जा है। हिन्दी पढ़ावे खात पहले सरकार से पैसा मिलत रहा। सब मिलाय के कतना हिन्दी के विद्वान सरनाम और हौलैंड में होइ और जब होइ बी तो का करे खात अपन धर्म और सँस्किरति के लेवे खात और समाज के का हाल है ज्ञान तो सायद मिल गइ होइ, उ तो व्यक्तिगत बात है बाकि समाज के का मिलल- ना कोइ लेखक, ना कोइ पुस्तक, ना कोइ विद्यालय, ना कोइ परचा और ना गात के पढ़ेवाला। और जब एकादगो हइयो है तो का एक बास्किटा सरल अम्मे, दुइ चार बढ़िया जब होइ तब ओकर का आसा है।

हमार जाति होलाँस पढ़े है अपन कमाय खाय भर के और हिन्दी अपन धर्म संस्किरती जाने खात, समाज जाय चूल्हा के भक्कड़ में, इसे इके कौन वास्ता ना।

थोड़ा दिन से दी हेग में एक स्टूडेन्ट समाज उटल है। एकर नाम उदय है। ई समाज की दौड़िही है, कि हिन्दुस्तानी संस्किरती पर ध्यान देवल जाई और ई से फायदा उठावल जाय। इ दौर पर अपन को मजबूत करे में इ समाज की कई सभा लग चुकल है, ओसे कई रकम के लेख इ बारे में छप चुकल हैं। कोइ के इ बारे में कुछ और जाने के होई तो इलोग का पर्चा उदय पढ़ें।

चीनी की कहानी

चीनी (सक्कर, सुकरु) के हम लोग ठीक से पहिचानिला। एकर रंग उज्जर से भूरा तक है और जहाँ तक हो सके हम लोग उज्जर चीनी इस्तेमाल करीला। एकर मतलब ना भइल की भूरा चीनी गन्दा है। भूरा चीनी भी उतना ही अच्छा है।

हम लोग खूब ठीक से जानिला की चीनी मीठा लगे है और चीनी बिना छोटा लड़कन लोग पैप (दूध) ना माँगे है पिए। चाह और कौफी से मन और भर जा है जबकि इमन एक चिम्मच चीनी मिला देवल जाइ। हम छोटा से बड़ा चीनी खाइला, बाकी जानीला कि चीनी असल में का है? कैसे और कहाँ चीनी बने है और चीनी देहिं में कौन असर करे है?

जौन चीनी हम लोग दुकान में कीनि ला ओकर बिज्ञानी नाम सकरोज (ख्रीतसूकर—केन का चीनी) या बीटसूकर (बीट का चीनी) है। ई चीनी के बनावत बहुत कठिन है और ई बनावत के बतावे से पहिले हम आप लोग के मौलिक्यूल (परमाणु, कण) के बारे में कुछ बतावे माँगीला। बिज्ञान में मौलिक्यूल एक बहुत मशहूर सब्द है।

एक चीज के सबसे छोटा टुकड़ा, के मौलिक्यूल या कण कहल जा है। अगर आप एक टुकड़ा लकड़ी लेके, एके काटे के सुरु कर दें, तो एक समय आइ, जहाँ पर लकड़ी के टुकड़ा अधिक छोटा होइ जाइ। अतना छोटा कि आप इके आँखि से ना देख सकेंगे। अब इही सबसे छोटा टुकड़ा जैसे इ लकड़ी बनल है, इके हम लोग मौलिक्यूल कहिला। इ मौलिक्यूल भी अब्बे काटें तो एटम (अणु) और न्यूट्रोन आप के मिलिगा।

दुनिया में जतना बस्तु हैं सब मौलिक्यूल से बनल हैं। जैसे एक पत्थर के घर छोटा-छोटा ईंटा से बने है, वैसे सब बस्तु मौलिक्यूल से बनल हैं। जैसे हम आगे में कहिली तो मौलिक्यूल बहुत से छोटा है। एक ग्राम पानी में करोड़ों मौलिक्यूल छुपल हैं।

आप तो समझ गइल होइयो, कि चीनी भी मौलिक्यूल से बनल है। बाकी इ जौन दुकान के चीनी (सकरोज) है, ई असली में दुइ किसिम के मौलिक्यूल से बनल है। इगो के नाम है ग्लूकोज और एकवा के नाम फ्रक्टोज है। ग्लूकोज के हौलान्स नाम द्रुइवेसूकर है। सरनामी में एके द्रोइफीचीनी कहल जा है। फ्रक्टोज के हौलान्स नाम फ्रक्तेसूकर है। सरनामी में एके फलचीनी कहल जा है।

द्रोइफी और फलचीनी धरलो भाई–भाई है। दुनु मीठा लगे है, जैसे अब आप समझ गइल होइयो, इ दुकान के चीनी दुई दूसर चीनी से बनल है: ग्लूकोज और फ्रक्टोज से।

अब जब हम लोग इ दुकान के चीनी के चाह कौफी या ककाउ में घोर के पी, तब इ हम लोग के पेट में जाय के फट के द्रोइफी और फलचीनी होवे है।

ई दुनु खून से मिल के देहिं में भिन जा है और इ खास करके करेजा में।

दूसर बात हम आप लोग के बताइबे कि तन्दुरुस्ती खातिर चीनी के बहुत जरूरी है। अगर देहिं जब इगो मोटर है तब चीनी के मोटर के तेल समझियो। तेल बिना मोटर बन्द हो जा है।

आगे में हम आप लोग के द्रोइफी और फलचीनी के बारे में बताइली। अब हम बतावे चाही ला कि इ दुनू चीनी कहाँ बने है।

द्रोइफीचीनी के नाम ऐसे है। कहेसे ई चीनी सबसे पहिले द्रोइफी (अँगूर) में मिलल है। और फलचीनी सबसे पहिले एक दूसर फल में मिलल। एकर मतलब ना है कि दुनू चीनी खाली अँगूर और फल में मिले है। द्रोइफीचीनी सब हरियर पेड़ पलउ में बने है। दुनिया में एकाध कीटाणु (बैक्टीरिया) हैं जौन कि इ चीनी भी बनावे है। बाकी सबसे जादा द्रोइफीचीनी हरियर पेड़ पलउ में बने है। ई पेड़ पलउ तीन बस्तु जैसे पानी, कूलजुरगैस (ई हवा के एक हिस्सा है) और (सुरज के) जोती कै मदत से द्रोइफीचीनी बनावै है। गर (सुरज कै) जोती इको चीनी ना बन सके है। परकिरती में चीनी दिन के बने है। हरियारी से मिलके पानी कूलजुरगैस और सुरज के जोती खाली चीनी ना बनावे है, बाकी जुरस्टौफ (प्राणवायु) भी: ई जुरस्टौफ बिना दुनिया में सब जीव मर जात। इही मारे एकर नाम प्राणवायु है।

जैसे आगे में हम बताइली चीनी मौलिक्यूल (कण) से बनल है। द्रोइफीचीनी ग्लूकोज मौलिक्यूल और फलचीनी फ्रक्टोज मौलिक्यूल से। ढेर के द्रोइफीचीनी के कण अपने में भिन के सेटमील(मरही) बनाव है।

आलू, अरोही, कसाबा, धान, खोउ और पटेटा सेटमील(मरही) से भरल है। ये बसतु खायके मानुस और जानवर जिये हैं।

फलचीनी भी हर एक फल में मिले है, और ए फल चीनी के कण जौन है, ए द्रोफीचीनी के भाई नेर समझो। बाप माई एके बाकी लड़कन दुइयही उतना आणु (एटम) जौन द्रोइफीचीनी बनावे है, यही उतने फलचीनी भी बनावे है।

संस्किरति और धर्म

हम लोग के पहिला और दूसरा पीढ़ीवालन संस्किरति सब्द के जादा से जादा काम में लावे हैं। तीसरा पीढ़ी के लोग जादा से होलान्स सब्द, कलचर से कमा हैं।

जब कि कोई ऊँचा पीढ़ी वाला संस्किरति कहे। तब ओकर कहे के मतलब कुछ

दूसर भइल, दां एक नौजवान ओके समझी। संस्किरति कहेवल खास करके अपन धर्म और मूल सास्त्र और साहित्य पर अँगुरी दिखाइ। जब कि कोई नौजवान होलान्स सब्द, कलचर कहे (जेले हमलोग सरनामी सब्द संस्किरति के बराबरी मान सकी ला) तब एकर कहे के मतलब कुछ और भइल। ई कलचर का मतलब इही समझे है, जेके हम लोग अपन भाषा में,कोई जाति के रहन, चलन, ज्ञान, बिचार धर्म कहिला। हम लोग ऐसे भी बोल सकल जा है—कलचर एके कहे है जौन एक जाति (आदमी) करे धरे और समाज के खात कामिल है बाकि नकि पैदाइस से ई पीढ़ी से दूसरी पीढ़ी तक पहुँचे। असल में देखल जाय तो संस्किरति और कलचर सब्द में कोई मतलबी फरक ना है। अगर संस्किरति कहे वाले मान ले कि ई सब दके मतलब ओहि हैं, जौन कलचर कहेवाल समझे है, तो बहुत से बेसमझ काहे के होइबे करत।

और अब धीरे-धीरे भी ऐसे है, कि बहुत से नौजवान संस्किरति सब्द भी बोले लगिन, कहेसे ई सब्द और कलचर सब्द में कोई मतलबी फरक ना है। बाकि अब जब संस्किरति कहे से कोई दूसर कोई खाली धर्म और मूल सास्त्र और साहित्य समझे तब मतभेद जरूर पैदा होई। समाज में इ दूनु सब्द के कहे और सुने वाले में कई बार मुँह टेढ़ी होइ चुकल है।

इक दूसर बात ई है कि जब कि ऊँचा पीढ़ी के कोई धर्म कहे, तो ई, इ सब्द का मतलब ईस्वर भक्ति पर ले जाय के गिराई। सास्त्रत में अगर कोई नौजवान कोई ऊँचा पीढ़ीवाल से मुँह लड़ावे कि आप लोग तो संस्किरति सब्द से खाली धर्म और मूल सास्त्र और साहित्य समझो है, तो इमन से ढेर से आदमी हैं जौन पलट जाइएँ और बोले लगियें कि तू लोग का जानो है, धर्म के और से मतलब हैं, जैसे सच्चाई, करतब (कर्तव्य),जिये के रास्ता, नीति, नेम कानून, वगैरह वगैरह। नौजवान बोलि है ठीक है, बाकि तो भी जब आप लोग धर्म कहो है तो इसे ईस्वर भक्ति अर्थ करो है। अब इही में तकरार होवे लगे है और एक दूसर के बात ना माने है। बाकी अब सच्चाई केकर?

एक सब्द के का मतलब ओके बोले से ओकर मतलब के पूरा पता ना लगे है। उ सब्द का कहावत में तौले से ओकर पूरा मतलब सुझाइ।

अब जब कोई कहे के बकरा के संस्किरति ऊँचा है, तो एकर का मतलब, एकर मतलब इ ना है कि ईसाई धर्म बहुत ऊँचा है, ना, और जब हियाँ ऊपर में लिखल संस्किरति सब्द के मतलब ईसाई धर्म ना है तब एकर मतलब कुछ दूसर है।

अब जब कोई कहे के बकरा लोग एक बकानल जात है। ई लोग बढ़िया कासी और दही बनावे है, पानी समुन्दर में मेढ़ी से ढकल के कितना से जमीन झूर कर लेलेन, कहाँ दुइ हजार बरिस पहिले इ लोग के कपड़ा ना रहे पहरे के, अब इ लोग दूसर के कपड़ा बेचे हैं, इ लोग के संस्किरति बड़ा परिवर्तन भइल और परिवर्तन होत जात है। तब अइसे कहे से जब कोई अब संस्किरति के मतलब ईस्वर भक्ति समझे तो गलत है। हियाँ पर संस्किरति के मतलब चतुराई, ज्ञान, रहन-चलन या बिचार जरूर होइ सके है।

प्रेमानंद भोंदू

दीपक

(नाटक)

(1)

पारामारिबो से लगभग बीस किलोमीटर पर निकेरी की ओर प्रधान मार्ग के किनारे दाईं ओर विधवा श्रीमती जगदेव रहती हैं। यहाँ बिजली और नल के पानी का प्रबन्ध है। श्रीमती जगदेव का एक ही बेटा है। उसका नाम दीपक है। वह बारह वर्ष का है। वह शहर में आर्य संस्था के प्रारम्भिक विद्यालय का छात्र है। यह उसकी अन्तिम कक्षा है।

(2)

श्रीमती जगदेव का घर बड़ा है। उसकी जमीन साठ मीटर चौड़ी है और डेढ़ सौ मीटर लम्बी है। वह बड़ी परिश्रमी है। वह अपने खेत में गोभी, मिर्च, टमाटर, भिंडी, भाँटा इत्यादि पैदा करती है। दीपक सुबह साढ़े छह बजे विद्यालय जाता है और दोपहर दो बजे विद्यालय से घर पहुँचता है। उसके विद्यालय जाने के बाद श्रीमती जगदेव नौ बजे अपने खेत पर पहुँचती हैं और बारह बजे घर आकर भोजन बनाती हैं। फिर शाम को चार बजे खेत पहुँचती हैं। सुबह वह अनाजों को तैयार करती है, चार बजे खरीदार सस्ते दाम पर खरीदता है। यह उसका दैनिक धन्धा है। दीपक भी शाम को अपनी माँ का साथ देता है। वह अपनी शक्ति अनुसार अपनी माता की सहायता करता है।

(3)

दीपक चतुर छात्र है। वह मध्यविद्यालय की प्रवेश–परीक्षा पास करके उसी विद्यालय में प्रविष्ट है।

अध्यापक : (अपने कुछ चतुर छात्रों से) गोपाल, तुम पढ़कर क्या बनोगे ?

गोपाल : गुरुजी, मैं वकील बनूँगा।

अध्यापक : राजेश, तुम क्या बनोगे ?

राजेश : गुरुजी, मैं सैनिक बनूँगा।

अध्यापक : क्यों ?

राजेश : संकट आने पर मैं अपने देश की रक्षा करूँगा।

अध्यापक : धर्मेंद्र, तुम क्या बनोगे ?

धर्मेंद्र : गुरुजी, मैं कृषि का विशेषज्ञ बनूँगा।

अध्यापक : क्यों ?

धर्मेंद्र : हमारे देश में कृषि की अति कमी है। कृषि द्वारा हमारे देश का विकास अच्छी तरह हो सकता है।

अध्यापक : ठीक विचार है। *(प्रकाश से)* प्रकाश तुम क्या बनोगे ?

प्रकाश : गुरुजी, मैं शिक्षक बनूँगा।

अध्यापक : ठीक है। *(जोसेफ से)* जोसफ तुम क्या बनोगे ?

जोसेफ : गुरुजी, मैं इंजीनियर बनूँगा।

अध्यापक : ठीक है। *(दीपक से)* दीपक तुम क्या बनोगे ?

दीपक : गुरुजी, मैं डॉक्टर बनूँगा।

अध्यापक : क्यों ?

दीपक : गुरुजी, पहली बात है हमारे देश में डॉक्टरों की कमी है। दूसरी बात है कि मैं भलाई भी करूँगा।

अध्यापक : तुम किस रूप में भलाई करोगे ?

दीपक : जो रोगी वास्तव में गरीब हैं, मैं उनका उपचार मुफ्त में करूँगा।

अध्यापक : इसके बारे में कुछ उदाहरण दो।

दीपक : गुरुजी, उसके घर में ठीक से खाने-पीने का प्रबन्ध नहीं है। वह मेरे चिकित्सालय से दूर रहता है या रहती है, मुझे खबर मिलेगी कि उसके घर में कोई बीमार है, परन्तु उसके पास उतना धन नहीं है कि वह रोगी को मेरे पास ला सके ऐसी स्थिति में मैं स्वयं जाकर उसका उपचार करूँगा। यह पहला उदाहरण है। दूसरा कोई रोगी मेरे पास आएगा। मैं उसका उपचार करूँगा। उपचार और औषधि का खर्च बीस रुपए होंगे और असके पास केवल बीस रुपए हैं...मैं तीन रुपए वापस कर दूँगा।

अध्यापक : क्यों ?

दीपक : हो सकता है उसके पास और पैसे न हों।

अध्यापक : तुम कैसे जानोगे कि कौन व्यक्ति गरीब है और कौन व्यक्ति धनी है ?

दीपक : माता ने मुझे बताया कि मेरे पिता आर्य समाज के प्रचारक थे। डॉक्टर बनने के बाद मैं भी अपने पिताजी की तरह समयानुसार आर्य समाज का प्रचार करूँगा। ऐसा करने से मुझे मालूम होगा कि कौन गरीब है और कौन धनी है।

अध्यापक : दीपक यह पाठ तुम्हें किसने सिखाया?

दीपक : गुरुजी वैसे तो यह पाठ मुझे व्यक्तिगत रूप से किसी ने नहीं सिखाया। माताजी ने मुझे थोड़ी हिन्दी सिखाई है। हिन्दी की सहायता से मैंने यह पाठ आर्य समाज की पुस्तकों में पढ़ा है।

अध्यापक : दीपक तुम धन्य हो। तुम्हारे विचार वेदोक्त हैं।

(4)

दीपक मध्यविद्यालय की पढ़ाई पूरी करके सार्वजनिक उत्तम शिक्षा विद्यालय में प्रविष्ट है। उसके साथ रहीम भी उसी विद्यालय में प्रविष्ट है। वे ध्यानपूर्वक पढ़ते हैं। दोनों चतुर छात्र हैं। तीन वर्षों के पश्चात दोनों इस विद्यालय की पढ़ाई पूरी करके विश्वविद्यालय में प्रवेश करते हैं। दोनों अति प्रसन्न हैं। दोनों घनिष्ठ मित्र हैं। रहीम धनी है किन्तु दीपक गरीब है। दीपक डॉक्टरी विभाग में है और रहीम औषधि विभाग में है। श्रीमती जगदेव अपने बेटे की पढ़ाई की उन्नति देखकर बड़ी प्रसन्न हैं।

(5)

(अब तीन वर्ष हो रहे हैं। दीपक अच्छी तरह पढ़ाई में उन्नति करता है। श्रीमती जगदेव को पहले से अधिक परिश्रम करना पड़ता है। कुछ सम्बन्धी लोग उसे परामर्श देते हैं कि वह सरकार से सहायता माँगे, परन्तु वह कहती है अभी सहायता की जरूरत नहीं है। वह कठोर परिश्रम करेगी। कभी-कभी नाश्ता के लिए दीपक को पैसे की कमी पड़ती है तो रहीम उसकी सहायता करता है। दीपक का एक काका है जो वर्षों से होलान्द में रहता है। दीपक के लिए कुछ पैसे भेजने की बात सोच रहा है।)

(6)

(आज रविवार है। सुबह का समय है। दीपक की माता रसोईघर में है। दीपक नाश्ता करके अपनी माता के पास पहुँचता है)

दीपक : माताजी मैंने एक बात सोची है।

माता : बोलो।

दीपक : मैं छुट्टी के समय नौकरी करना चाहता हूँ।

माता : क्या तुमको खाने के लिए कमी है?

दीपक : नहीं माताजी ऐसी बात नहीं है।

माता : तुम नौकरी क्यों करना चाहते हो?

दीपक : माताजी मैं घर में टेलीफोन चाहता हूँ।

माता : इसका क्या खर्च होगा?

दीपक : लगभग पाँच सौ रुपए।

माता : तुम इसकी चिन्ता मत करो। मेरे पास चार सौ रुपए हैं। ये रुपए मैं कल सुबह दूँगी। स्कूल के बाद तुम तार-कार्यालय को जाओ और मजबूती कर आओ। एक महीने बाद सौ रुपए दूँगी। बस घर में तार लग जाएगा।

दीपक : माँ आप कितनी प्यारी हैं।

माता : बेटों को माता सदा प्यारी रहती है।

(दीपक तार-कार्यालय जाता है और मजबूत कर आता है। एक सप्ताह बाद घर में तार लग जाता है। एक महीने बाद होलान्द से दीपक के काका की ओर से उसके लिए एक हजार रुपए श्रीमती जगदेव को प्राप्त होते हैं। दोनों अति प्रसन्न हैं। इसके सम्बन्ध में दीपक अपने काका को धन्यवाद पत्र भेजता है।)

(7)

(रहीम के पिता का नाम अशरफ अली है। वह शहर का प्रसिद्ध व्यापारी है। उसकी इच्छा है उसका बेटा औषधक बने। जब रहीम औषधक की उपाधि प्राप्त कर लेगा तो वह उसके लिए औषधालय की स्थापना करेगा। जो दोस्ती दीपक और रहीम में है, इसकी चर्चा रहीम अपने पिता से करता है। दीपक अति चतुर छात्र है और डॉक्टर बनने के बाद वह क्या करेगा, इसके बारे में भी रहीम अपने पिता से कहता है। रहीम का पिता उससे कहता है कि वह तार करे और दीपक को बुलाए। श्री अशरफ अली दीपक से मिलना चाहता है।)

(8)

(यह पाँचवाँ वर्ष है। आज शनिवार है। रात का समय है। घड़ी नौ का समय बता रही है। दीपक कहानी की एक पुस्तक पढ़ रहा है। श्रीमती जगदेव अपने बेटे से कुछ खास बातें पूछना चाहती हैं। वह दीपक के पास आती है।)

माता : बेटे तुम देवराज को जानते हो?

दीपक : कौन देवराज?

माता : वह जो कभी-कभी हमारे यहाँ आता है।

दीपक : जी हाँ।

माता : वह अपनी बड़ी बेटी का विवाह तुम्हारे साथ करना चाहता है।

दीपक : माताजी मैं अभी हाँ नहीं कह सकता। मैं पढ़ता हूँ।

माता : उसका कहना है कि तुम हाँ कह दो। पढ़ाई के पश्चात विवाह होगा।

दीपक : मैं वचन नहीं दे सकता। पढ़ाई के बाद मैं इसके बारे में सोचूँगा।

माता : ठीक है डॉक्टर बनने के बाद तुम यहाँ रहोगे या होलान्द में?

दीपक : मैं यहीं रहूँगा, परन्तु क्यों?

माता : होलान्द में तुम पर्याप्त धन कमाओगे।

दीपक : मैं केवल धन कमाने के लिए डॉक्टर नहीं बनना चाहता। डॉक्टर बनकर मैं भलाई भी करूँगा।

माता : तुम किस रूप में भलाई करोगे? *(दीपक बताता है।)*

माता : यह सुनकर मुझे बड़ी खुशी हुई। बेटे कहीं डॉक्टर बनने के बाद तुम्हारा विचार न बदल जाए।

दीपक : माताजी यह कभी न होगा।

माता : बहुत अच्छा। प्रभु तुम्हारी इच्छा पूर्ण करेगा।

(तार की घंटी बज रही है दीपक रिसीवर लेता है।)

दीपक : हेलो, नगस्ते मैं दीपक हूँ। कहिए मैं आपकी क्या सेवा कर सकता हूँ?

रहीम : *(हँसकर)* दोस्त, नमस्ते। मैं रहीम हूँ।

दीपक : *(हँसकर)* अरे दोस्त तुम। तुम कैसे हो?

रहीम : मैं तो सकुशल हूँ। दोस्त एक खुशखबरी है।

दीपक : मैं सुनने को तैयार हूँ।

रहीम : मेरे पिता तुमसे मिलना चाहते हैं।

दीपक : यह वास्तव में खुशखबरी है।

रहीम : तुम कब आओगे?

दीपक : मैं कल सुबह आऊँगा।

रहीम : मै इन्तजार करूँगा।

दीपक : बहुत अच्छा।

रहीम : अच्छा तो नमस्ते।

दीपक : नमस्ते।

माता : दीपक अभी किससे तुमने बातें की हैं?

दीपक : वह रहीम है। वह मेरा प्रिय मित्र है। उसके पिता अशरफअली हैं। वह प्रसिद्ध व्यापारी हैं। रहीम विश्वविद्यालय में औषधक के बारे में पढ़ता है। उसका पिता मुझसे मिलना चाहता है।

माता : तो जरूर कोई खास बात होगी।

दीपक : मैं भी यही सोचता हूँ।

(9)

(आज रविवार है। सुबह का समय है। दीपक रहीम के घर पहुँचता है। रहीम अपने परिवार से दीपक का परिचय कराता है। रहीम के परिवार में दीपक का उचित सत्कार होता है।)

अशरफअली : रहीम ने तुम्हारी बड़ी तारीफ़ की है। उसने बताया तुम बड़े चतुर छात्र हो। मैं तुम्हारे पिता को जानता था। वह बड़ा नेक था। रहीम ने यह भी बताया कि तुम डॉक्टर बनना चाहते हो और भलाई भी करोगे।

दीपक : जी हाँ चाचाजी।

अशरफअली : यह सुनकर मुझे बड़ी खुशी हुई। तुम अपना चिकित्सालय कहाँ खोलोगे? जहाँ रहते हो वहाँ या शहर के नजदीक?

दीपक : चाचाजी डॉक्टर बनने के बाद मैं तुरन्त चिकित्सालय का निर्माण नहीं कर सकूँगा।

अशरफअली : क्यों?

दीपक : उसके लिए काफी धन चाहिए और हमारे पास धन नहीं है। मैंने सोचा है कि कुछ वर्ष तक सरकारी हॉस्पिटल में नौकरी करके धन इकट्ठा करूँगा। उसके बाद मैं चिकित्सालय का निर्माण करूँगा।

अशरफअली : दीपक, तुमने दौलत के बारे में कहा है। मैं तुम्हारी सहायता करूँगा। तुम्हारी बातचीत से मैंने महसूस किया कि तुममें वही गुण हैं जो तुम्हारे पिता में थे। रहीम और तुममें जो दोस्ती है, इससे मुझे बड़ी खुशी है। जब रहीम पास हो जाएगा तो मैं उसके लिए एक औषधालय का निर्माण करूँगा।

जब तुम उत्तीर्ण हो जाओ तो तुम तुरन्त चिकित्सालय का निर्माण करो, मैं दवाएँ कर्ज में दूँगा। यह मेरा वादा है।

दीपक : चाचाजी आपने मेरी सहायता करने के लिए जो वादा किया है, इसके लिए आप धन्यवाद के पात्र हैं।

अशरफअली : दीपक तुम कैसे आए हो?

दीपक : मैं बस से आया हूँ।

अशरफअली : *(अपने बेटे से)*, करीम तुम दीपक को घर छोड़ आओ।

करीम : ठीक है पिताजी। *(दीपक से)* तुम रहीम के साथ नीचे चलो। मैं तैयार होकर अभी आता हूँ।

दीपक : ठीक है।

(दीपक रहीम के परिवार का अभिनन्दन करके रहीम के साथ नीचे उतरता है।)

अशरफअली : करीम, देखो। लो इसे रास्ते में दीपक को दे दो। करीम लेता है। गाड़ी जा रही है। गाड़ी में दीपक, करीम और रहीम हैं।

करीम : *(रास्ते में)* दीपक, लो। यह मेरे पिताजी की ओर से तुम्हारे लिए भेंट है।

दीपक : *(लेते हुए)* शुक्रिया।

(दीपक अपनी जेब में रखता है। थोड़ी देर में वे दीपक को उसके घर पहुँचाकर अपने घर लौटते हैं। दीपक अपनी जेब से निकालता है और गिनता है। कुल दो सौ रुपए हैं। वह अति प्रसन्न है। वह अशरफअली से मिलने की वजह के बारे में अपनी माँ को बताता है। सुनकर उसकी माता को बड़ी प्रसन्नता होती है।)

(10)

(आज शुक्रवार है। रात का समय है। लगभग साढ़े सात बज रहे हैं। दीपक और उसकी माता टेलीविजन के सामने बैठकर समाचार की प्रतीक्षा कर रहे हैं। रहीम अपने घर समाचार का इन्तजार कर रहा है।)

समाचारदाता : देवियो और भद्रपुरुषो! शुभरात्रि। स्वदेशी समाचार। विश्व-विद्यालय की डॉक्टरी और औषधि परीक्षाओं का फल। श्री रहीम अली प्रथम श्रेणी का औषधक हुआ। उसने किसी

कक्षा में दो वर्ष नहीं बिताए। यह हमारे लिए प्रसन्नता का विषय है। श्री दीपक जगदेव प्रथम श्रेणी का डॉक्टर हुआ। वह आरम्भ से अन्त तक चतुर छात्र रहा। उसने किसी कक्षा में दो वर्ष नहीं बिताए। यह हमारे लिए प्रसन्नता का विषय है।

(श्रीमती जगदेव को भी बड़ी प्रसन्नता होती है। कई वर्षों के बाद अपनी पढ़ाई पूरी करके आज उसका बेटा डॉक्टर है। वह अपने बेटे को गले से लगाती है। रहीम दीपक की सफलता पर तार द्वारा उसे बधाई देता है। दीपक भी रहीम की सफलता पर उसे बधाई देता है। श्री देवराज की सबसे बड़ी बेटी प्रधानाध्यापिका है। उसका नाम मालिनी है। वह दीपक के तार का नम्बर घुमाती है। तार जा रहा है। दीपक रिसीवर को लेता है।)

दीपक : हेलो, नमस्ते। मैं दीपक हूँ।
मालिनी : नमस्ते। मैं मालिनी हूँ।
दीपक : कौन मालिनी ?
मालिनी : मैं देवराज की सबसे बड़ी बेटी हूँ।
दीपक : बोलो मैं तुम्हारी क्या सेवा कर सकता हूँ।
मालिनी : अभी मैंने टेलीविजन पर तुम्हारी सफलता के बारे में सुना है। मुझे बड़ी प्रसन्नता है। मैं तुमको बधाई देती हूँ।
दीपक : इसके लिए मैं तुमको धन्यवाद देता हूँ।
मालिनी : मैं तुमसे व्यक्तिगत कुछ कहना चाहती हूँ।
दीपक : बहुत अच्छा। अभी तो मुझे बड़ी भीड़ है। दो सप्ताह बाद। बोलो ठीक है ?
मालिनी : हाँ। अच्छा तो नमस्ते।
दीपक : नमस्ते।

(गोपाल, धर्मेन्द्र, प्रकाश, राजेश और जोसफ तार द्वारा दीपक को बधाइयाँ देते हैं। दीपक सबको धन्यवाद देता है। दीपक सरकारी रोगालय (हॉस्पिटल) में नियुक्त होता है। एक महीने के बाद वह अपने घर के नीचे चिकित्सालय का निर्माण करने में लग जाता है। दो

सप्ताह बाद उसका चिकित्सालय तैयार हो जाता है। रहीम का पिता दीपक को औषधियाँ कर्ज में देता है। शुक्रवार की शाम को चार बजे स्वास्थ्य मन्त्रालय के प्रधान द्वारा उसके चिकित्सालय का उद्घाटन किया जाएगा। इस शुभ अवसर पर दीपक अपने स्कूली दोस्तों, उनके परिवारों और निकट के लोगों को निमन्त्रण देता है।)

(11)

(आज बुधवार है। रात का समय है। दीपक घर पर नहीं है। अनिल दीपक के तार का नम्बर घुमाता है। तार जा रहा है। श्रीमती जगदेव रिसीवर को लेती है।)

श्रीमती जगदेव : हेलो, नमस्ते। मैं श्रीमती जगदेव हूँ। कहिए मैं आपके लिए क्या कर सकती हूँ?

अनिल : नमस्ते मौसी मैं अनिल हूँ।

श्रीमती जगदेव : बेटे, तुम कैसे हो?

अनिल : आपके आशीर्वाद से मैं सकुशल हूँ।

श्रीमती जगदेव : बहुत अच्छा बेटे, तुम कब सूरीनाम आओगे?

अनिल : मैं यहाँ आ गया हूँ।

श्रीमती जगदेव : तुम कब आए हो?

अनिल : मैं कल आया हूँ। मैंने सुना कि दीपक डॉक्टर बन गया है।

श्रीमती जगदेव : हाँ।

अनिल : क्या वह घर पर है?

श्रीमती जगदेव : नहीं वह अपने दोस्त के घर गया है।

अनिल : मुझे मालूम नहीं उसने क्या सोचा है। मेरा विचार है कि यदि वह होलान्द जाएगा तो काफी पैसा कमाएगा। मैंने यह भी सुना कि वह प्रथम श्रेणी का डॉक्टर है।

श्रीमती जगदेव : बेटे, वह तो ठीक है परन्तु वह होलान्द नहीं जाएगा।

अनिल : क्यों?

श्रीमती जगदेव : वह यहीं काम करेगा। बुधवार की शाम को उसके चिकित्सालय का उद्घाटन होगा। तुमको निमन्त्रण है।

अनिल : मैं आऊँगा। अच्छा तो नमस्ते मौसी।

श्रीमती जगदेव : नमस्ते बेटे।

(12)

(आज शुक्रवार है। शाम का समय है। श्रीमती जगदेव के यहाँ काफी भीड़ है। कुछ मिनटों के बाद दीपक के चिकित्सालय का उद्‌घाटन होगा। उसकी सफलता पर लोग बधाइयाँ देते हैं। दीपक के कार्य से लोग अति प्रसन्न हैं। अब घड़ी चार का समय बता रही है। स्वास्थ्य मन्त्रालय के प्रधान द्वारा उसके चिकित्सालय का उद्घाटन किया जाता है। लोग तालियाँ बजा रहे हैं। यह पहला चिकित्सालय है, इसलिए वहाँ के लोग बड़े प्रसन्न हैं। रहीम माइक्रोफोन के सामने उपस्थित होता है।)

रहीम : माननीय भाइयो और बहनो! यह बड़ी प्रसन्नता का विषय है कि इस इलाके में प्रथम चिकित्सालय का निर्माण हुआ है। डॉक्टर दीपक की इच्छा थी कि वह डॉक्टर बनकर यहाँ एक चिकित्सालय का निर्माण करेगा। और आज उसकी यह इच्छा पूरी हुई। मुझे हार्दिक आशा है कि आप सब डॉक्टर दीपक के इस कार्य से अवश्य प्रसन्न हुए होंगे।

(लोग तालियाँ बजा रहे हैं।)

रहीम : अब मेरा आग्रह स्वास्थ्य मन्त्रालय के प्रधानजी से है कि वह इस सम्बन्ध में कुछ कहें। प्रधानजी!

प्रधान : धन्यवाद। माननीय देवियो और भद्रपुरुषो, मैं डॉक्टर दीपक के इस कार्य से अति प्रसन्न हूँ। वह चतुर डॉक्टर है। मुझे हार्दिक आशा है कि वह डॉक्टर की हैसियत से आपकी सेवा करेगा। आपको धन्यवाद।

(लोग तालियाँ बजा रहे हैं।)

रहीम : अब आप हमारे डॉक्टर दीपक से सुनिए।

दीपक : माननीय भाइयो और बहनो! आपने जो इस उद्‌घाटन में भाग लिया है, इसके लिए आप हार्दिक धन्यवाद के पात्र हैं। वैसे तो मेरा चिकित्सालय सोमवार से शनिवार तक शाम को चार बजे से आठ बजे तक खुला रहेगा, परन्तु यदि आपको मेरी अति जरूरत पड़ेगी तो आप किसी भी समय मेरे पास आ सकते हैं। मैं आपका उपचार अच्छी तरह करूँगा।

(लोग तालियाँ बजा रहे हैं।)

दीपक : *(रहीम के कन्धे पर हाथ रखकर)* दोस्तो! यह रहीम अली है। यह मेरा प्रिय मित्र है। आप इससे मिलिए। यह इसी शहर में रहता है। यह औषधक है। इसके औषधालय का नाम है रहीम का औषधालय, यदि दवा मेरे पास नहीं होगी तो आप इसके पास जाइए। यह आपकी पूरी मदद करेगा। धन्यवाद।

(लोग तालियाँ बजा रहे हैं।)

रहीम : आपको शुक्रिया। मैं आपको एक खुशखबरी सुनाना चाहता हूँ। अगले शनिवार डॉक्टर दीपक का जन्मदिन है। इस सम्बन्ध में उसने एक कार्यक्रम रखा है। और वह रात के आठ बजे आरम्भ होगा। इस उपलक्ष्य में आपको निमन्त्रण दिया जा रहा है। आशा की जाती है कि आप उसके जन्मदिन में भाग लेंगे।

(श्रीमती जगदेव रहीम के कान में कुछ कहती है)

रहीम : श्रीमती जगदेव...मेरा मतलब है कि डॉक्टर दीपक की माता का आग्रह है कि आप अभी मत जाइए। उन्होंने आपके लिए भोजन की प्रबन्ध किया है। आपको धन्यवाद।
नमस्ते।

(लोग तालियाँ बजा रहे हैं। वे आपस में डॉक्टर दीपक के कार्य की प्रशंसा कर रहे हैं।)

(13)

(आज शुक्रवार है। रात का समय है। आज डॉक्टर दीपक का जन्मदिन है, इसलिए श्रीमती जगदेव के यहाँ बड़ी भीड़ है। आसपास के लोगों के अतिरिक्त डॉक्टर दीपक के सभी मित्र और परिवार के कुछ लोग उसके यहाँ उपस्थित हैं। मालिनी भी अपने माता-पिता के साथ वहाँ हैं। सभी लोग उसे हार्दिक बधाइयाँ देते हैं। और साथ-साथ उपहार भी देते हैं। अब घड़ी सात का समय बता रही है। दीपक और उसकी माता यज्ञ स्थल पर विद्यमान हैं।)

पंडित : माननीय भाइयो और बहनो! अभी हमारा वैदिक यज्ञ होगा। और डॉ. दीपक के जन्मदिन के अवसर पर यज्ञ-पश्चात

कुछ विद्वानों का वार्तालाप होगा। मैं सोचता हूँ कि यह वार्तालाप रोचक और शिक्षाप्रद होगा। मुझे हार्दिक आशा है कि आप शान्ति से बैठकर यज्ञ में भाग लेंगे। धन्यवाद।

यज्ञ आरम्भ होता है। आधे घंटे के बाद यज्ञ समाप्त होता है। पंडित भाषण देता है। लगभग दस मिनट बीद उसका भाषण समाप्त होता है। लोग डॉ. दीपक को आशीर्वाद देते हैं और प्रभु से प्रार्थना करते हैं कि उसे दीर्घायु प्राप्त हो। लोगों को मिष्ठान्न बाँटे जाते हैं। फिर कुछ लोग भोजन कर रहे हैं और कुछ लोगों का कहना है कि वे बाद में भोजन करेंगे। डॉ. दीपक और उसकी माता यज्ञ स्थल से उठते हैं। डॉ. दीपक अपने दोस्तों के बीच में बैठता है और उसकी माता अतिथियों के सत्कार में लग जाती है।

अनिल : डॉ. दीपक, तुमको चिकित्सालय शहर में खोलना चाहिए था जहाँ अधिक लोग रहते हैं। यहाँ तो बहुत कम लोग रहते हैं।

दीपक : तुमने ऐसा प्रश्न क्यों किया है ?

अनिल : मेरा अभिप्राय है कि डॉक्टर बनने के लिए तुमने घोर परिश्रम किया और आज तुम डॉक्टर हो। तुमको पूरे पैसे कमाने चाहिए। यहाँ तो पूरी कमाई नहीं होगी।

दीपक : *(मुस्कुराकर)* मैंने केवल धन के लिए डॉक्टरी नहीं पास की। मेरी इच्छी थी कि डॉक्टर बनने के बाद मैं भलाई भी करूँगा और मैं अपनी इच्छी पूरी करूँगा। जो वेतन मुझे सरकार से प्राप्त होता है वह मेरे लिए पर्याप्त है।

(मालिनी को यह वार्तालाप बड़ा ही प्रिय लग रहा है। वह भी कुछ पूछना चाहती है, अतः वह दीपक के निकट आती है और बैठती है।)

मालिनी : डॉ. दीपक यदि तुम्हें होलान्द जाने का अवसर मिले। वहाँ यहाँ से बेहतर धन मिलेगा। ऐसी स्थिति में तुम होलान्द जाओगे ?

दीपक : नहीं कभी नहीं। मुझे अपने देश से अधिक प्रेम है।

अनिल : तुम्हारा देश गरीब है परन्तु मेरा देश धनी है। तुम्हारा देश कुरूप है परन्तु मेरा देश सुन्दर है। वहाँ सब कुछ है। वहीं स्वर्ग है। होलान्द की सरकार ने सामाजिक व्यवस्था का

ऐसा प्रबन्ध किया है जिन्हें नौकरी नहीं है वे भी आराम से आपना जीवन बिता सकते हैं। और यहाँ...

(डॉ. दीपक बीच में रोकता है।)

दीपक : अनिल ठहरो। तुम बड़ी दूर जा रहे हो। सूरीनाम भी कभी तुम्हारा देश था, परन्तु अधिक धन देखकर तुम बदल गए हो और अब तुमको यह देश बुरा लगता है। तुम धन के पीछे दौड़ते हो,परन्तु मैं धन के पीछे नहीं दौड़ता। तुम्हारा होलान्द पहले से है अतः वह सुन्दर है। हमारा सूरीनाम सुन्दर नहीं है। यह मैं मानता हूँ। हम इसे सुन्दर बनाने में व्यस्त हैं। यह भी भविष्य में सुन्दर हो जाएगा। यदि तुम्हारा देश स्वर्ग है तो हमारा देश भी स्वर्ग है। वहाँ सब कुछ नहीं है, परन्तु यहाँ सब कुछ है। यहाँ से बहुत चीजें वहाँ जाती हैं।

रहीम : श्री अनिल, मेरे परिवार के कुछ लोग वहाँ रहते हैं। वे कहते हैं कि उन्हें टमाटर की चटनी, आम की चटनी और भाँटे की जरूरत है। यहाँ से लोग तैयार करके उनके लिए भेजते है...इसके बारे में तुम्हारा क्या विचार है?

(अनिल मुस्कुराता है। अन्य लोग भी मुस्कुराते हैं।)

दीपक : मेरे परिवार के कुछ लोग होलान्द में कुछ वर्ष रहकर लौट आए। मैंने उनसे लौटने के कारण पूछा। मुझे उत्तर मिला कि वहाँ धन पूरा है, परन्तु चैन नहीं है। होलान्द की सरकार ने जो सामाजिक व्यवस्था का प्रबन्ध किया है मेरे दृष्टिकोण में वह सबके लिए उचित नहीं है।

अनिल : अब मैं क्या सुन रहा हूँ? वह कैसे हरेक के लिए उचित नहीं है।

रहीम : डॉक्टर दीपक, इस प्रश्न का उत्तर मैं देना चाहता हूँ।

दीपक : बहुत अच्छा।

रहीम : यह सामाजिक व्यवस्था उनके लिए उचित है, जो अपंग हैं, जो बूढ़े हो चले हैं और अब काम करने योग्य नहीं है। जो किसी कारणवश अस्वस्थ हैं। यदि ठीक ढंग से विचार किया जाए तो इस सामाजिक व्यवस्था द्वारा कितने परिश्रमी लोग आलसी बन गए हैं और बन भी जाते हैं। उनका कहना है कि 'जब खुदा देता है खाने को, तो कौन जाएगा कमाने को'। यह एक कहावत है और यह कहावत उनके लिए सही बन गई

है। इसमें उनका दोष नहीं है, परन्तु वहाँ की सरकार का 8दोष है। हम संसार में काम करने आए हैं, जो स्वस्थ हैं और काम करने योग्य हैं, परन्तु मुफ्त में खाते पीते हैं तो शीघ्र ही बीमार बन जाते हैं, यह स्थिति वहाँ के कुछ लोगों के साथ है, यदि हम काम करने योग्य हैं तो हमें काम करना चाहिए, काम करने से हम स्वस्थ रहेंगे और देश आगे बढ़ेगा।

दीपक : अनिल! तुमने कहा कि तुम्हारा देश स्वर्ग है, परन्तु मैं कहता हूँ कि हमारा सूरीनाम स्वर्ग है।

अनिल : वह कैसे?

(एक औरत डॉक्टर दीपक के पास आती है)

औरत : डॉक्टर दीपक और सभी को नमस्ते।

सब : नमस्ते।

औरत : डॉक्टर *(औरत रुक जाती है)*।

डॉक्टर : बोलो क्या बात है?

औरत : डॉक्टर मेरा लड़का सख्त बीमार है, वह चलने लायक नहीं है, वह तेरह वर्ष का है, मेरे पड़ोसी की गाड़ी है परन्तु वह कहीं गया है।

डॉक्टर : तुम कहाँ रहती हो?

औरत : मैं यहाँ से डेढ़ किलोमीटर दूर रहती हूँ।

डॉक्टर : तुम आई कैसे हो?

औरत : मैं पैदल चलकर आई हूँ।

डॉक्टर : मैं तुम्हारे घर चलूँगा, थोड़ा प्रसाद ले लो।

औरत : बहुत अच्छा, डॉक्टर जी।

(औरत को प्रसाद मिलता है)

दीपक : दोस्तो! तुम लोग बातचीत करो मैं अभी आऊँगा।

(डॉक्टर दीपक औरत को अपनी गाड़ी में लेकर उसके घर पहुँचता है। वह लड़के का उपचार करता है।)

डॉक्टर : *(उपचार के बाद)* देवी इसे बुखार है और वह तेज भी है। तुम चिन्ता मत करो, कल सुबह तक ठीक हो जाएगा। लो ये गोलियाँ, दो घंटे बाद एक गोली पिलाओ। दिन में तीन गोलियाँ।

(औरत लेती है)

औरत : डॉक्टर, मुझे कितना देना चाहिए?

डॉक्टर : कुछ नहीं।

औरत : डॉक्टर आपको बहुत धन्यवाद।

(डॉक्टर दीपक अपने घर लौट रहा है, औरत मन ही मन कहती है कि डॉक्टर दीपक बहुत अच्छा डॉक्टर है। उसकी तन्दुरुस्ती सदा अच्छी रहे।)

रहीम : अनिल! देखो, डॉक्टर दीपक की महानता, इस शुभ अवसर पर भी वह उपचार के लिए स्त्री के घर गया है। क्या ऐसा डॉक्टर तुम्हारे देश में है?

अनिल : *(मुस्कुराकर)* बहुत कम, लेकिन दीपक तो काम करने गया है, इसके लिए उसे पैसा मिलेगा।

रहीम : मैं दूसरे दिन के बारे में नहीं कह सकता, परन्तु आज वह पैसा नहीं लेगा।

अनिल : मैं विश्वास नहीं करता।

रहीम : जब वह आएगा तो हम उससे पूछेंगे।

अनिल : ठीक है।

मालिनी : दीपक की बातचीत से मैंने महसूस किया है कि उसके विचार दूसरे डॉक्टरों के विचारों से पृथक हैं।

राजेश : मैंने भी यही महसूस किया है।

धर्मेन्द्र : मैं उसमें कुछ और देखता हूँ।

गोपाल : और वह?

धर्मेन्द्र : वह मातृदेश से असीम प्रेम करता है।

जोसफ : यदि ऐसे विचारवाले सभी लोग हमारे देश में हों तो तत्काल ही हमारा सूरीनाम महान बन जाएगा।

धर्मेन्द्र : तुमने बिलकुल ठीक कहा है। हमें अपने देश की उन्नति करनी चाहिए। अपने देश को अपने घर के रूप में मानना चाहिए।

(डॉक्टर दीपक अपने घर वापस पहुँचता है। वह अपनी कुर्सी पर बैठता है।)

अनिल : *(मुस्कुराकर)* इस शुभ अवसर पर भी तुमको घर छोड़ना पड़ा।

दीपक : क्या किया जाए? डॉक्टरों का यही काम है।

अनिल : लेकिन वह अन्य डॉक्टर के पास भी तो जा सकती थी।

दीपक : हाँ, वह जा सकती थी। यहाँ से थोड़ी दूर पर एक डॉक्टर है, परन्तु उसके पास चिकित्सालय नहीं है। वह उसके पास जा सकती थी, परन्तु औषिध के लिए उसे शहर के निकट जाना पड़ता और इसके लिए उसे बड़ी कठिनाई होती।

अनिल : ऐसी स्थिति में जो डॉक्टर उपचार करता है उसे पूरी कमाई होती है, मैं सोचता हूँ तुझको भी पूरी कमाई हुई होगी।

दीपक : *(मुस्कुराकर)* तुमने मेरे बारे में ऐसा सोचा है, परन्तु ऐसा नहीं है। मैंने मुफ्त में उपचार किया और मुफ्त में दवा भी दी।

मालिनी : *(आश्चर्य से)* मुफ्त में! डॉक्टर! यदि तुम ऐसा करते रहोगे तो तुम्हारा चिकित्सालय कैसे चलेगा?

दीपक : देवी! ऐसी बात नहीं है। जो व्यक्ति बिलकुल गरीब हैं, मै उसका उपचार मुफ्त में करूँगा और उसे मुफ्त में औषधियाँ भी दूँगा। यह मैंने वादा किया है और इस वादे को जीवन भर निभाऊँगा। मैंने यह पाठ सीखा है। जो वादा करो, उसे निभाओ भी। मैं वैदिक धर्म का अनुयायी हूँ। मैंने तय किया है कि मैं अपना जीवन वैदिक धर्मानुसार बिताऊँगा।

रहीम : मैं डॉक्टर दीपक के विचारों से सहमत हूँ। जो बोलो, सो करो भी।

मंगल प्रसाद

असत्य से फूट

जब हम होश सम्भाल कर दुनियाई व्यवहार के ज्ञान में उद्यत हुए, उस समय हिन्दुस्तानियों की स्थिति इस देश में बहुत अच्छी थी। अधिक भाग कास्तकारों का ऋणी न था। वरन कुच्छ घर में रोकड़ टके रखता था। व्यवहार अतीव उत्कृष्ट था, लेन-देन इमान के ऊपर निर्भर था, यदि लगान देने की तारीख 10 जनवरी थी तो 10 जनवरी तक कास्तकार महाजन को पैसा वापस कर देता था। असत्य और बेईमानी करने को अपने जिस्म और सदन को लाँछन का टीका समझता था। लेन-देन के मुकदमे बहुत कम अदालत में जाया करते थे, एक दूसरे के लेन-देन को कोई जान भी न पाता था, समय पर रुपिया पहुँच जाता था, यदि किसी का रुपिया न आवे तो महाजन असामी को संवेदन करता था कि, समय आ गया तुम अपना रुपिया दे जावो, यदि व्यक्ति किसी हेतु बश रुपिया नहीं दे सकता था तो वह सत्य ही कहता था कि इस कारण से हम इस समय रुपिया नहीं दे सकेंगे। कभी-कभी देने वाला आसामी पर अमर्षम्पन्न होकर यह कह बैठता था कि यदि तुम रुपिया नहीं दे सकते तो अपना हिसाब काट लो। इस हिसाब काटने से आसामी मरने से भी अधिक डरते थे, न उस समय तमस्सुक थे न रुके खाली बही खाता था।

यदि किसी कारण से समय पर व्यक्ति का रुपिया न पहुँचे तो साहूकार अभियोग नहीं करता था। नालिश जो होती वह बहुत ही कम और खास वजह पर।

उस समय हिन्दुस्तानियों में शान शौकत और दूसरों की नकल का अमल बढ़ रहा थी, धर्म और सत्संग के गुल गपोड़े में शरीक होने के लिए उन के पास समय न रह गया। धीरे-धीरे कानून को ज्ञान हुआ, कानून के बल पर सुरीनाम में हिन्दुस्तानी जनता चारबाँक बनने लगे, नालिश करने का प्रथा बढ़ा, तमस्सुक और दस्तावेज का प्रचार हुआ। एतद्देशीय हिन्दुस्तानियों की हालत बदल गई, मुकद्दमों का रीत बढ़ा, अब क्या था लगी भुर्सी दक्षिणा वितर्ण होने।

तीन रुपिये स्टाम्प के, बीस रुपिये वकील के, आठ रुपिये वकालतनामा, दो रुपिये अर्जी लिखवाई, तीन रुपिये सम्मन, आठ रुपिये गवाही की खुराक, दो पैसे की सिगार, औक साहूकार अपने कारिन्दे से बोला कि, मुन्शी जी! पाँच रुपिया और लिख देना, मुन्शी जी पूछा किस के नाम पर?, साहूकार गुस्सा कर बोला कि तुम

बहुत गँवार हो, किसी उपालम्भ से लिखना ये मोटर पर को आने जाने के असवारी के लिये है।

बस, इसी प्रकार आज हिन्दुस्तानी संकीर्णता और कलह के पंजे में ग्रसित होकर दिनो दिन गढ़े जा रहे हैं और मुकद्दमेबाजी के कारण जो हिन्दुस्तानी जनता में द्वेष परिस्फुट है। इसकी असलियत सत्य का त्याग है, आज मुद्दई झूठा, मुदाआले झूठा, कूटशाक्षी से मुकद्दमे बिगड़ जाने के भय से वकील साहेब को भी असत्य के पंजे में फँसना पड़ता है, सत्य को त्यागने का यही फल है। हिन्दुस्तानी जनता में जब तक सत्य का प्रचार नहीं होगा, तब तक यह मुकद्दमे बाजी हट नहीं सकती।

छल–कपट के कृपा से आज हिन्दुस्तानी समुदाय झूठ बोलने में अन्य जातियों से भी दो कदम आगे बढ़ गए हैं। रईस, गरीब, अमीर, हिन्दू, मुस्लमान, पंडित, मौलवी इत्यादि अपने को होशियार और चतुर गिनते हुए झूठ बोलने में प्रकांड पंडित बन गए हैं। अदालत तो अदालत रही अब तो इन के हर एक बर्ताव में व्यर्थ असत्य बोलने का प्रथा चल गया।

यदि कोई बाबू जल्दी–जल्दी कहीं चला जाता हो और कोई यह प्रश्न कर दे कि तुम कहाँ जाते हो और कोई? तुरन्त जबाब मिलता है कि 'कही नहीं'। इसी प्रकार यदि कोई अन्य जाति जा रहा हो और उसे सवाल किया जावे, किसी कारण से कार्य को न बतला सकता हो तो यह उत्तर मिलेगा कि ''मैं किसी अमुक काम से जा रहा हूँ''। किन्तु हिन्दुस्तानी पुरुष का यही जबाब होगा कि, 'कही नहीं'। यदि सत्य ही कह देता तो इसे क्या प्लेग खा जाता?

यदि कोई भी निपादन नहीं पहुँचती थी, तो इसने व्यर्थ झूठ क्यों बोला! झूठ बोलने की आदत!

जब जनता ने सत्य को तिलांजलि दे सत्य को बिदा कर दिया तो कौन कहता है कि हिन्दुस्तानी सरिश्ता द्वारा लूट का फकीर न होगा।

इस के ऊपर सुधारकों की जबान नहीं खुलती, सुधारकों ने जबान खोली थी कि एक रहो, किन्तु उस समय इन के मुँह से यह न निकला कि छल, कपट, झूठ बोलना छोड़ो, सच बोलो नहीं तो जनता बाइकॉट कर देगी। झूठ बोलने के जायज रख ये अल्क के पहाड़ जनता का एकता करने चले, फल यह हुवा कि, सुधारकों का वक्तवय कोरे झूठ रह गए, और कलह फूट की तो बहुत वृद्धि हो गई। आज सत्य के त्याग से हिन्दुस्तानी लुटा जा रहा है, किन्तु इन सुधारकों को ध्यान नहीं आता है कितनी अफसोस की बात है। यदि हम से कोई सत्य पूछे तो हम यही कहेंगे कि सुधारक पेट के काले हैं।

पचास वर्ष में मिटने वाला हिन्दुस्तानी, आज ही मिट जावे, दूसरों से इन का मतलब नहीं, इनको उसी आन्दोलन से मतलब है जिसे बासा का भोजन, मदिरा

पान और व्याभिचार की पूर्ति होकर खरिता (जेब) में टके आकर मालोमाल बनता है। यह सर्व साधारण भी इस प्रकार इनके चुंगल में पड़े हैं, कि यदि ये झूठ ही अपने स्वार्थ या प्रतिष्ठा के लिए कुछ कह दे तो समस्त जनता इन की झूठ को सत्य मानकर विजय का ढोल पीटने लगेगी।

श्रोताओ! उठो, अविद्या रूपी नींद को त्यागो, जाओ शहर और प्रान्त प्रान्त में समिति बनाकर यह सम्मति पास करो कि कोई झूठ न बोले और सुधारक 'कीनो' कबाब, शराब, व्यभिचार का परित्याग कर दें, धार्मिक सज्जन सुधारक बनें। यदि छल कपट वाकछल करेंगे तो समिति और जाति उसका बहिष्कार कर देगी।

जब तक झूठ के छोड़ने पर कड़े से कड़े बन्धन की पाबन्दी न होगी तब तक सर्वसाधारण असत्य को त्याग कर सत्य का ग्रहण नहीं करेगा और जब तक सत्य का प्रचार न होगा तब तक अदालतें परस्पर में लड़ा कर जनता का खून चूसती और इतरेतर में कलह तथा द्वेष फेलाती रहेगी।

प्यारे पाठकगण! प्राचीन पुरुष ने प्राण जाने पर भी झूठ नहीं बोलते थे। नरेश हरिश्चन्द्र ने असह्य दु:ख को सहते हुए उनका अटल सिद्धान्त यह था—

''चन्द्र टरे सूरज टरे, टरे जगत व्योहार।
''पै द्रणढ़ श्री हरीश्चन्द्र को, टरे न सत्य विचार॥

रानी कैकेई नरेश दशरथ से दो बरदान माँगी थी, रानी इतना कठिन बरदान माँगी थी, जिस के देने से अभिजन और प्रजा में कलह तथा दशरत के जिस्म संसार में न रहना इत्यादि आपत्ति को सहते हुए राजा के मुँह से यही निकला कि—

रघुकुल रीति सदा चल आई।
प्राण जाय पर बचन न जाई॥

कुमारिल भट्ट ने बौद्धों के साथ शास्त्रार्थ किया करता था, एक दिन उनके मुँह से शास्त्रार्थ में धोखे से झूठ निकल गया, उस पाप के प्रायश्चित में चिता लगा जीते ही भस्मी भूत हो गया। पूर्व पुरुषों ने सत्य की रक्षा में प्राण छोड़कर सत्य को बचाया था। जिस झूठ को महाघातक समझा जाता था आज उसी झूठ के बल पर मनुष्य धनी और सुधारक बनने को उद्यत हो रहे हैं। यदि हम होश में आकर सत्य का ग्रहण करने लगे, तो सुखी और स्वतन्त्र बन सकते हैं।

फलत: हम ईश्वर से प्रर्थना करते हैं कि, हे, प्रभो! इस असत्य हत्यारा ने जनता का गर्दन जकड़ कर पकड़ा है, इस को आप निपतन करें ताकि जनता में इतरेतर स्नेह और एकता हो।

भूत प्रेत का मिथ्या शंका

भूत, भविष्य, वर्तमान यह तीन काल कहलाता है और प्रेत मुरदा नाम है किन्तु अज्ञानी लोग मरे हुए मनुष्य के जीव का नाम भूत प्रेत समझते हैं। परन्तु न यह विचारते हैं कि जब कोई मनुष्य मरता है तब उसका जीव पाप पुण्य के अधीन होकर ईश्वर के न्याय के प्रबन्ध से सुख दुख के फल भोगने के अर्थ जन्मान्तर धारण करता है।

क्या ईश्वर की व्यवस्था का कोई विपर्यय कर सकता है? मूर्ख लोग विचार शून्य होने से भूत प्रेत की शंका कर के बड़ी क्षति को प्राप्त होते हैं। हम को याद आ गया, एक समय का जिक्र है कि, हम एक रास्ते पर चले जाते थे, उजियाली रात्रि थी चन्द्रमा भूतल को प्रकाशित कर रहा था, कुछ दूर में हमको एक मनुष्य सा दृष्टिगोचर हुआ जो कि हम को हाथ से बुला रहा है, जब हम उस के निकट गए तब देखते क्या हैं कि, एक खुट्‌ठा है जिस में एक शाखा नीचे की ओर वक्र हो रहा है और एक सीधा है जिस पर लता चढ़ी है और वायु को वोग सो हिल रही है। हम आगे चले गए। हमारे पीछे एक दूसरा मनुष्य आता था, उसकी उसी खुट्‌ठे पर नजर पड़ा, देखते ही ये महात्मा का चुर्की में प्राण आ गया क्योंकि यह हजरत भूत का शंका करने वाला था। यह मनुष्य इतना भयभीत हो गया कि एक पग आगे को न धर सके और चिल्ला कर वापिस अपने घर की तरफ दौड़े, तिसपे अपने पाँव का शब्द सुनकर अनुमान करता था कि हमारे पीछे कोई शैतान दौड़ा आ रहा है, इसी भय से वे घर आते ही शैतान-शैतान कर गिर गए और दाँती लग गई। उनके कुटुम्बी दौड़-दौड़ कर किसी ओझा को बुलाया, ओझा ने ओझाई किया और बड़ा बलवान भूत बताया। तिस को छुड़ाने में एक खंसी, पियरी कपड़ा और कुछ दारू फरमाया। इसके बाद हमको खबर मिला हम भी भूतग्रस्त मनुष्य को देखने चले। जब हम भूत ग्रस्त मनुष्य के घर पहुँचे तब भूत ग्रस्त का माता आ कर हम से चुपके-चुपके बतलाने लगी कि भइया 'शिवदत्त' का बड़ा भूत पकड़ा है, कैसे होगा, आप भी कोई उपाय करें। हम ने कहा तुम लोग डरो मत, हम इसका काफी उपाय करेंगे जो भूत सदा के लिए नाश हो जाएगा। हम ने उसके हाथ में कुछ कागज लिख कर बाँध दिया और दिलासा दिए कि, अब भूत तुम्हारे पास कभी न आवेगा। इसी दिलासा से उन्हें चलने बोलने बैठने की शक्ति अधिक आ गई।

आठ बजे रात्रि में मैंने शिवदत्त और सात आठ और मनुष्यों से कहा चलो हम तुम लोग को भूत-प्रेत दिखा लावें। हम इन लोगों के लेकर उसी रास्ते में चले और दूरी से उस खुट्‌ठे को दिखा कर कहा देखो भूत खड़ा बुला रहा है, भागो नहीं पकड़ेगा! शिवदत्त कहा भैय्या यही भूत हम देखे थे। हम कहे चलो भूत के पास चलें, ठोक बाँध कर सब हमारे पीछे चलने लगे। जब समीप पहुँचे तो देखे खुट्‌ठा है। हम ने कहा अब तुम लोग सब देख लो यही भूत शिवदत्त को पकड़ा है। शिवदत्त ने बड़ा

पश्चाताप करते हुए कहने लगा कि हम भूत समझ इस खूट्ठे से डर गए थे, अब हमारा भ्रम मिट गया, शिवदत्त के इस भ्रम पर सब लोग हँसने लगे। साथ ही एक मनुष्य यह भी कहा कि हम भी दूर से देख डर गए थे, अब हम को भी पूरा ज्ञान हो गया कि मूर्खों ने भी ऐसा ही वस्तुएँ देखकर भ्रम में पड़ गए होगे और औरों के भ्रमाते हैं कि मैं शैतान देखा हूँ।

शिवदत्त ने घर आकर तुरन्त ओझा को बुलवाया और उन से कहने लगा कि तुम ने हमको बड़ी भरम में डाला था। हम खुट्ठे को देखकर वृथा डर गए थे, अब हम को ज्ञान हो गया और तुम हमको डराने के लिये बलवान भूत बतलाते थे, अस्तु अब हम करार नहीं देंगे। ओझा कहने लगा, यदि हम तुम्हें दिलाशा न दिए होते, तो तुम मर गए होते, इसी प्रकार दोनों वाद-विवाद करने लगे।

प्यारे पाठकगण! आप देखते हैं कि भूत की मिथ्या संकल्प से खुट्ठा भूत बन कर के शिवदत्त के प्राण लेने को उद्यत हो गया था। इस लिये भूत का झूठा संकल्प छोड़ देना चाहिए। मन का संकल्प ही भूत बनकर मनुष्य को डराता है। अन्यथा कोई भूत तुम्हें डरबाने वाला नहीं है। इस विषय को एक दृष्टान्त से हम आपको समझाते हैं—

एक लड़का सात-आठ वर्ष का अपने मुहल्ले में खेलता था। अपने खेल में ही वह लड़का चिल्लाने लगा, उस मुहल्ले के मकानों में उस का आवाज टक्कर खा कर गूँज उठा, तब आगे से भी चिल्लाने का प्रतिध्वनि हुआ। लड़के ने विचार किया कि कोई हमारी नकल करता है, लड़के ने पूछा, तू क्यों हमारी नकल करता है, आगे से भी आवाज हुआ, "तू क्यों हमारी नकल करता है।" लड़के ने कहा मैं तुमको मारूँगा, उधर से भी शब्द आई, "मैं तुमको मारूँगा।" लड़के ने उसको गाली दी। आगे से भी गाली की आवाज आई।

तब लड़के ने जाकर अपनी माता से कहा, कोई आदमी हम को चिढ़ाता है, परन्तु दिखाई नहीं देता। माता ने कहा बेटा दूसरे मुहल्ले में इस वक्त कोई भी तुम को चिढ़ाने वाला नहीं है। जब तुम आवाज करते हो तब तुम्हारी आवाज टक्कर खा कर गूँजती है, तुम जानते हो कोई हमको चिढ़ाता है, यह तुम को भ्रम है, तुम्हारे बिना दूसरा कोई भी तुमको चिढ़ाने वाला नहीं है, तुम अपने को इस भ्रम से दूर करो। माता के उपदेश से लड़के का डर जाता रहा है।

इसी प्रकार इस जीव के भ्रम के बिना कोई दूसरा भी इस को भय देने वाला नहीं है, इस के मन का संकल्प ही इस को भय देता है, अपने संकल्प के कल्पना से मनुष्य भूत प्रेत का विचार कर के डरने लगता है, जिस प्रकार लड़का अपने आवाज से अपने को ही डराता था, इसी प्रकार मनुष्य अपने संकल्प से भूत प्रेत की कल्पना कर के अपने को ही डेरवाते हैं। इस विषय पर एक दृष्टान्त और हम आपको सुनाते हैं—

किसी नगर में एक धनवान बनिया निवास करता था, उस के सोने के पलंग के नीचे उस की स्त्री रात्रि समय एक लोटा जल भर कर धर देती थी, जब बनिया प्रात:काल पाखाना जाता था तब उस लोटे को शौच के लिए ले जाता था।

दीपमालिका जब नजदीक आ गया तब उस बनिया की कन्या ने लोटे में गेरऊ को रगड़ कर पानी मिला कर भर दिया और उस लोटे को पिता के पंलग के नीचे धर दिया, प्रात:काल अँधेरे में वही गेरूवाला लोटा बनिया के हाथ में आ गया, बनिया ने पाखाना फिर कर जब उस लोटे से शौच किया तब वहाँ की जमीन गेरू के रंग से लाल हो गई। बनिया ने बिचार किया यह सब खून हमारे पेट से गिरा है, घर आ कर बनिया खाट पर गिर पड़ा और अपनी स्त्री से बोलाकर कहा कि आज मैं मरूँगा क्योंकि मेरे पेट से पाखाने के रास्ता बहुत सा खून गिरा है, अब जल्दी से हमारे लिए कुच्छ दान पुण्य कारावो, स्त्री यह सुन कर रोने लगी, बनिया ने कहा अब रोने का समय नहीं है । जल्दी एक गौ और कुच्छ अन्न आदि मँगा कर दान करावो, स्त्री सब वस्तुवों के मँगाने का विचार करने लगी और बनिया भी धीरे-धीरे सुस्त होने लगा, इतने में बनिया की कन्या ने पलंग के नीचे जब कि गेरू के लोटे को खोजा और लोटा उसी को नहीं मिला, तब रोने लगी, बाप ने पूछा तू क्यों रोती है ? उस लड़की ने कहा मैंने गेरू घोल कर लोटे में आप के पंलग के नीचे रक्खी थी न मालूम उस को कौन उठा ले गया, और उसी के दर पर एक दूसरा लोटा पानी भर कर रखा है मेरा लोटा नहीं दीखता है।

बनिया लड़की की इस बात सुन कर उठ बैठा और दान पुण्य करने की रहने दो, अब हम अच्छा हो गए, वह खून नहीं था, किन्तु गेरू का रंग था, हमको भ्रम खून का हो गया था, अब वह भ्रम हमारा मिट गया।

इस दृष्टान्त का भाव यह है कि, जिस प्रकार बनिया भ्रम में गेरू के खून का भावना कर के व्याकुल हो गया था, इसी प्रकार मनुष्य अपने मन में भूत प्रेत की संकल्प से दुखी होते हैं, वास्तविक में भूत प्रेत आदि कोई नहीं हैं।

हाँ ! मूर्ख लोग उन्माद मानस रोगों का नाम भूत-प्रेत समझते हैं, उन्माद(पागलपन का रोग(मानस) जो मन से उत्पन्न हो, अर्थात पागलपन से जो मन में आवे वैसे ही इतस्त: कूदे फाँदे और अंड-बंड बके, यह उन्माद मानस रोग होता है, यह रोग कोई को पाँच मिनट, कोई को एक घंटा, किसी को मास, या वर्षादि कर्म विपाकवश होता है और एक स्वप्न भी होता है कि मनुष्य अपने बिछौने पर से उठ कर इधर-उधर घूमते हैं, नाचते कूदते वाद-विवाद करते हैं और पुन: अपने बिछौने पर आकर सैन करते हैं।

यदि कोई मनुष्य प्रात:काल उन से पूछे कि, रात्रि में तुम क्या करते थे ! तो उन्हें कोई बात स्मरण नहीं रहता है। इत्यादि बातों को न जानने से मनुष्य भूतादि का भ्रम करते हैं।

देखो! जीव नित्य और शुद्ध है रामायण में भी लिखा है कि—

''ईश्वर अंस जीव अविनासी।
चेतन अमल सहज सुखरासी॥

नाशरहित जीव ईश्वर का अंश है, चैतन्य, निर्मल और सहज ही से सुख का खानी है।

अब किस प्रकार से मरे हुए मनुष्य का जीव भूत हो सकता है, यह नित्य औक शुद्ध जीव बिना जन्मान्तर धारण के इष्ट अनिष्ट कर्म करते ही नहीं, इसे न मानना वेद और धर्म-शास्त्र पर विश्वास न करना है, जो वेद ईश्वर का वचन पर विश्वास न करे, वे भ्रम में पर के जितने भी धोखा खावें उतना ही कमी हैं।

और यह भी विचारने योग्य है कि एक ही देवता या भूत का पूजा पाठ कई एक ओझा करते है, चाहे बाँकी या कलकत्ता में एक ही देवता या भूतप्रेत का पूजा एक ही समय में सब ओझा कर सकते हैं। क्या यह देवता और भूतप्रेत सर्वव्यापक हैं जो सर्वत्र मौजूद हैं?

ईश्वर को छोड़ और कोई सर्वव्यापक नहीं हैं। यह हरेक ग्रन्थ का प्रमाण है। यदि भूत-प्रेत, देवता सर्वव्यापक नहीं हैं तो कैसे एक ही समय में इतना दूर के पूजा पाठ का भेंट ले सकेंगे?, यह ओझाओं से पूछना चाहिए कि तुम भूतादि को चिल्ला कर अथवा तार या पत्र से बुलाते हों, या तुम्हारे सिर पर ये भूत बैठे रहते हैं, जो तुम्हें याद करते ही पटकने लगते हैं और सर्वव्यापक न होने से कैसे तुम्हारे स्मरण से आ सकते हैं, इसलिए यह सब ढोंग है और कमाने खाने के लिए चतुरों का चतुराई।

ओझा से कोई न हुए सोझा, इन के फन्दे में आय।
जन्म-जन्म भर दुख भोगे, अन्त हाथ मले पछिताय॥

रबीन बलदेव सिंह

इस्तीफा

रजनीश एक बहुत कठिन आदमी रहा। उ जतना ना सूतत रहा, तेतना ते इधर उधर छुछवात रहा और दूसरे के खात पियात रहा। उ कब्बो कब्बो रात के घरे आवे, बिना खाए पिए जूता-टोपी पहिनले बेडी पर सुत जाइ और जब उ मनसाए, तब उ एकाद हप्ता घरे ना आवे। जब उ आइबो करे, तब उ खाए पी के जैसे कहुँ के राजा पड़ल रहें और हमार एक से एक सुलगावल करे।

हर संझा के हम अस्तिलाहट खोजे पार्क में अपन फास्ती जगह पर जाए के बैठीला और अपन पुआ पकाए के मस्त रहीला।

एक एतवार के दिन रहा। कुछ देर हम ओइसहिन धियान में बैठल रही, जब हमार आँखि एक आदमी पर पड़ल, जौन हरदम इ टेम पर अपन फास्ती जगह पर कुआँ के लगे आए के भी बैठे है।

उ हम्मे भी ताकत रहा। हमार आँखि जब ओकर आँखि पर पड़ल, तब उ मुस्कियाइल। हम हालि से अपन आँखि ओकरवाला पर से हटा लेली। बाकि कुछ देर में हम फिर ओके तकली। उ अब्बे तलक मुस्कियात रहा।

थोरा देर बाद उ खोखत खाखत उठल, अपन चुरुस लगाइल और हमार अलंग रास्ता धरिल। हम करली के जैसे हम ओके ना देखली।

काहेंसे हमार मन ना खरोवात रहा कोई से बातचीत करे खात। जब उ देखली कि हम कुछ ना करीला,तब उ एक रकम के खोखिल और हमसे आग माँगिल। एमन हम ओके ना मदद कर पाइली।

''कोई बात ना है, कोई बात ना है'', आदमिया बोल के अपन पजामा के जेबी में से इगो फायदोसू निकारिल।

हम बंघिया पर से अपन छाता हटाइली और उ बैठल।

''बड़ा अच्छा मौसम है आज ना?'' आदमिया बोलिल।

''हाँ...बहुत अच्छा मौसम है।'' हम ओसे बोलके अनते ताके लगली।

''रजनीश, लोग हमें रजनीश बोले हैं।'' ओकर पियरकन दंतवन के बीच से ए कड़ा दारू के महक निकरल।

हम आदमिया के ताकली। उ अपन कान के पीछे से एक दूसर चुरुस निकारिल और ओके अपन मुँह में लगाय के एक हाथ से हवा रोकिल और एक हाथ से अपन पुरान फायदोसूवा सुलगाइल।

''तू हरदम ई जूनी हियाँ आवे है?'' उ कुछ देर में चुरुस पीते पूछली। हम अपन मूढ़ हिलाइली।

''ओ...हमहूँ।''

''बहुत अच्छा लगे है हियाँ पर इ जूनी। आदमिया बोल के सोच में डूब गइली।''

''अच्छा भई तब हम चली। हम थोड़ा देर में बोल के उठली।''

''हाँ अब ठंडा होवे लगल ना?''

हम मूढ़ हिलाय के अपन छाता लेली और ओके नमस्ते कर के धीरे धीरे अपन घर अलांग डाम धरली।

घूमत-घामत हम घरे पहुँचली। हम बहुत थकल फीर करली। हम बेडी पर बैठकर अपन मुँह झुरवाइली और धीरे से अपन कपड़ा उतारली और सिगार पीते अपन ठंडा बेडिया में घुस गइली।

चाहे हम थकल रहे हमें ऊँघाइ ना लगल। आदमिया खाली हमार दिमाग में आवे। ओसे बातचीत जौन हम करे रही, हमें बहुत अच्छा लगल। हमहूँ ना जाने काहे।

पानी अब डाम पर पिटपिटाए के सुरु करिल। हम और ठीक से अपन बेडिया में सिकुड़ गइली। आदमिया के सोच में और बरखा के बुंदियाँ अंकत हमार दुनु बरौनियाँ एकाध घंटे बाद अपन में प्रेम कर लेंले।

बिहान भर आदमिया अब्बे तलक हमार मूढ़ी में रहा।

संझा का हम पकाए खाए के अपन फास्ती जगह पर, पार्क में, पहुँचली। तब आदमिया अपन फास्ती जगह पर ना रहा। हम देर लक अगोरली बाकि हम ओसे ना भेंट कर पइली।

अइसहिन लगभग एक हप्ता गुजरल हम आदमिया के ना देखली।

एक संझा के जूनी रहा। बादर खूब गरजत रहा। हवा पेड़वन की डारिया का सब कोना दौड़ावे। प्रासी पर जतना फूल बोवत रहा सब हवा का खेलौना होइ गइल। हम जानत रहा कि बहुत हेबी बरखा बरसी। हम चिराग बार के लगली हाली से सब खिड़की बन्द करेके।

जब हम अपन पढ़ेवाल कमरा मा पहुँचली तब घर के सब चिराग बुत गइल। हम कोसिस करे कोकुलैंप बारे के बाकि उसमें तीतातेल ना रहा। हम मैंटल पहिन के कासी में से इगो बड़का टोपी निकार के अपन मूढ़ी पर धरली और इगो छोटा के फ्लैशलाइट लेके बाहर निकरली और बरखा में गइली दुकान तीता तेल कीने।

एकदम भीजल हम थोड़ी देर बाद दुकान सा लौट के आइली। हम जैसे कोसिस करली चाभिया होलवा में डारे के, तैसे एक बोली बोलिल ''सुन ना।''

हम जूरते घूम के तकली। हमार रोंवा खड़ा होइ गइल। अँधियारवा मा एक

परछाईं हम्मे नकचाइल। हम जब धीरे से फ्लैशलाइट ओकर ऊपर बारली तब हम ठीक से देखली परछाइयाँ का रहा।

''तोर पास कुछ गरम है तो?'' आदमिया मुस्कियाइते बोलिल।

''तू... ?'' हम बरौनी उठाएके ओके तकली।

उ अगरल और हमार सामने आएके खड़ा होइ गइल। आदमिया दुकान से हमार पीछा करल रहा। हम ओके ऊपर से नीचे तकली। उ भीज के एकदम गलगल। ओकर टोपी में से पानी ओके मुँह पे चूवे। अँधियारवा में बरखवा के बूनियाँ, जौन ओकर चस्मवा के गिलसवा पर लटकल रहिन, चमके।

हम मुस्कियाइते घूम के कमड़िया खोली और उ भीतर गइल। हम कमाड़ी बन्द करके जूरते कुकरू में गइली और कोकोलाम्पु में कोनो बिधि तीता तेल डालके ओके बारली।

''बहुत अच्छा घर है इ'' आदमिया अगले बगले ताक के बोलिल।

''तू हियाँ अकेल रहे है?''

उ जौन रकम पूछिल, कि हम्मे जानन कि जैसे हम लोग दूनू मिला अपने के बहुत दिन से जानिला। हम अपन मूढ़ी हिलाय के कासी में ले इगो पाम के बोतल और दुइगो गिलास निकारली। हम कड़ेड़े उझुल के ओके देली और अपन इगो छोटवाल लेली। उ लेके गिलासवा हम्मे लेके बैठे से पहिले झूर कर देइल। हम अपन पिए से पहिले फिर ओकर खात उझेली।

बहिरे सुनाए के पेड़वन हिले, जैसे सैता सबके सांपिल है। हवा अपन सब तागत से कोसिस करे गरवा में आवे के। हम अपन ध्यान फिर आदमिया पर धर ली। उ टफरा पर से बिना पूछे हमार इगो सिगार लेइल और ओके कोकोलाम्पुवा से सुलगाइल। जब उ सिगारवा चिखिल, तब उ खुसी में अपन मूढ़ हिलाइल: ''बहुत अच्छा सिगार है ई। बहुत अच्छा''।

हम तनि मुस्कियाइके पाम के बोतल टफरा पर से लेली।

''और डार देइ...रजनीश? रजनीश है तू?

उ अपन मूढ़ हिलाइल। हम आस्तिले से बोतलिया खोली और दूनू गिलास में एक-एक शॉट उझुली।

थोड़ा देर में रजनीश अपन गोढ़ टफरवा पर से हटाइल और बंघिया पर सोझा बैठल। उ अपन सिगारवा अपन मुँह में लगाय के देर लक घैचल। धुँआ अपन मुँह में से निकारे से पहिले उ सिगारवा बुताइल। उ अपन पजामा के जेबी में हाथ डार के उठल और हमार बुकवन के कासिया लगे गइल। इ फोटो केकर है? उ पूछल जब उ एकदम से कासिया लगे पहुँचल।

''हमार औरत के'' हम बंघिया पर बैठल ओके जवाब देली।

''बहुत खूबसूरत औरत है ना?'' उ फोटवा अपन हाथ में ले ले बोलिल।

हम आस्तिल से उठली और अपन एक हाथ में अपन गिलास और एकवा में ओकर वाला लेकर ओकर लगे गइली। "हाँ उ बहुत खूबसूरत औरत रहा।" हम ओकर ओके गिलास देय के फोटवा ओकर लगे से लेली और ओके पोंछ कर फिर ओके जगह पर रख देली।

"ओ..." रजनीश तनी उदास बोलिल। उ अपन गिलास में से एक घोंट लेके लगल एक से एक बुक कासिया में से निकार के ताके।

हम ओके ओंही छोड़ के टफरी लगे गइली। हियाँ पर हम फिर अपन गिलास में पाम उझुली। अचक्के में हमें मन करल खूब नसाए के। हम भी ना जाने काहे।

"अच्छा अच्छा बुक रखले है तू" रजनीश कुछ देर में सुनसान तूड़ देइल। हम पाम के बोतलिया लेकर ओकर लगे गइली।

"हॉबी" हम ओके जवाब देली और ओकर गिलास में एक और शॉट उझुली।

"ओ...तब तू लिखे पढ़ेवाल हइली।" उ बिना हमें देखे पूछी।

हम हुंकारी भरली और फिर कुछ देर कोई कुछ ना बोलिल।

"तू का हइले?" हम कुछ देर में ओसे पूछली।

हम अब अपने के नसाइल फीर करी। रजनीश भी तनी नसाय गइल रही।

"हम" रजनीश एक रकम के बोलिल, जैसे उ कभी ना सोचले रहा कि कोइ इ सवाल उसे करत। "हैं हम तो सब कुछ हैं और कुछ भी ना हैं"

रजनीश अपने के कासिया में सटाय के खड़े हमार आँखि में ताक के बोलिल

"हमार मतलब है, कि तू कौन काम करे है?" हम हालिसे अपन सवाल बदली।

हम खाइला, पिएला और जीला। रजनीश हमार सवाल पर खरे जवाब देइल और अपन गिलास अपने मुँह में लगाइल। रजनीश एकदम नसाय के झूले लगल। उ लगल हमसे बतावे कतना खूबसूरत औरत ओकर माइ है, कतना उ ओके चाहे है। कि उ बहुत दूर से आवे है। कि उ भी टेम से छापा बनावे है, बाकि कोइ ना माँगे ओकर छापा कीने, के ओके कोई ना है...

एसहिन हमार पहिला रात रजनीश के साथ कटल।

2

जब सबेरे हमार आँख खुलल तब रजनीश चाय ब्रैड बनाय के टफरा पर जुटाइल रहा।

रात हम लोग गडरिए में काटिल रही। रजनीश के कारण हमें भुइयां पर सूते के पड़ल और उ मजे में बंघिया पर सूतल।

हम बहुत मेहनत से उठली, हमार देंहि बहुल पीड़ाए रहे।

"कैसे सुतले ?" उ मौज में पूछिल।

"बड़ा मूढ़ पीड़ा है।" हम बिना कुछ और बोले चल गइली मुँह धोवे।

जब हम कुछ देर बाद गडरी में लौट के आइली, तब रजनीश खाए के सुरु कर देइल रहा।

जब उ हमें देखिल, तब उ ना रुकल खाए से, बाकि अपन हाथ से हमें बोलाइल और मुँह भर के बोलिल : "आओ उस्ताद बैठो।"

हम धीरे से कुर्सी टफरवा लगे घसकाए के भी सुरु करली खाए के।

"अच्छा...अब हम जाइला। थोड़ा देर बाद हम आइबे।"

"अरे कहाँ जा है तू अतना जलदी ?"

"तू अस्तिल से खा तबलिक हम जाए अपन साराजाम लेत आइ" उ हाली स् टफरा पर से हमार चार पाँच सिगार ले के अपन पजामा के जेबी में डारिल और कमाड़ी लगे गइल।

"हैं!...साराजाम ?" हमार मुँह से निकरल।

"कल रात के तू हमसे पूछली तोर साथ आएके रहे के, हम काहे तोके निरास करी।" उ मौज में मुस्कियाइते बोलिल।

"अरे...ऐ...ऊ कब... ?"

हम जानत रही हम ओके कुछ ना पूछले रही। हम पूछते रह गइली, ओ लपक के अपन पीछे कमाडिया बन्द कर देइल।

हम देर तक रजनीश के अगोरली बाकि उ ना आइल उ रोज। बिहान भर ना आइल। तीसरा रोज रजनीश अपन साराजाम लेले आइल रहा।

"का ताके है यार ?तनि मदद कर दे।" उ हमसे बोलिल। उ ना चिरौरी करिल बाकि बोलिल। जैसे कोई अपन कामकरता से बोले है।

हम्मे कुछ देर लगल सब चीज भीतर करत। जब हम ऐसे डॉन भइली, तब हम अपन पसीना पोंछत ओकर लगे गइली। रजनीश मुस्कियाइते बोलिल: "का हाल है ?"

हम हँसे लगली, हम फीर करली हमार जीव लगल।

हम अब्बे ठीक से सुस्ताइबे ना करे रही जब रजनीश तनिके देर में उठल।

"अच्छा...तब चली।" उ अपन हाथ पीटत बोलिल हम भी उठली और माँगली भीतर जाए के।

"ए बाबू...ना उधर, तिवारी का दुकान इधर है।"

"तिवारी का दुकान ?"

"हाँ...चली तनिक थकान उतार लेवल जाइ।"

"ना मैन।...हमें ढेर काम...बहुत भीड़..."

"चली मैन..." उ दुलार से बोलिल और अपन हाथ हमार कन्धा पर रखकर हमें खैंचे लगल। हम ना माँगत रही जाए। हमार मन ना रहा दुकान में जाए के पिए के।

बड़ा देर में हम लोग तिवारी की दुकान पर पहुँचे। रजनीश रास्ता भर अपन जिनगी के बारे में बतियाल रहा।

''का करिए? हमरे जान कोई ना दुनिया में रह गइल है, जैसे हम तनि ठीक बातचीत कर सकि।''

हम इ दुकान में अब्बे कभी ना आइल रही। रजनीश दुकनिया में आते खान सबके हाथ देवे जैसे इ सबके जानत रहा। जौन रकम आदमिया रजनीश के हाथ देलें हम्मे जनाए गइल कि सभन ओके ठीक से जाने है।

रजनीश हँसते दुइ शॉट पाम मँगाइल। रजनीश सबके कुछ देर मिलल रहा।

हम कौनो बिधि रजनीश के खैंच के बहिरे लाइली। उ रास्ता भर एक से एक बैठक गाना गाइल और टपोरी पीटल। ओकर बोली ओकर मुँह में से थूक के साथ निकरे, जैसे इगो अधमरा सुअर।

हमार कमरा में आके उ बिना टोपी मैन्टल उतारे हमार बेडी पर गिर गइल। हम ओके एसे ही छोड़ कर चल गइली नहाए।

''का पढ़े है?'' रजनीश अपन मूढ़ सुगरावत गदरी में आइल। उ अब्बे तलक अपन टोपी और मैन्टल पहिनले रहा। मुँह बाइते उ अपन चस्मा अपन मैन्टल के जेबी में से निकारली और पहिनल।

''टैगोर'' हम ओके जवाब देके आगे पढ़े लगली। उ बिना और कुछ बोले कुकड़ु में गइल और इसकासी में से कुछ निकार के गिलास में उझलिल।

''तू काहे ना जाए सूते''? उ कुकुड़वा में से पूछिल।

''ना अब्बे, हमार ग्वेंती है लाती के सुते के'' हम कर जोर से जवाब देली। हम्मे जवाब देते उ फिर गदरी में आए गइल। उटफरा पर से हमार लास्ट सिगार लेइल और ओके सलाई से सुलगाइल। बिना कुछ बोले उ सलइया बुताइते चल गई अपन कमरा में। हम अपन टैगोर पढ़त रह गइली।

3

साढ़े दस बजल रहा। बड़ा मेहनत से हम अपन आँखि खोली। घाम कमरवा के खूब अँजोर करो रहा। बिना कपड़ा पहिने हम गदरी में गइली। हियाँ सब खिड़की खुलल रहा। हम मूढ़ खिड़की में से निकार के बहिरे तकली, बरखा घाम में झिसियात रहा। मौसमवा देकत हमें पुराना जमाना के बात याद होय गइल। हम्मे हँसी छूट गइल।

हम अपन बाप के साथ ऐसन ही एक दाईं गदरी के खिड़की लग से खड़ा होए के बहिरे ताकत रही।

"बेटा आज सियार के बियाह है" हमार बाप मुस्कियाइते अपन तोन पर हाथ रखकर बोलिल।

"उ कैसे बप्पा?" हम ओके ताक के पूछली।

"जब बरखा बरसे है और एक लगे घाम भी है, तब ओकर मतलब इही है, कि कहुँ न कहुँ एक सियार के बियाह होवे है" उ बहिरे ताकत हम्मे जवाब देइल।

हम हँसते बीतल जमाना के ध्यान अपन मूढ़ी में से निकार के गइल कुकड़ू में।

हियाँ चाह बना के चूल्हा पर रक्खल रहा। चाहवा बिलकुल ठंडाय गइल रहा। हम दूसर चाह चढ़ा के गइली रजनीश के कमरा में, ओकर पता ना रहा।

हमार आँखि जब टफरवा पर पड़ल, तब हम्मे जानन कि हुँआ कुछ कमति है। कुकड़ू में जात जात हमें ख्याल भइल कि हमार टैगोर टफरा पर से लोप होइ गइल है।

दुइ हपता रजनीश घरे ना आइल। बाद में उ हमसे बताइल कि उ गइल रहा सरमक्का मछरी मारे के। हर संझा के उ तैयार रहे पार्क जाए खात।

एक रोज सबेरे रजनीश फिर चल देइल। अबकि हमार एक दोसू सिगार लेइके। खाली एक दाईं हम ओके भेंटाइल रही। उ एक औरत का साथ रहा। उ अपन दाढ़ी, जौन हरदम तेले रहा, चिक्कन सा छोटा काटिल रहा। ओकर नाखून भी एकदम साफ रहा। हम ओके ना चीन्ह पाइल रही। जब हम ओसे पूछली कि इ सब कैसे भइल, तब उ घूमके औरतिया के ताकत हमें जवाब देइल : "हम जीला" उतना बोल के उ हाथ उठाए के चल गइल।

कुछ देर में हम लोग दूनो मिला पार्क में कुआँ के किनारे। रजनीश कुछ ना बोले। उ जेबी में हाथ डाल के इधर-उधर चले।

"एसहिन इगो जगह हम सरमक्का में जानिला," रजनीश कुछ देर में बोलिल।

"परसिस एसहिन कुआँ, पेड़ से घिरल। खाली बंघी वंघी वहीं पर ना है। हुआँ इगो आदमी ना आवे है। सिर्फ ओहीं हम सचमुच आस्तिल होए पाइला।"

उ बंघिया पर से उठ के कुआँ के लगे गइल और और अपने के ओकर कंतिया पर खड़ी करिल।

रजनीश के पानी के किनारे बहुत अच्छा लगत रहा। ओकर चले तब उ दिन भर पानी में ताके। बाकी उ दूसर रकम के पानी में ताकत रहा। हम अब्बे कोइ के ना देखे रहे पानी में ताके जौन रकम रजनीश पानी में ताकत रहा। जैसे उ पनिया से मोहब्बत करे है जैसे उ पानी के तरसे है।

हम भी बंधिया पर से उठली और ओकर लगे गइली—"अब चले कोइ ना? हम ओसे बोल के धीरे-धीरे चले के सुरु करली।"

तनिक देर में रजनीश गोड़ घसीटते हमारे पाछे आइल आधा रास्ते में रजनीश

एक छोटा बोतल पाम और एक पाकी सिगार अपन पैसा से कीनिल। रजनीश सिगारवा प्यार से हमें थमाइल और प्यार से बोलिल--''तोर खात''

इ पहिला दाईं (और आखिरी दाईं) रहा कि रजनीश हमार खात अपन पैसा से कुछ कीनत रहा।

हम पाकिया लेके अपन पजामा के जेबी में रख ली।

कब्बो कब्बो रजनीश हमें बहुत हँसावत रहा, हम धीरे-धीरे ओके एकदम ग्वेंती होय गइल रही। हमें ओकर संगत बहुत अच्छा लगे लगल। हमें जनाए कि उ जब से इधर में अपन लात रखिल है हम अपने के बहुत ठीक फीरी करी। और जब उ एकाध रोज अलोप होय जाए हम अपने से बिलकुल अकेल फीरी करी।

एक रात के हम अपन कमरा में बेडी पर लेट के सिगार पियत रहा। जब रजनीश दो गिलास लेके और एक पाम के बोतल लेके बिना खुटखुटावे भीतर आइल। उ इगो गिलसवा हमें थमाइल।

''सुन ना यार'' उ कुछ थेर में बोलिल आव चले बिहान निकेरी...

''हमार माई के देखो!''

''हम अपन माई के तोरे बारे में बतइली रहा उ हम्मे बोलिल रहा कि उ माँगे तौसे भेंट करे।''

इ पहिला दफे रहा कि रजनीश हमसे पूछिल ओकर साथ कहुँल चले के हम अपन मूढ़ हिलाए के अपन गिलास झूर करली--

रजनीश के मुखन पर एगो बड़का मुस्की आइल जब बिहान भर हम अपन आँखि खोली, तब रजनीश हम्मे डपकल रहा। हमें ओके जगावे के पडल।

बिना खए पिए हम लोग घर से निकरली जा। रजनीश अपने के खूब चिक्कन करिल रहा उ अपन पम्कन तेलन दाढ़ी एकदम से मुंडा लेइल। मौसम तो बहुत अच्छा रहा। कुछ देर में हम लोग बस लेके सहर में पहुँचली जा। हिंया हम लोग दुनु मिला चुपचाप बहुत देर अगोरली तब खुलल, बस में हम कुछ देर चुपाइल रहा। रजनीश कोसिस करे हमें फुसलावे को।

बस में हमें थकाइ बिलकुल ना लग पाइल, एक बगल से रजनीश इगो अगुआ नेर हमें सब कुछ बतावे और एकवा बगल से मैदान, मैदान हमें बहुत अच्छा लगल।

रजनीश सब चीज परसीस जाने खासकर के सरमक्का में।

हिंया उ सब से ढेर बतियाइल हम्मे जनाइल कि उ हरदम हिंया आवे है। उ भी बाद में बोलबो करिल, कि ओके हिंया सब से अच्छा लगे है। हिंया खाली बड़का बड़का स्वाम्पु कितों जंगल नहीं तो झलासी धोरल रहा रस्तवा के दूनो बगल। रस्तवा हिंया एकदम अँधियार रहा। जानत रहा कि जैसे हम लोग दूगो बिल में घुस गइल रहीन। हमार मन ना लगल हिंया पर। हम खाली सोची के हम लोग कब हिंया पर से हाली निकर जाइन रजनीश अब ओतना ना बतियात रहा जैसे सरमक्का में। कब्बो

कब्बो हमें जनाय कि जैसे उ नारियरवां के पेड़वन गिने है। उ बहिरे ताकते ताकते सुत गइल, हम बिना कुछ करे अपन आँखि ओकर पर से हटाइली और खूब आस्तिल से बंघिया पर बैठ के दुनिया से अपन ध्यान निकार के कुछ देर अपन पुआ पकाय मस्त रहिली।

अचक्के में हम होस में आइली। आदमियान जोर-जोर अपने में लगलें बतियाय।

हम रजनीश के तेक के जुड़ते मैरनवा में ताकसी। उ अब्बे तलक खूब मौज में अपन मूढ़ी आइना में सटाय के सूतल रहा।

लगभग तीन घंटा बाद हम लोग गाड़ी में से निकरसी जाई और पैदर डाम धरली। रजनीश के माइ के घर अलांग! अब एकदम संझा होय लगल रहा। रजनीश के माइ के एक छोटा के पलंगा के घर रहा। घरवा के पलंगवन बिलकुल खराब के तार के ऊपर ठोकल रही और अकादगो बड़का बड़का होल दिवालिया में से हम लोग के बिरावत रहा। घरवा के आगे एगो छोटा के कुकड़ रहा और कुकुरवा के बगलिया में एक बड़का हिप्पी चूल्हा बारे खाल लकड़ी लैतियावल रहा। प्रासिया पर दुइगो आम के पेड़ और इगो पुगुस्टेरी को पेड़ बोवल रहा। बाकि तीनो पेड़ों में अक्को फल ना लटकल रहा।

घरवा बहिरे से ताला करल रहा प्रासिया पर धीरे धीरे घास जमे लगल, जानत रहा कि जैसे बहुत दिन भइल है कि कोइ हिंया पर अपन लात ना रखिल है।

हम लोग आगे पीछे सब ढूँढ़ली बाकि कोई के पता ना रहा। रजनीश ताला तोड़ के घर में हिलल, बाकि एहूँ कोई इन्सान के पता ना रहा।

रजनीश एकदम घबराइते घरवा से निकरल और गए पड़ोसी हिंया पता लेवे हिंया। हम लेग के पता लगल की रजनीश की माइ के रजनीश की मौसी उठा ले गइल रहा, उ बीमार रहा।

रजनीश के बाप जब से गुजरल रहा ता से ओके माइ अकेल जिन्गी चलावत रहा। ओके बहुत भरोसा ना रहा अपन एकके लड़के पर जौन अपने बाप नेर देस भर छुछ्वात रहा और घेर आवे तब कुछ काम करे। रजनीश के मौसी रजनीश के माइ के घर से ढेर दूर ना रहत रहा। बाकि हुआँ हम लोग के पहुँचते पहुँचते साढ़े सात बज गइल। रास्ता भर रजनीश अपन माइ के बारे में बतियाइल और खाली कुछ होय गइल ना होय मय्या के बोले। रजनीश की मौसी के हिंया पहुँचते देर ना, उ रजनीश के कन्धा पकड़ के लगल छटपटाय—"बेटा...बेटा तौर मैया हम लोग के छोड़ के चल गइल"

"कहाँ गइल मैया मौसी ?

"बेटा तोर माई इ दुनिया छोड़ के चल गइल" "इ ना होय सके है! कहाँ है मैया ?"

"तू लोग का करली जान मैया से", रजनीश उछरे लगल। उ बहुत देर में अपने के बस में करिल। बिना एक बात बोले उ अपन गोढ़ पर आइल और अपन आँखि हमार पर गराइल। कुछ देर उ एसहिन खड़ले रह गइल। तब उ अपन हाथ पजामा के जैबी में डार के चले के सुरु कर देइल। उ फिर से घूम के ओकर पीछे धीरे-धीरे अपन गोढ़ घसीटली।

गाड़ी में रजनीश बहुत ना बतियाइल। घरे आवत हम लोग के बहुत देर लगल। सहर पहुँचत पहुँचत बादर एकदम घेर लेइल और धीरे धीरे अँधियार होय लगल। हेबी बरखा बरसे के सुरु करिल।

हम लोग एकदम गलगल घरे पहुँचली। हम कमाड़ी खोल के जुड़ते चल गइली अपन कमरा में कपड़ा बदले रजनीश के गदरी में पीछे छोड़ले।

जब हम कुछ देर में फिर गदरी में लौट के आइली तब रजनीश ओसहिन भीजल खिड़की लगे खड़ा रहा अपन हाथ में एगो गिलास लेले।

हम भी कासी में से एगो गिलास निकारली और पाम के बोतल टफरा पर से लेके करेर अपन खात उझुली। हम फीर करली जैसे हमें बुखार लगली।

रजनीश टप्परवा पे से पामवा के बोतलिया लेके चल गइल बहिरे। हियां उ आम के पेड़ के तले बैठ गइल।

हम खिड़किया लगे गइली और ओहीं से देखी कैसे रजनीश अपनी पीड़ा सहे है।

बिहान भर हम्में जनाइल कि रजनीश सब चीज भुलाय गइल। उ फिर अपन टोपी और मैन्टल पहिने लगल। उ फिर से अपन माई के बारे में हम से एको बात ना बोलिल।

रजनीश अब धीरे-धीरे थके के सुरु करिल उ अब एक बून ना छापा आपा बनावे। उ बहुत बहिरे जायनो ना करे। हम ओके कब्बो-कब्बो बहुत मेहनत से पार्क ले जाइ, उ कितो अपन कमरा में कितो गदरी के बंधी पर जूता उता पहिने पड़ल रहे। सबेरे उ अपन दिन सिगार से सुरु करिल और रात के दारू से डौन करे।

और जब दारू डौन होय जाय तब उ हमें दुकान भेजावे।

धीरे-धीरे रजनीश के तंदुरुस्ती खराब होय लगल। उ हेनी खाके लगल एक रात ओके खात हमें डातरा भी जाय के पड़ल बाकि रजनीश तबो अपन दारू ना छोड़िल। उ दूर दूर जाय के अपने के नसावत रहा। एक रोज रात के सिपाही ओके घर लाइस।

बहुत दिन भइल की रजनीश कहुँ दूर एकाद रोज खात ना गइल रहन। हमें बहुत अच्छा लगल ओके रोज रोज घर में देखत। ओकर संगत हमें एकदम बदल देइल। हम ओसे कभ ना थकत रही। बाकी हम ठीक से देखी ओकर मन कुछ में ना लगे। उ बहुत सोचत रहा सब कुछ के बारे में। जिन्दगी और जिन्दगी के मतलब के बारे में उ हमसे रात रात बतियाय।

एक अंजोरिया रात रहा। रजनीश आम के पेड़ के तरे बैठल रहा और अपन सिगार लगाइल रहा। हम भी टप्परा पर से इगो ले ली और सलाइ से ओके सुलगाइली हम ओकर लगे पहुँचते बिना कुछ बोले पलँगवा के झलुइया में बैठ गइली।

रजनीश हमें घूम के ताकिल हम अपन सिगार पिए धीरे धीरे झूले लगली।

''देखे है उ तरइया के?'' रजनीश बहुत देर में सुनसान तोरत बोलिल।

हम उपर ताकली।

उ उपरे ताकत बोलिल—

''कतना आस्तिल से और कतना मौज में उ है हुँआ? अकेले बहुत दूर इ दुनिया से हिंया के आदमी से

जाने दोस्त...''

जब से हम रजनीश के जानीला, तब से आज पहिला दाईं रहा कि उ हम्मे दोस्त बोलिल हरदम हम ओकर खात कितो उस्ताद रहा, कितो उ कुछ बोलबे ना करत रहा हम्मे ओकर मुँह से दोस्त सुनत बहुत अच्छा लगल।

''हम थक गइली। हम सब चीज से थक गइली। कब्बो कब्बो हम डरत रही कि हम तोहूँ से भी थक जाब, बाकि ना...तू एगो बहुत महान आदमी बाटे, एगो असली दोस्त तोहीं अकेले हमें समझे है हम खाली तोहीं से ठीक से बातचीत कर सकीला'' रजनीश जौन रकम से इ सब बात बोलिल हमसे हमार रोआँ खड़ा होय गइल।

''हम लोग रहिते इगो दुनिया में भरल एक से एक जाल से, बाकी तू दोस्त...तू अपन के एगो जाल में ना फँसने दे है। चाहे जोन चीज तोके होय जाय चाहे तू अपन बारे में हमसे ना बतियाए है हम तोके जानिला दोस्त हम तोके फीरी करीला।''

हम लोग ओहीं बैठे सोच में डूब गइली जान। थोड़ी देर में हम रजनीश के कन्धा पर धीरे से ठोकली और चल गइली घरे में, रजनीश भी घर में आय गइल रहा और कमाड़ी बन्द करत रहा। थोड़ा देर बाद रजनीश हमार कमरा में आइल—''हम तोसे कुछ बताय यार-'' उ मुस्कियाते बोलिल—

''अतना दिन से हम हियाँ रहिले एतना बातचीत तोर साथ कर ली बाकि एक चीज अब्बे तलक हम ना जानीला।''

हम बिना कुछ बोले ओके ताकि हमार मूढ़ घूमे सुरु करिल।

''तोर नाम''? रजनीश अगोरते बोले ''सच्चे''...हम बोल के मुस्कियाए लगली, रजनीश भी हँसे लगल।

'किशन' हम ओसे हसा के बाद बोली ओ किशन ना?--उ बिना कुछ और बोले हमें अपन हाथ देइ और चल गया अपन कमरा में बिना हमार कमरा के कमाड़ी बन्द करे।

बिहान हम बड़ा मेहनत सो अपन आँख खोली। घड़ी में दस मिनट पास रहा एक बजे में। घड़ी को बाद हमार आँखि जुड़ते कमाड़ी पर परल। कमाड़िया एकदम

खुलल रहा। हम मुँह बैते बेदिया में से निकरली और रजनीश के कमरा लगे पहुँचली, तब हम देखली कि ओकर कमरा भी खुलल रहा। सब चीज अपन अपन जगह पर सेतियावल रहा और ओकर बेदी मुइ से बिछावत रहा।

रजनीश के एहूँ ना पता रहा हम आस्तिल से खिड़की खोली और बहिरे ताकत। मौसम और चिरई के गीत सुनत हमें बहुत अच्छा लगल। हम कुछ देर खिड़किया लगे खड़े रह गइली। तब हम खुशी में डफरा लगे गइली सिगार लेवे। हम जैसे झुकली सिगारवा लेवे के तैसै हमार आँखि पड़ल हमारे टैगोर पर जेके एक दाई रजनीश एक टफरवा से उठाय ले गइल रहा। बुकवा खूब जतन से टफरवा पर रखल रहा। हम सिगार भुलाय के अपन सब ध्यान बुकवा पर रखली। हम ओके खोली, बुकवा के पहले पन्ना कोयला से एकदम कारिया करल रहा, खाला पनवा के बीच में तनी से उज्जर छोड़ल रहा।

हम खड़के ओके पढ़ली—का करी दोस्त लड़ी के ना लड़ी थकाइ के कब्जा में है। हम आज ना जानी अब हम का करि, इ दुनिया के एक से एक जाल से हम बुकवा हाथ में ले ले बंधिया पर बैठ गइली। हम रजनीश के हाथ के लिखल अच्छरवाँ के ताकि। नीचे में और बड़का से कुछ और लिखल रहा-मुइ से रहिए! हम एके पढ़ते हमार मूढ़ी अपने से लटक गइल जैसे एगो पत्ता जौन ढेर दिन पानी ना पाइल है, अचक्के में हमें जनाइल कि जैसे हमार भीतर में एगो आइना लाखन टुक्का में फूटे है। हम ओसहिन के बैठले रह गइली।

तीन हफ्ता बाद हम कोरानती में पढ़ली की पदविन्दर लोग सरमक्का में एगो आदमी के पाइले। जौन एगो कुआँ की लगे एगो पेड़ पर टँगल रहा, आदमिया एगो टोपी और एगो मैंटल पहनली रहा। ओकर गोला चसमा परवा के जरिया लगे गिरल रहा, चसमवा तनी चिटकल रहा।

रामदेव रघुबीर

आत्मकथा

मैं अपना जीवन कला विज्ञान में बिताना चहाता था। वैसे मेरा जन्म एक आप्रवासी पिता और मेरे ही जैसे सूरीनामी माता से हुआ। मेरा पारिवारिक नाम रघुवीर है। मेरे पिता का नाम बेचई, माता का नाम रामदेई था। हम पाँच भाई और तीन बहने हैं। मेरे अपने नौ बच्चे हैं, तीन बेटियाँ और छह बेटे। मेरी सभी बेटियाँ शादीशुदा हैं। मेरे तीन दमाद, एक बहू, एक पोता, दो नाती, दो नातिन हैं। हमारे आजा-आजी, पिता और माता के बड़े भाई अर्थात मेरे दादा और मेरे नाना आप्रनासी यानी भारतवासी थे। मेरी नानी माँ की जैसे सूरीनामी थी और उनका परिवार महाबीर था वे लोग भी भारतवंशी थे। इन लोगों के घराने वैश्य कुर्मी के थे, यानी आजा-आजी, नाना-नानी सभी एक बिरादरी के थे।

मेरा जन्म 2 अगस्त 1939 में सूरीनाम के प्रान्त अब वानिका जिला पातफानवानिका अब इंदिरा गाँधी वैख और गाँव मखेन्तावेख नामक 78 में हुआ है और अभी तक यही मेरा निवास स्थान है।

मेरे माता-पिता ने मुझे पूर्ण अवसर पढ़ने के लिए दिया पर उस वक्त मेरा ध्यान पढ़ाई में कम लगा। वे खुद किसान थे और हम लोगों को भी उनका साथ किसानी में देना होता था। उस समय मेरे परिवार में शायद विद्या से धन कमाना और अच्छा समझा गया होगा। पढ़ाई की प्रेरणा कम रही और छठवीं कक्षा तक पढ़ने के बाद स्कूल से निकालकर मुझे कपड़े सिलाई में लगाया गया। मैं दर्जी बन गया और उस समय का वही मेरा पेशा था।

हिन्दी के प्रति मुझे बहुत लगाव था। मैं देखता था कि कोई थोड़ा बहुत हिन्दी पढ़ाने वाले होते थे या कोई पाठशाला चलती थी तो उसमें प्रवेश लेकर कुछ बचपन ही से सीखा करता था।

मेरी स्कूल में अभी पढ़ाई चल ही रही थी कि ग्यारह वर्ष की उम्र में मुझे एक नाटक मंडली वालों ने अपने नाटक मंडली में शामिल करने के लिए मेरे पिता से अनुमति प्राप्त कर लिया। और मैं नाटक मंडली में अभिनय का प्रशिक्षण लेने लगा। मेरे बड़े भाई-गण नाराज हुए कि मैं स्कूली छात्र हूँ और नाटक में शामिल होना ठीक नहीं।

उस समय नाटक बहुत जोर-शोर से विवाह शादियों में चलता था और मुझे भी बहुत पसन्द था और पिताजी की आज्ञा भी थी, इसलिए शामिल हो गया। यह कला

जीवन तीन वर्षों तक चला। इसमें मेरी रुची भी बढ़ी पर स्कूल में छठी कक्षा उत्तीर्ण भी करना था इसलिए नाटक मंडली को छोड़ना पड़ा। मैंने छठी कक्षा उत्तीर्ण कर ली। अब मेरे पिताजी और बड़े भाई का निर्णय हुआ मुझे दर्जी बनाने का तो भी बना दिए गए। यह दर्जी का काम जैसे बताया पहिले मेरा पेशा हो गया।

जब मेरी उम्र सत्रह वर्ष की हुई तभी मेरे जीवन में एक लड़की आई। इसका ज्ञान मेरे पिताजी को हो गया। वे बहुत खुश हुए और मेरा विवाह कर देने के लिए तैयार हो गए। इस बात पर भी मेरे भाइयों को एतराज रहा कि मेरा विवाह करने की उम्र अभी कम है। उस वक्त मुझे ज्ञान भी कम था और दिमाग में पत्नी और प्रेम की बात डाल दी गई और उससे विवाह करने की उत्सुकता मुझ में आ गई। मेरे पिता जी की रजामन्दी और मेरी इच्छा के अनुसार मेरा विवाह भी हो गया। मेरा जीवन पत्नी बच्चों के पालन में और नौकरी टी.वी.एस. नामक दर्जीखाने में शान से चलने लगा। अब जो समय होता था वो मैं कुछ खेती-बारी में लगाता था। उस वक्त धान चावल, तरकारी, पशु पालन आदि का कार्य हम लोग स्वयं किया करते थे।

मुझे अच्छा गृहस्थ बनने का बड़ा शौक था और मैं उसके लिए हमेशा प्रयास करता था। हिन्दी से प्रेम, धार्मिक सत्संग से प्रेम रहता था। ग्राम समाज, नव युवकों के समाज में भाग लेना हमेशा रहा करता था। मैंने बचपन में जो नाटक खेला था उसका भी प्रभाव जीवन में रहा। जब कोई उत्सव होता तो मुझसे ग्राम के नौजवान हमेशा पूछा करते, कुछ नाटक कराने या खेलाने के लिए कहते तो मैं उन लोगों की इच्छा के अनुसार काम करता।

इस प्रकार अब गृहस्थ जीवन ही चल रहा था कि बड़े भाई हरगुण ने मेरा ध्यान खींचा कि भारत से एक बड़े विद्वान श्री बाबू महातम सिंह जी आए हैं और हिन्दी पढ़ाने जा रहे हैं। कहने लगे कि क्यों न हम लोग भी हिन्दी पढ़ने के लिए दाखिल हों। मैं बड़े भाई की बात सुनते ही उनके साथ हिन्दी पढ़ने के लिए श्री बाबू महातम सिंह के पास पहुँचा, जो उस समय सूरीनाम में भारत के आई.सी.आर. की ओर से भेजे गए थे। हिन्दी पढ़ाई शुरू हुई तो पहिले की पढ़ाई सब भूल गई और हम लोग स्वर-व्यंजन आदि से शुरू करके व्याकरण और भाषा का ज्ञान छूने लगे। जैसे-जैसे पढ़ाई बढ़ती गई वैसे-वैसे उत्साह भी भाषा जानने और समझने के लिए बढ़ता गया।

विद्या गुरु श्री महातम सिंह जी की ओर से पढ़ाई के साथ-साथ जो जीवन निर्माण की शिक्षा मिली, उससे उस समय बहुत सामाजिक कार्यकर्ता तैयार हो गए। वे सारे कार्यकर्ता अपनी पढ़ाई के साथ-साथ अपने-अपने ग्राम और आस पास के ग्राम वालों में हिन्दी पढ़ाना शुरू किए। इसी प्रकार मेरा भी जीवन शुरू हो गया। मैं अपना बहुत सा समय अपने ग्राम और आस-पास ग्राम वालों के साथ बिताने लगा। उनके साथ ग्रामों में पाठशालाएँ बनवाना उन्हें उनके बच्चों को हिन्दी पढ़ाना, समय-समय पर छोटे-मोटे नाटक लिखना, सिखाना और खेलना, कविता भजन छात्रों से

कराना आदि। जब उनके बच्चे हिन्दी पढ़ाई में पास होते थे तो कोई अच्छा अवसर देखकर सारे आस-पास की जनता के साथ पाठशालाओं में उत्सव के साथ उन्हें प्रमाण पत्र, डिप्लोमा वितरित किए जाते।

यह कार्यक्रम देश के सभी भागों में चलने लगा और हम कार्यकर्ता गण अपने विद्या गुरू श्री बाबू महातम सिंह के साथ देश के सभी ओर प्रचार और प्रसार हिन्दी और सांस्कृतिक क्षेत्र में करने लगे।

इन्हीं सभी कार्यों से हम लोग और सुशिक्षित हुए। हम लोगों के अन्दर भाषा के साथ-साथ समाज सेवा का थोड़ा ज्ञान भी भिन्न भिन्न क्षेत्रों में बढ़ा।

जैसे मैंने ऊपर लिखा कि बचपन से मैं नाटक मंडली में शामिल हो गया था और अब कुछ भाषा विज्ञान और कई अन्य क्षेत्रों में ज्ञान होने से मेरा उत्साह नाटक की ओर फिर बढ़ा।

अब समय-समय पर एकांकी नाटकों को लिखना, स्कूली बच्चों को सिखाना, खेलना आदि फिर बड़े लोगों को भी। इस प्रकार नाटक में धीरे धीरे आगे बढ़ना मेरे जीवन का प्रिय क्षेत्र हो गया। मेरे प्राराम्भिक एकांकी नाटक हैं, 1960-1970 के अन्दर हिरण्यकश्यप, लक्ष्मी पूजन, पंचायत, एक गाँव की लड़की, विवाह संस्कार, रक्षा बन्धन आदि।

मेरे बड़े नाटक जिनमें अधिक सफल रहे- अयोध्यापति, देश की पहचान, लड़की क्यों बहकी। आज और कल यह नाटक सांस्कृतिक सभा शान्तिदल के अन्तर्गत और श्री बालकिसन बरसा राम और मेरे निर्देशन में किया गया। इस नाटक को गांधी ऑर्गनाइजेशन के सहयोग से गयाना और श्री हींग जी के सहयोग से ट्रिनीडाड में भी दिखाया गया। 'सुन्दर रस' यह नाटक भारतीय सांस्कृतिक दूत श्री बाबू महातम सिंह जी के निर्देशन में खेला गया। इसमें सहायक निर्देशक और अभिनय भी किया, इस नाटक को सूरीनाम देश के सभी प्रान्तों के साथ पड़ोसी देश गयाना में भी खेला गया। इन सभी नाटकों के बाद मेरा प्रसिद्ध नाटक 'लड़की क्यों बहकी' से मुझे अवसर मिला कुछ देश के अन्य जातियों के लोगों के साथ नाटक जगत में परिचय और कुछ सीखने को। एक बार नाटक लेखकों, निर्देशकों और खेलने वालों का शिक्षा सम्मेलन हुआ। यह सम्मेलन सी.सी.एस. सूरीनाम सांस्कृतिक भवन में हुआ। उस समय देश के जाने-माने निर्देशक, कलाकार, लेखक आदि उपस्थित रहे जैसे श्री फ्रांन्कलीन लाफूर, श्री हेंक चोन, श्री दत्त, श्री गुरूदत्त, श्री काप्रोनो आदि। इस सम्मेलन में सभी कलाकारों को अपना नाटकीय अनुभव लेखन निर्देशन और खेल सम्बन्ध में सुनाने का अवसर मिला। इससे सामूहिक रूप से और बहुत कुछ एक दूसरे से सीखने को मिला, इसी सम्मेलन के बाद मुझे प्रोत्साहित किया श्री फ्रांन्कलीन लाफूर ने जो एक बहुत कुशल निर्देशक थे और हॉलैंड से सूरीनाम में नाटक जगत में काम करते थे। उन्होंने कहा कि मुझे हॉलैंड देश में जाकर नाटक

जगत में और कुछ सीखना चाहिए। मेरा नाटकीय अनुभव उनको अच्छा लगा और आगे बढ़ने को उत्साहित किया, उनकी बातों को मानकर मैंने 1972-73 में सरकार से छात्रवृति माँगी और मुझे प्राप्त हुई। मैं हॉलैंड जाकर आम्स्तरदाम स्खैबेरख जो बहुत बड़ा नाटक शिक्षालय और भवन है उसमें छह मास नाटक शिक्षा सफलता के साथ अध्ययन किया। यह छात्रवृति सूरीनाम सरकार की माँग से हॉलैंड सरकार की एक सांस्कृतिक संस्था है स्तोक्यसा वहाँ से प्राप्त हुई थी।

जिस समय मुझे यह छात्रवृति मिली थी उस वक्त मैं अपने नौ बच्चों का पिता बन चुका था। उस वक्त मैं अपने सभी गृहस्थ मुश्किलों को त्याग कर नाटकीय जगत में आगे बढ़ने के लिए चला गया था।

अब जब मैं सफल होकर लौटा तो उस समय राजनीतिक जंग सूरीनाम में छिड़ी थी। मेरे आते ही मुझे रेडियो पर अपने हिन्दुस्तानी दल को बचाने के लिए प्रोपागांडा करना पड़ा। फिर भी दुख की बात है कि उस गम्भीर चुनाव में दल हार गया और दूसरी तरफ मुझे रेडियो राधिका की मालकिन ने ही रेडियो में ही शेष समय में काम करने को दे दिया। उस रेडियो के काम ने मुझे जीवन में थोड़ा आर्थिक सुख जरूर दिया परन्तु मेरे जीवन के कला क्षेत्र में काफी बाधाएँ लाईं। रेडियो सेवक होने से मेरा कार्यक्रम अच्छा सफल रहा और मैं सप्ताह में दो बार प्रति मंगलवार और बृहस्पतिवार साढ़े चार से साढ़े पाँच बजे तक किशोर कार्यक्रम करता रहा। सुबह और शाम हिन्दी में देश और विदेश की समाचार और समय-समय पर सभी तरह के कार्यक्रम भी प्रस्तुत करने पड़े।

लक्ष्मीप्रसाद बलदेव (बग्घा)

कर्मानुगत वर्ण व्यवस्था सनातन है

पोथी पढ़ पढ़ जग मुआ, पंडित भया न कोय।
ढाई अक्षर प्रेम का, पढ़े सो पडित होय॥
बिरले नर पंडित गुनी,बिकले बूझन हार।
दुःख खंडन बिरले पुरुष, ते उत्तम संसार॥

जो मनुष्य वेद शास्त्रों से अनभिज्ञ है और विचार की एकदम तिलांजलि दिए हैं, एवं जिसने इस मन्त्र को अपना लिया है कि—

औंगा मासी ढ़ग, बाप पढ़े न हम

बिना पढ़े लिखे दूसरों की कहावत पर गुजर करने वालों का कथन है कि, जन्म से ब्राह्मण है कर्म से नहीं। गुण कर्म से यह शरीर ब्राह्मण होता है यह सिद्धान्त आर्यो ने चलाया है एवं यह सिद्धान्त सनातन धर्म का नहीं है। इनके भ्रन्तियुक्त बुद्धि को दूर करने के लिए हम सनातन धर्म के मान्य ग्रन्थों के प्रमाण से देखलाएँगे कि गुण कर्म से ब्राह्मण होना सनातन धर्म का सिद्धान्त है।

अतएव, आइए सब से पहले आपने मन को धोकर ह्रदय मन्दिर को साफ करें हठ और पछपात छोड़ कर ध्यान से पढ़ें और विचार करें।

रामायण में तुलसीदास जी महाराज लिखते हैं कि—

सुन सुरेस उपदेश हमारा, राम ही सेवक परम पियाए।
मानस सुख सेवक सेवकाई, सेवक बैर बैर अधिकाई॥

हे देवराज इन्द्र! हमारा उपदेश सुनो, राम जी को अपना सेवक अत्यन्त प्यारा होता है, सेवक की सेवा पर वे स्वयं सुख मानते हैं और सेवक के बैर करने पर उनका बैर बढ़ जाता है।

यदपि सम नहि राग न रोषू, गहहिं न पाप पुण्य गुन दोषू।
कर्म प्रधान विश्व करि राखा, जो जस करत सो तस फल चाखा॥

यदपि वे समदर्शी हैं किसी से न प्रेम करते हैं न क्रोध, किसी के पाप और पुण्य तथा गुण और दोष भी ग्रहण नहीं करते हैं। संसार को कर्म प्रधान बना रखा है। जो जैसा कर्म करता है वो वैसा ही फल चखने को पाता है।

राम सदा सेवक रुची राखी, वेद पुरान साधू सुर साखी।

राम जी ने अपने सेवक की रुचि को सदा पूरा किया है, वेद, पुराण, साधु लोग और देवता इसके साक्षी हैं।

सोई सर्वज्ञ तज्ञ सोय पंडित, सोई गुन गृह विज्ञान अखंडित।
दच्छ सकल लच्छ जन जुत सोई, जाके पद सरोज रति होई॥

वही सर्वज्ञ, तत् स्नरूप को पहचानने वाला पंडित, गुणों के घर अखंड ज्ञान युक्त चतुर और लक्षणों से युक्त हैं जिनको राम जी की चरण कमल से प्रेम हो।

स्वारथ साँच जीव कहँ एहा, मन कर्म बचन राम पद नेहा।
सोई पावन सोई सुभग सरीरा, जो तनु पाई भजिअ रघुबीरा॥

इस जीव के लिए सच्चा स्वार्थ यही है कि मन बचन और कर्म से राम जी की चरणों में प्रीति हो, जिस शरीर को पाकर राम जी का भजन किया जाए वही शरीर पवित्र और सुन्दर है।

'राम विमुख लहि विधी सम देही, कबि कोविद न प्रसंसहीं तेहीं'

राम जी से विमुख होकर यदि ब्रह्मा के समान भी शरीर पा जाए तो भी कवि और पंडित उसकी प्रशंसा नहीं करते।

सोई सर्वज्ञ सोई गुण ज्ञाता, सोई मही मंडित पंडित दाता।
धर्म परायन सोइ कुल बाता, रामचरण जाकर मन राता॥

वही सब कुछ जानने वाला, वही गुण का जानने वाला, वही पृथ्वी का भूषण रूप पंडित, वही दाता वही धर्मात्मा और वही अपने कुल का रक्षक है जिसका मन रामजी के चरणो में लिप्त हो गया है।

पाठक गण रामजी को अपना सेवक अत्यन्त प्यारा होता है। सेवक के सेवा पर वे सुख मानते हैं और सेवक से बैर करने पर उनका बैर बढ़ जाता है। 2 चौपाई में बतलाया कि, राम जी किसी एक व्यक्ति विशेष से न प्रेम करता है न बैर अर्थात न किसी को छोटा बनाता है न बड़ा और न किसी के पाप पुण्य तथा गुण और दोष भी ग्रहण करते हैं अर्थात ईश्वर न किसी जाति विशेष या व्यक्ति के संग हैं। किन्तु संसार को कर्म प्रधान बना रखा है, जो जैसा करता है वह वैसा ही फल भी चखने को पाता है।

अतएव! 3 चोपाई में बतलाया कि राम जी ने अपने सेवक की रुचि को सदा पूरा किया है, वेद पुराण, साधु लोग, और देवता इसके साक्षी हैं।

और चौथी चौपाई में बतलाया कि, वही सर्वज्ञ तत् स्वरूप पहचानने बाला पंडित, गुणों के घर अखंड ज्ञानयुक्त चतुर और लक्षणों से युक्त है, जिसको राम जी के चरण कमल में प्रेम हो।

अब आप यहाँ देख लें कि किसी एक वंशानुगत का जातिविशेष को पंडित नहीं कहा है, किन्तु जो सेवक है वही पंडित कहा है। अब आई आप की समझ

में कि नहीं ? पाठक, आँख खोल कर देख लें कि चौपाई 5 में बतलाया कि इस जीव के लिए स्वार्थ यही है कि मन बचन और कर्म से राम जी के चरणों में प्रीति हो, जिस शरीर को पाकर राम जी का भजन किया जाए, वही शरीर पवित्र और सुन्दर है। चौपाई 6 में बतलाया है कि राम जी से विमुख होकर यदि ब्रह्मा के समान भी शरीर पा जाएँ तो भी कवि और पंडित उस की प्रशंसा नहीं करते हैं।

अब आप यह बतलावें कि, शरीर की प्रशंसा और पवित्रता जन्म से है या कर्म और भक्ति से ? जब भक्ति ज्ञान रहित ब्रह्मा के समान शरीर पा जाने से कवि पंडित उसकी प्रशंसा नहीं करते हैं तो जन्म जाति का अभिमान किस लिए ? चौपाई 7 में कहा है कि वही पृथ्वी का भूषण रूप पंडित है जिसका मन राम जी के चरणों में लगा हो। पाठकगण ! अब आप यह बतलावें कि यहाँ किसी वंशानुगत वर्ण विशेष को पंडित कहा है या भक्ति को !, जब जिसका मन भक्ति में लगा है वही पृथ्वी का भूषणरूप पंडित कहा है और ब्रह्मा के समान शरीर पा जाने से नहीं, तो क्या रामायण को मानने या पढ़ने वालों का कर्म से ब्राह्मण न मानना हठ धर्म नहीं है ? क्या तुलसीदास जी ने लेख में नहीं मानना है और उनका दोहाई देना ही सभ्यता है ! रामायण के प्रमाण से और लोगों में प्रचलित कहा सुनी बातों में कितना मोटा अन्तर है और गुण स्वभाव धर्म सम्पन्न मनुष्य को रामायण पंडित निर्वाचित किया है। न कि किसी व्यक्ति विशेष की। लोग न अपने ऋषियों के ग्रन्थों को पढ़ते हैं न उनके अनुकूल आचरण करते हैं, फिर भी अपने को धार्मिक और सनातन धर्म पर आरूढ़ कहते हैं। शिक्षा आचरण बर्ताव सनातन धर्म के उसूल के विरुद्ध करते हुवे भी अपने को सनातन धर्मी कहते हैं, ये कैसा शैतानी नखरा है !

काग भुशुण्ड जी की यज्ञ का अधिष्ठाता होना और बड़े बड़े निर्मल बुद्धि वाले पक्षियों तथा महादेव जी को सदस्य होकर कथा सुनाना।

अब कागभुशुण्ड जी की कथा का आप अवलोकन करने की कृपा करें। महादेव जी कहते हैं हे पार्वती कागभुशुण्ड जी जिस प्रकार भगवान का भजन करते हैं, उसे तुम प्रेम के साथ सुनो।

बटतर कह हरि कथा प्रंसगा, आवहि सुनही अनेक विहंगा।
राम चरित विचित्र बिधि नाना, प्रेमसहित कर सादर गाना ।।

वे बरगद के नीचे भगवान की कथा का प्रसंग कहते हैं, वहाँ अनेक पक्षी आते हैं और उस कथा का प्रंसग सुनते हैं। वे विचित्र ढग से राम जी के चरित्र को प्रेम सहित आदर पूर्वक गाते हैं।

सुनहीं सकल मति बिमल मराला, बसहि निरन्तर जो तहि काला।
जब मैं जाई सो कौतुक देखा, उर उपजा आनन्द बिसेजा ।।

निर्मल बुद्धि वाले वे सब हंस उस कथा को सुनते हैं जो उस तालाब में नित्य रहते हैं। बव में जाकर उस कौतुक को देखा तो मेरे मन में अत्यन्त आनन्द उत्पन्न हुआ॥

तब कुच्छ काल मराल तनु, धरि तहँ कीन्ह निवास।
सादर सुनि रघुपति गुन, पुनि आयऊ कैलास॥

सब गुणों से हीन लट्ठपाड़े पूजने योग्य हैं, यह दूरंगी बात कैसी? अन्य मनुष्यों से यह द्वेष क्यों? हम ठीक समझते हैं कि मनु स्मृति और सैकड़ों ग्रन्थों के प्रमाण के अनुसार जो ब्राह्मण मछली माँस केकड़े आदि खाते हैं ऐसा धर्म विच्छेदु ब्राह्मण, ये होम करें तो नरक गामी हों, और जिसके लिए होम करें वह भी नरक को जाता है। तुम बचे रहो और दूसरों को नरक में ठेल दो, क्या यही समझदारी है?

जब राम जी स्वयं कहते हैं कि शिबरी की बड़ाई जिस के हृदय में बसेगी उसके भाग्य को भी बहुत बड़ा समझना चाहिए। तो जन्मना जाति के अभिमान में गरज कि कौन सी फिलासफी भरी हुई है जिसके ऊपर लड्डू रह जाए। बात यह है कि लोग रामायण का भी आशय नहीं समझ पाते हैं। केवल अक्षर और चौपाई पढ़ कर कृतार्थ होते हैं। और जो लोग समझते भी हैं वे पक्षपात और अपने मतलब के पूर्ति के कारण सर्वसाधारण में प्रकाश नहीं करते हैं। इनके विरुद्ध जब कोई निरछली मनुष्य उक्त चौपाइयों को रामायण से दिखलाता है कि देखो कर्मानुगत वर्ण व्यवस्था रामायण ही में लिखा है फिर जन्मना जाति का ढकोसला कैसे? रामायण की चौपाइयों को सुन कर प्रथम तो अन्धविश्वासियों को बड़ी क्रोध होता है फिर जब कोई कहता है कि आप क्रोधित क्यों होते हैं, देखो रामायण में स्पष्ट लिख है न? तो अनेक पैतरां बदलने पर कहते हैं कि बिना भक्ति और तप के कोई ब्राह्मण नहीं हो सकता है, बात तो ठीक है, यह हम भी मानते हैं कि गुण कर्म सदाचार भलमनसाहत के बिना कोई ब्राह्मण नहीं हो सकता है, हर दशा में तप ही उसका कारण है। परन्तु तप किसको कहते हैं? इसे आपको बतला देना भी लाजमी है देखिए—

''ऋतं तप: ससं तप: शान्तं तपो दमस्तय:।

वेद विद्याओं का पढ़ना पढ़ाना तप है, सच बोलना तप है। मन को अधर्म से रोकना तप है, धातु को जला कर चमड़ी पर लगाना तप नहीं है। इसी तप के कारण ब्राह्मण का शरीर होता है, ये सब ही गुण हैं क्या अब समझ में आई कि न?

यदि आज सनातन धर्म कहलाने वाले अन्धविश्वासियों को सनातन धर्म के मान्य ग्रन्थों का स्वाध्याय होता तो इस प्रकार दूसरों के कहावत पर विश्वास कर के सनातन धर्म के सिद्धान्त का दुशमन क्यो होतें। किन्तु खेद यह है कि ये बपुरे लोग तो स्वयं शास्त्रों से तो अनभिज्ञ हैं केवल बाबा बचन प्रमाण मानते हैं। चाहे वे सत्य कहें य झूठ, बस वही सनातन धर्म है। इस तरह सनातन धर्म की दोहाई आज अधिक मनुष्य देते हैं।

परन्तु शोक यह है कि सनातन धर्म के सिद्धान्त से हजारों कोस दूर कर दिए गए हैं।

शाबास है ऐसा मनुष्य की बुद्धि पर जो आँख पर पट्टी बाँध कर बाबा बचन प्रमाणम् गुरुडम को सनातन धर्म मानते हैं, खैर आप जैसा माने मानते रहो किन्तु पूछना यह है कि आगे लिखे हुए चौपाइयों सत्यार्थ प्रकाश को तो नहीं है न? तो कृपा कर के सनातन धर्म सभा से इतनी निवेदन तो कर दीजिएगा कि आगे लिखी चौपाइयों का सनातन धर्म मासिक पत्र में लिख कर प्रचार कर दें।

दलील

जब जन्मजाति के अभिमानी जन्मजाति की संगति शास्त्रों से नहीं बैठला पाते हैं। जब इनकी बुद्धि काम नहीं देता है तब न्याय और विचार को ताक में रख ऐसा दलील को रामबाण समझ कर पेश करते हैं। कि गदहा, गाय और गाय गदहा नहीं हो सकते हैं अर्थात ब्राह्मण शूद्र और शूद्र ब्राह्मण नहीं हो सकता, यदि गदहा गाय और गाय गदहा हो जाए तो हम भी शूद्र को ब्राह्मण होना मान लें। उत्तर-गदहा गौ और गौ गदहा न हो सकता है यह भी हम मानते हैं क्योंकि गदहा और गौ का स्वाभिक रूप ईश्वर जन्म से बनाया है जिसे प्रत्येक मनुष्य पहिचान सकता है कि यह गदहा और वो गौ है, किन्तु जिसे तुम ब्राह्मण, क्षत्रिय, वैश्य और शूद्र कहते हो उसे कौन रूप में पहिचानोगे कि यह यह ब्राह्मण है, यह क्षत्रिय है, यह वैश्य है, यह शूद्र है?

भाई जिनमें इतना बुद्धि नहीं हैं कि गौ और गदहा का स्वभाविक आकृति ईश्वर जन्म से बनाया है और ब्राह्मण क्षत्रिय वैश्य और शूद्र नहीं, जिन में इतना ज्ञान विचार नहीं है तो मानो निपट गदहा वही है।

पहला बात यह है कि गर्दभ और गौ का उपमा शूद्र और ब्राह्मण का मुतअललिक में विषम है। क्योंकि गर्दभ और गौ की आकृति भेद है। दूसरा बात यह है कि गदहा और गौ परस्पर सम्बन्ध करके बच्चे पैदा नहीं कर सकते और ब्राह्मण शूद्र की स्त्री और शूद्र ब्राह्मण की स्त्री से निसबत करके सन्तान उत्पन्न कर सकते

हैं। इससे सिद्ध है कि, गर्दभ और गौ का जाति पृथक-पृथक है और ब्राह्मण, क्षत्रिय, वैश्य, शूद्र का जाति गर्दभ और गौ का तद्धत नहीं है। देखिए प्रमाण—

पुराण शिरोमणिभागवत मनुष्य से भिन्न गाय गदहा आदि पशुओं का यहाँ आप देखते हैं कि जो धर्मकर्म से रहित पाखण्डी लोगों के ठगने वाले हैं वे ब्राह्मण नहीं किन्तु पूर्वकाल के राक्षस हैं। इससे सिद्ध है कि प्रचलित व्यवहार के अनुसार वंशानुगत वर्ण व्यवस्था होता, ते ऐसे क्यों लिखा होता कि जो धर्मात्मा पुरुष हैं वे ही ब्राह्मण कहाते हैं और ऐसे ब्राह्मण की शास्त्रों में प्रशंसा है न कि प्रचलित धर्म कर्म हीन वंशानुगत ब्रह्मण की! विचारिए!! यदि जन्मना ऊँच-नीच की व्यवस्था होती तो धर्म कर्म करते या न करते ब्राह्मण को ब्राह्मण ही कहा जाता, परन्तु ऐसा विधान नहीं है।

अत: मानना पड़ेगा कि जन्मना ऊँच नीच की व्यवस्था शास्त्र विरुद्ध है। यदि ईश्वर ब्राह्मण को पवित्र और पूज्य जन्म से निर्माण किया होता तो धर्म विच्छेद करने पर ब्राह्मण भ्रष्ट नहीं होते, जैसा मैला गिरने से सोना भ्रष्ट नहीं होता, किन्तु धर्म से भ्रष्ट ब्राह्मण राक्षस, शूद्र, म्लेच्छ हो जाते हैं, इससे स्पष्ट सिद्ध होता है कि ईश्वर ने किसी को पूज्य, पवित्र या नीच जन्म से नहीं बनाया है, किन्तु कर्म मनुष्य को पवित्र पूज्य या नीच बनाता है।

और यह बात भी स्मरण रखना चाहिए कि जहाँ शास्त्रों में ब्राह्मण की तारीफ की गई है तो वहीं भविष्य पुराण अध्याय 44 के गुण वाले ब्राह्मण की तारीफ है न कि किसी जाति विशेष की, यहाँ पर एक प्रमाण और लिखते हैं जिसके देखने से आप लोगों को ठीक से मालूम हो जाएगा कि वेद कैसे पुरुष को ब्राह्मण होने का समर्थन करता किया है। देखिए!

ब्राह्मणो जज्ञे प्रथमो दश शीर्षो दशास्य।
स सोमं प्रथमः पपोस च काररस विषम्

जो सब में सर्वश्रेष्ठ (दशशीर्ष : अर्थात दस मस्तिष्क यानी क्षत्रिय वैश्य आदि मनुष्यों से दस गुणा बुद्धि रखता है इसलिए ऐसे मनुष्य को 'दशशीर्ष' और दशास्य कहते, जो ईश्वरीय पदार्थों के तत्त्व को जानने वाला है वह ब्राह्मण कहलाता है और वह बहुत कठिन पदार्थों को आपने बुद्धि से अच्छा बनाने का समर्थ होता है।

आप लोग यहाँ देखते हैं कि वेद में कैसे ब्रह्म ज्ञानी पुरुष की प्रशंसा है। यद्यपि हमारे पास एक दो चार नहीं सैकड़ों नोट इस विषय में है। परन्तु यहाँ सब को लिख कर पुस्तक को स्थूल करना व्यर्थ है। इतने से आप समझ सकते हैं कि वेदों में कैसे धर्म-मर्यादा पुरुष को ब्राह्मण कहते हैं और उसी की प्रशंसा वेद शास्त्र में तफसील से किया है न कि किसी खास व्यक्ति की।

कर्म से वर्ण व्यवस्था मनुस्मृति का प्रमाण

स्वाध्यायेन व्रतेर्होमै स्त्रैविद्येन ज्यया सुतै।
महायज्ञैश्च यज्ञैश्च ब्राह्मीय किय तनु:

अर्थ: वेदाध्ययन, व्रत, होम त्रैविद, पुत्रोत्पादन,महायज्ञ, और यज्ञों द्वारा यह देह ब्राह्मण का किया जाता है।

प्रश्न—आप का अर्थ गलत है, अर्थ यह होता है कि उल्लिखित कर्म करने से यह शरीर ब्रह्म प्राप्ति के योग्य होता है।

उत्तर—दोनों अर्थ का भाव एक ही है, समझ का अन्तर है, अच्छा तुम्हारा ही अर्थ सही, बतलाइए! यदि क्षत्रिय, वैश्य,शुद्ध संन्यास धारण कर ले तो उसे कौन वर्ण कहोगे? यदि कहो संन्यास होने पर वैश्य, वैश्य ही है, क्षत्रिय, क्षत्रिय ही है, तो उत्तर दीजिए कि कोई वेद धर्म शास्त्र का अनुवाद है, यह तुम्हारे मन का हुक्म से संन्यासियों का वर्ण क्षत्रिय, वैश्य, शूद्र होते हैं। यदि यह कहो कि संन्यास धारण करने वाले मनुष्य संन्यासाश्रम में प्रविष्ट हो गए। उनका कोई जाति नहीं, तो हम यही कहेंगे कि तुम्हारा अक्ल का दिवाला निकला है, देखिए मनु जी ने क्या लिखा है—

एषवोऽभिहितो धर्मो ब्राह्मणस्य चतुर्विध:
पुण्योऽक्षफल: प्रत्येराज धर्मान निबोधता॥

अर्थ—यह मनु महाराज जी कहते हैं कि, हे ऋषियों! यह चार प्रकार के आश्रम धर्म अर्थात ब्रह्मचर्य, ग्रहस्थ,बानप्रस्थ, संन्यासाश्रम, करना ब्राह्मण का धर्म है यह परलोक में अक्षय सुख देने वाला पुण्य है। इसके आगे अब राजधर्म सुनिए—

इस से सिद्ध हुआ कि, संन्यास धारण का अधिकार खास कर के ब्राह्मणों का है, जो ब्राह्मण प्राप्ति के कर्म करे वह ब्राह्मण, उसी को संन्यास ग्रहण करने का अधिकार है, जब सब जाति को संन्यास ग्रहण करने का अधिकार है तो शूद्र, वैश्य, क्षत्रिय ब्रह्म प्राप्ति योग्य कर्म करके ब्राह्मण के शरीर बनाकर संन्यास ग्रहण कर सकता है अन्यथा नहीं, क्योंकि ब्राह्मण का संन्यास ग्रहण का अधिकार है। ये मनु का प्रमाण है, ब्रह्म प्राप्ति योग्य कर्म करने से ही ब्राह्मण का शरीर बनता है।

बस, तुम्हारा ही किया अर्थ तुम्हारे मत का चकनाचूर हो रहा है, जो जन्मजाति को पक्ष को लिए है। वे श्रुति स्मृति को संगति नहीं बिठला सकते, संगति तभी बैठेगी जब वर्ण कर्म से मानी जावे, वर्ण कर्म से मानना यह श्रुति समृति का अकाट्य सिद्धान्त है।

सूर्यप्रसाद बीरे

पुरखन के याद में

हमारे पुरखे अपनी भाषा को मूल रूप से किस तरह से बोलते थे यह हमें नीचे लिखे हुए वार्तालाप द्वारा पता चलेगा।

सरनामी समुदाय के घरों पर मातृभाषा के रूप में भोजपुरी, अवधी, खड़ी भाषा, ब्रज भाषा, हिन्दुस्तानी, मगही आदि भाषाओं का मिश्रित रूप 'सरनामी' के नाम से जाना जाता है।

मैं जब 1983 / 1984 में भारत में अध्ययन करने के लिए गया हुआ था तो मुझे यह सूचना मिली कि बाबा अम्बिका सूरज अब नहीं रहे, सुनकर धक्का सा लगा और मेरे मन में कभी उनसे की गई बातचीत, जो उनके सम्पूर्ण प्रवासी जीवन पर आधारित है, लिखित रूप में प्रस्तुत करने की इच्छा हुई जो अब जाकर साकार हो रहा है। कह सकते हैं कि यह वार्तालाप न केवल बाबा अम्बिका की बल्कि उन समस्त पूर्वजों की गाथाएँ बता रहा है जो आज से वर्षों पूर्व सूरीनाम पहुँचे थे।

मंगलवार 30 मई, 1983 के दिन हम दुक्खी प्रोजेक्ट में उपस्थित हैं। किसके घर पर, उन का क्या नाम है, कौन पूर्वज हैं, वह अपने ही शब्दों में बताएँगे।

हमारी परम्परा को जीवित रखने के लिए अनेक प्रकार से कोशिश की जा रही है। हम नवयुवकों के लिए यह गौरव की बात है कि हम कुछ पुरखों से व्यक्ति रूप से मिल कर मौखिक इतिहास को लिपिबद्ध करने में और आप पाठकों तक पहुँचाने में सफल हो पाए हैं।

"हमार अम्बिका सरजू नाम है, हमरे बाप के सरजू नाम है, रायबरेली जिला है, डाकखाना सरैनी है, गाँव हेबतपुर, भूपसिंह के पुरवा है अउर तहसील डलमऊ है, बिदाराबाग, कोई बिदाराबाग बोले, कोई बोले डलमऊ तहसील।"

बाबा जी के इस परिचय से हमें यह पता चल रहा है कि भारत में यदि किसी व्यक्ति से नाम पूछा जाता है तो उस समय सही जानकारी के लिए पिता का नाम अवश्य बताना पड़ता था, बाबा अम्बिका ने इस परम्परा को सूरीनाम में भी निभाया।

हिन्दुस्तानी फिल्मों से हमें यह पता चलता था कि यदि किसी कुमारी लड़की के बच्चा पैदा हो जाता है और वह समय आने पर किसी स्कूल में प्रवेश के लिए जाता है तब अधिकारी गण उससे उस के पिता का नाम पूछते हैं, पिता का नाम न बता पाने की स्थिति में समस्या हो जाती है। पर सूरीनाम देश में पश्चिमी प्रभाव के

कारण केवल वंश का नाम पूछा जाता है। अर्थात यदि माँ शादीशुदा नहीं है और उसके बच्चा है तो प्रायः उस बच्चे को अपने निज नाम के अलावा उसे अपनी माँ के पिता का नाम वंश नाम में स्वाभिक रूप से माना जाता है।

बाबा अम्बिका से पूछने पर उन्होंने अपना सारा वृतान्त इस प्रकार बताया—

"रायबरेली जिला है, डाकखाना सरैनी है, गाँव हेबतपुर, भूपसिंह के पुरवा है अउर तहसील डलमऊ है, बिदाराबाग, कोई बिदाराबाग बोले, कोई बोले डलमऊ।"

यद्यपि बाबा निरक्षर याने अनपढ़ हैं फिर भी उन्हें इस वृद्धावस्था में भी अपने परिवार का नाम तथा पता स्मरण है। पर कभी-कभी वे बीच-बीच में सन्दर्भ से बाहर हो जाते थे। फिर भी यह गौरव की बात है कि बाबा अम्बिका यद्यपि सौ वर्ष के होते हुए भी अपनी समुद्री यात्रा तथा प्रवासी जीवन का पूरा वृतान्त स्पष्ट रूप से सुनाते हैं।

किस जहाज से वे आए थे, तथा उसमें कितने जहाजी लोग थे, उन्हें वह स्मरण हैं।

बीरे : कौन जहाज में अइलो आप?

बाबा : मतला जहाज, दुइ लम्बर।

यह जहाज इतिहास के अनुसार 1912 में सूरीनाम में आया था। कुल लोगों के बारे में अम्बिका जी इस तरह बतला रहे थे।

बीरे : ऊ जहाज में केतना लोग रहलें सब?

बाबा : ग्यारा सौ आदमी

किन्तु जब संख्या को इतिहास के पृष्ठों से तुलना की गई तो ज्ञात हुआ कि मतला दो नम्बर के जहाज में केवल 310 लोग आए थे।

बीरे : कितना पुरुष रहा, केतना स्त्री, केतना लड़कन?

बाबा : लरिके ना जाने से बाकी ते हफ्ता में तीन रोज?

बीरे : काहे खातिर आप अहलें भारत से सूरीनाम?

बाबा : जात रहे बम्बई, हमार माई मरिगे, बाप त दूसर माई लाये, क्या करें त दूसरे माई लाये, त बापो मरिये, इहाँ पर मइया दूसरकी रहे। त एक ठो लड़िका रहा छोटा के त कटिया करत रहे घास, गइयन के चउवन के। तब जाय के भयवा से बोले कि तनी बकरी बाँध दे, त उ बोले हम ना बाँधब, त एक झापर मारेन धीरे से, छोटा रहा बारा बरिस के, त हम ना बाँधिब, त हम बोली घास काटे जाय गाय गोरू के लिए अउर बार बनावत रहेन, त चउबिस बरिस के रहेन त हमार माई बोले मउसी ते, दुसर की ते, त बोले एकर मुँह न देखे

माँगित, त हम काने सुनेन, त एही मारे हम बोलेन कि ना एसे-वेसे का देख-माई मरिगे, बापो मरिगे, हम अकेले का करी, गाँव-गाँव बार बनाइत है। अइ काकी लरिकन पीछे घर-दुआर, काका-पित्ती सबके ढेर रहें त अलग-अलग रहें सब कोई, तौ ओही मारे हम चल दीन छुरा लहके, कैचीं लइके, सब चीज लइके, लोटा थारी, सब चीज, रजाई-वजाई बाँधि के सब चलेन, छूरा पहूँटे, त गए दूसरे नानी के इहाँ, दुसरे गाँव त कानपुर में गैन, भरती त बम्बई वाला उ त आए बोले कि उधर जाओ तो तोहि को लै चलें, एक सौ दस रुपिया भरेन, त हलका काठी बोले, तीन दफे लादिस रतिया के, "त मुड़े को बोझ चल जाहे, चुतरे के बोझा न चल जाय भइया" त हम बोली जाय फराकित कर आई इहाँ गाँव और देस बड़ा भारी है, सहर सहर में त न बइठे मिले, जेल होय बन्द करें। अउ उहाँ त न कुछ, त हम बोलीं कहाँ जाई सारे, त जाई अलकाटी, तीन दफे पकरि-पकरि लइबे, चलो सूरीनाम में, छ दूनी रोज देइब, सुकुल चलिहौ अउ नगीचे जावत है, चला जाव। तो जाइके इसको जब गए कानपुर उहीं आयेन उहीं पर जहाँ भरती भयेन, त बोले कि इसकउतू बोले जहाँ पर हम आए त पइसा पत्र पठाइब।...हँ तू चला जा मुलुक, त उहीं आयेन तखैर रात-दिन राजी से जाइत है। त बोले कि इसकउतू बोल जात सारे तू लोग टट्टी उठइहो, अहिसे बोले त हमूँ टट्टी का उठाई, हम राजी खुसी से जाइत है त जाव तू, त जाइके तेरे को चींटी उ अउर एक सीका रहे, मूड़े पै, कान पै लगे, देहीं में लगे, मसकीटा हाथे में मारि देब, मारि जा, हाथ जोड़ के हइये नईं, का करी औ बोली बोले मसकीटा दिन भर पल्ला बन्द किए रहे औ रात को आवें। काने में सुनके भनभनाँय बोले अब तो आ गयेन, मारो, तो मारे के हड्डी-गुड्डी हइये। नई खूने-खून निकारे मसकीटा। त का करी आब ओही कनतराकके काटै पाँच बरिस भैन, फिर कागद पायेन, कागद ना बताइस, त कागद पहिले पाएन, त बोले जाओ तू हियाँ रहिहो तो खेत देइब, आठ दुन्नी रोज देइब, बोले पाँच चवन्नी, डेढ रुपिया रोज कमाइत हउ, त किवड़वा से बतिया लगे पर एक खूब बढ़िया आदमी है एकक्वाट कही जेल न काटे। मारे कोई ना, हम

का कहीं त उ कागद लेके चल दिन, ओ ब्राहमन के जो खायक बनावत रहा ओहू के दे देन हँड़िया, पलेटी, गिलास सब चीज, तीन चवन्नी रोज, तीन चवन्नी के चाँपू लगता, अठन्नी के टिकस के अडर रुपिया लगत रहा, सौ रुपिया अगत ही खरवी के पइसा, इ सब लगाइस।

मार चींटी काटे, अ जउन लेसी रहे त उ पानी में गलि जाय, हम लोग तो लपेटी लेई जूतो पहिरे, सब चीज। चीटी न काटे व काटि कर और न काटे त मारा जाइ चुटकी न छुआइत, त ओही करके का करीं भई त उ ब्राहमन सोब चले गए एक्के ठो बन्ना रहे, तब चला गए बैरनसुख, त उ दुई बरस उहाँ रहे।

अभी तो आप भारत अउर कंत्राक के बारे में बतइलो, कई बरिस के रहलो जब हुआँ से सूरीनाम आयलो?

बाबा : चउबिस बरिस।

बीरे : आप के बिआह होई गै रहा?

बाबा : हाँ बिआह होइगै, मेहरारू सब रहा।

बीरे : त आप उ सब के साथे अइले?

बाबा : भाई के बिआह कीन।

बीरे : भारत में?

बाबा : हाँ।

बीरे : त आप उ सब लै के अइले?

बाबा : ना सबके, काई के ना लायेन।

बीरे : खाली अकेले अइले?

बाबा : कोई रहिबे न करे, आ माई बाप तो उ मरिगै हमार।

बारे : आपके तो बोल्ले, बिआह भइल रहा।

बाबा : बिआह हमार भये रहे घरे।

बीरे : त औरत—लड़कन कहाँ?

बाबा : ओही मइभा लगे रहे।

बीरे : छोड़ देले रहे?

बाबा : हाँ।

बीरे : काहे के न लइले उ सब के?

बाबा : त हम बोली बम्बई जाइब, तब कागद खाली पठाइब आ जब पइसा आइ तब तोहके लइके जाइब, अइसे बोलेन।

बीरे : झूठ बोलले रहे?

बाबा : अउरतिया ते बोलेन, हम जाइत है बम्बई। जाइत है काम पाइब त उ का लै के जाइब, त उ साले अलकाठी तीन ठई गाड़ी पर बइठा-बइठा लै गइये, त उ आठ बजे त कमसारस रहा, छोटा रहा, कमसारस झउन लड़िकवा, ओड़िकवा हुआँ पर रहे नकेरिन, त उ छोटा त उ दू बरिस कमती रहा। तब बोले भइया हमहूँ न जाएब, त गए रात कोई आठ नौ बजे अलकाठी लइकै, त उ बोले कि भइया हम त उ दू बरिस छहेन कमती हय अउर चड़िहा जाइत है त उ का करे, त उ तूँ न गए। बोले न त उ बोले दू बरस कमती हमय, तउ दू बरस कइ देय, बीस बरस कै दै देय, अब बाइस बरिस हो गयेन फिर दू बरिस कम तो दूनो कै, कमसारस कै, त उ कप्तान बोइत गए।

बीरे : हिआँ पर जब आप अइले, तब कहाँ पर उतरले, जउन जहाज से अइलें, उजहाज कहाँ पर उतालिस तू लोगन कै?

बाबा : दीपू में।

बीरे : केतना दिन दीपू में रहला?

बाबा : अरे कोई दू-तीन हफ्ता रहेन।

बीरे : त ओकरे बाद कौन पन्नासी लै गए तू सबके?

बाबा : पिपरापात।

बीरे : कै बरस हुआँ रहलो?

बाबा : पाँच बरिस

बीरे : कौन काम करत रहे पाँच बरस में?

बाबा : घास काटे, गोबर उ, बकवा लगाई, कोफी लगाई, सब चीज लगाई, मसकीटा काटे सारे, बरइया काटैं।

बीरे : त उ समय अपन मुलुक के ना सोचत रहले?

बाबा : अब का सोचीं, कंत्राक तो सब कोई करत रहे, त पचास आदमी हुआँ गए, अरे लक्षमन सिंह मिसनरी भी, अबर सब के सब मरियाबोग गए, त उ मरियाबोग में चार बहिना मंझा कै मारे रहे।

बीरे : कउन मंझा रहा उ समय?

बाबा : अब नाम है बकि भुला जाइत है, तमासा जान हिआँ रहा, तीन पन्नासी एके रहा, पिपरापात, कोफीजम्पो, भुला जाइत है, अब तो जाइके ददरीकी तीन पन्नासी ओके रहा, त मार डालेस।

बीरे : के मरिगै?

बाबा : मंझवा मारी, बोले बताव पइसा, केतना पइसा, त उ बोले चलो घरे बताइब, त उ सब चले, कटी लै गए रहा, पहिले हिन्दुस्तानी खारी रहें।

बीरे : आप भी खारी रहलें?

बाबा : अरे, हम न रहें बकि बतिआएस सब, हम पिपरापात रहे, उ मरियाबोग में,त उ कटी त उ काट डारेस।

बीरे : के काटि डारिस?

बाबा : आदमी हिन्दुस्तानी।

बीरे : के के काटिस?

बाबा : मंझा के।

बीरे : का नाम रहा ओकर?

बाबा : हाँ मासा मेवा।

बीरे : आप उ समय उहाँ पर रहले?

बाबा : हाँ, चर महिना पीछे उतरेन, जब मासा मेवा के खबरे सुनेन काटि डारिस हय? हाँ, हियाँ आयेन, उतरेन तब खबर मिलल? त उ जाइके मारिस।

बीरे : के मारिस रहे?

बाबा : देखे हेठइन मायेस त उ मुलुक चला गए, त उ बोलेन हमें छुट्टी है, त उ ओके फिर फाँसी होइ गए वहाँ पै।

बीरे : अच्छा बताओ, जब आप कंत्राक काटत रह लो, त कई बजे तलक काम करत रहो खेत में?

बाबा : सात बजे ते चार बजे तक, सनिच्चर के तीन बजे तक।

बीरे : ओकरे बाद का करत रहे आप लोग?

बाबा : घरे आवत रहेन, हंड़िया बरतन धोवत रहेन,भात बनावत रहेन, खात रहेन, अ उ ढोलक बजत रहा, गावत रहे, तास खेलत रहे।

बीरे : एकठो ओमा से गाय कर हमें सुनाई सकिहा?

बाबा : गाना का गाई, गाना भुलागै सब।

बीरे : अच्छा जउन इआद है गाओ तो,

बाबा : ना उ, हम त उ भूलि गए भइया, का घाई! बोले—

कलकत्ता ते छूटा जहाज
हमरा कोई नहीं
कलकत्ता ते छूटा जहाज
हमरा कोई नहीं

माई भी छूटे, पिता भी छूटे
माई भी छूटे, पिता भी छूटे
भइया छूटा अबीर
हमरा कोई नहीं
कलकत्ता ते छूटा जहाज
हमरा कोई नहीं
हियाँ सूरीनाम आए
कफरी के चाल चलाए
कफरी कोई नहीं

मुलुक में कफरी, मलाई न रहें, खाली अ उ हिन्दुस्तानी, ब्राहमन, छत्री, नीच आदमी कुआँ अलग-अलग रहा। अभी त उ सब ऊँचे जाति हैं। सब ऊँच जाति हैं, न ब्राहमन, न चीन्हा, कोई नहीं, अब त ब्राहमन कोई नहीं, जानते, देखो उआँ गाना गावत रहे तउ बोले भइया छोड़ि देव, अब ई...अब झंझट है, गाना गावत है, चुप्पे रहो, त चुप्प भये, फिर गावे लागें। त उ तूँही के के बोले भइया...अब गाओ, तनी होम, ओम करे हैं तब फिर गाव लगे, इहै मनुस जो माने, समझे त उ कुछ नाई है, न समझेत उ गदहा है, पसू है।

बीरे : अच्छा अउर गाव वा सुनाओ तो।

बाबा : अरे का बताई, हुआँ सूरीनाम में ले गए रहे..., ओटो में लइ गए रहे हिआँ घर ते, तब बोले...चलो...गए...त उ चालीस पचास आदमी बइठा रहे हुआँ पर जहाँ गाना होत है, अरे का बोले फेलें-आलें होत, तब बड़का मारे।...तब बोले—गाओ, तउ सब कोई न गा पावे, अपन गावघर बतावे, एक आदमी बोले-तॅ बहुत दिन के त उ बोले का बतावें मुलुक गए ना..., ना सुन पाइत है, अब का करी, लड़िके त पीछे कभी-कभी हल्ला करित है। झगड़ा करित है, अच्छा त एही मुँहे से न किसी के मारेन ना किसी के गरिआएन, अउ न किसी के धरता न अउर न कोई हमार धरता है, न कुछ लइके आए, न कुछ लइके जाइब, जो करी तो भगवान करी, तोहर बात सुनी, भगवान सुनी, अउर कोई ना सुनी।

बीरे : बाबा! अब बतावा आप कभी इस्कूल गइलो रहो?

बाबा : ना।

बीरे : त इ भासवा कइसे जानै बतिआवे?

बाबा : इ बतिया जानत है, जब स्कूल मास्टर रहे, तो ऊ कभी बार बनावत रहे, त उ बइठे लड़िकन ते पूछे लगित...

बीरे : तब लड़िकनै ते पूछि के करी ?

बाबा : त बोले—क, ख, ग, अंग, उ, च, छ, ज, झ, इयाँ, ट ठ, ड, ढ, ड़, प, फ, ब, भ, म, य, र, ल, व, स, ख, ह, त, र, ज्ञ, अइसे सब सुना करी, पहिले के जमाना सुने बकि इ जमाना भूलि गइल, डइ, जउन लिखे तउन भूलि जात हैं, भूलि जाएँ बकि...बोले...

कलकत्ता ते छूटा जहाज
हमरा कोई नहीं
माई भी छूटे, पिता भी छूटे
भइया छूटा अबीर
हमरा कोई नहीं

अब दिल्ली में जो दुख है, घट्ठे घर में सुख वाले अब बड़ा अउ दुख होई गए, माई बाप छोड़ि देहिस...अपनी भेटों न करत न करत कुछ खोजो-खबर न ले हे, त ओही भगवान ते बोगी, ले रात एतना दुख हमरे है, दरीसी धरा है, ददरा देखि पाई कउन चीज...एही मुँह से लात खाई, चाहे पान खाई।

बीरे : कई बरिस के रहलो आप, जब आप के ब्याह भइल रहा भारत में ?

बाबा : चउबिस बरिस, बीस अउर चार चउबिस बरिस।

बीरे : एतना देरी में काहे बिआह भइल ? हुआँ तो छटे उमीर में ब्याह होत रहा ?

बाबा : छोटा बइ पर बिआह होत रहा, गउन पीछे देत रहें, दस बरिस में बिआह होत रहा, अउ तेरह बरिस में गउन दे रहा।

बीरे : आप तो बोल्ले रहें कि आप के चउबिस बरिस में ब्याह भइल रहा ?

बाबा : चउबिस बरिस नाहीं दस बरिस में बिआह बय, अउ तेरह चौदह बरिस में गउन दै, पहिले छोटा-छोटा लड़िका कै करत रहा।

बीरे : आपके मन ना करत रहा फिर से मुलुक जायके ?

बाबा : जायके बहुत जी करत रहें, जउन मेहरारू के सड़िका साथ रखे रहेन तउ बोले हमार लड़िकन भूखन मरें, बार बनावत रहे सनिच्चर के, दुअन्नी रोज जगोय के धरत रहें जा वे दिन उठा लै जाय।

बीरे : बाबा केतनन लोग कहे है कि असली में अपन बोली बानी पढ़ले से रोटी ना मिली बेस्तर होलांस पढ़लै उ अउर बढ़िया है, एकरे बारे में आपके का बिचार है?

बाबा : इ ख्याल करो, हंदुस्तान में ना पढ़े ओही गाँव घर में लात खइहें, बिटिया भगा ले जइहें कफरी, मलाई लगाई, कफरी लै जायें अउ पकड़ो लै जाएँ, बोले धोती वाले कमाएँ, टोपी वाले खाएँ है, हुलान चला गयें केतना बिटिया चली गई, बोले कामें ना करत, काम न करे, कइसे खायें कइसे पढ़ावे... हिन्दुस्तानी। ...हिन्दुस्तानी बकड़ा देउ पइसा दरेसी दीहें, अउ लड़िका पैदा करे हैं, गाय गोरू पैदा करत रहा...दुनिया में ये ही है, कोई नाय, भगवान है अउर कोई नाय...का बोलत रही, भुला गइली...भगवान के ना मानत है, भगवान माने हैं तउ कइसे जमीन हियाँ देखाय और पावे ना पावें, कोऊ ना दुनिया में ओर न पाइस, ओर न कोई पाई, ना जंगल के ओर पाइन न बिदया के ओर पाइन, जमीन के न ओर पाइन... सबेरे होते दुख पहुँच जाहे।

बीरे : कौन दुख है आपके?

बाबा : सब दुख है, आँख देखात ना है, काने सुन ना पाइत है, आउ गोड़ न चलि पाइत है, एही मनुस है।

बीरे : कुछ किस्सी कहानी या मसला जउन जानत हउ सुनावा।

बाबा : मसला का बोली, ''कि जल में आगि लगाऔ बहिगै नदी नार, मछरी झन्खै अपने करम के फेर ना लागी आँच'' तउ भगवान के लीला अपरम्पार है, तउ भगवान दुख देइस जल जउन समुन्दर में आयेन, में आयेन, न पेड़, न पालो न घर, न दुआर, आदमी कुछ ना जल जल रहल, भईस मछरी उड़े तइसे भईसिया उड़े, अइसे कूदे, कूद जाय औ जहाज पर आरा लगा रहे, आरा न लगा रहे, तउ मछली फोड़ डार ओटवे, तू समझयो, चाहे न समझे, नाऊ न समझाये हो रहें, पढ़इया न समझे होइहें...जौ पढ़े होत तउ छोट छोट कागद बना-बना बीग देत।

आज आप जैइसे आयो, केऊ रोज आयेब, हम बोले का जाने कौन रोज अइहो, अच्छा आए गए आज धन्निबाद।

हरिदेव सहतू

हम जाईला...आइला

न जाने कब से बादर गजरत अँधियार होवत चलल जात बा। साइत फिलमवा भी न देखे के मिली का?

का करो खोई दुलहिनिया, तोरे मुड़िया में तो जब देखो तब फिलमवे नाचल करत बा। कब से बोलिला कि रदियोव्वा बन्द कर दे, बकि तू हमार बतिया थोरो सुनिए...ना सुनत बाटे कि बादर गजरत बा और देख बिजली भी चमकत बा।

अच्छा बाप।...बहुत पक-पक-पक ना कर, देख! बुताय देली। हाँ! जा—बालटी लोव और अपन बगलिया में लगा दे...ना देखा हे कि हुआँ पानी टप-टप चूवे हे?

वाह! वाह!! एतने गुस्साय गैल हमार घर वाली। अब्बे हम तोके मनाय लेब।

सच्चे न?...

सुन तो, जना है कि कोई बलावत बा...कमाड़ी भी खट...खटावत बा। तू देख तो, हम हाली-हाली नहाय लेइ।

हाली-हाली ना, मोई से नहइये।

(दरवाजा खोलती है)

नमस्ते माई!

नमस्ते बेटी।

आओ, भीत्तर चलो। छत्वा हम्मे थमाय दो—हम धर देई!

मनेरवा बा घरे बेटी?

जी हाँ, चलो बैठो।

तू हम्मे ना जानत होइये न बेटी?

ना माताजी।

अरे हम चन्वा के माई न बाटी?

चान! कौन चान?

हाँ तू ना जान पइये, तोर तो हलिये बियाह भैल बा। तू निकेरी के बाटे न?

जी हाँ माई, हम हुवें के हइली।

चान हमार दुलरवा बेटव्वा बा। आस-पास के दुइ-तीन स्कूल में तोर मनेरवा के साथ हिन्दी पढ़ावत रहा। ओके बड़का खेत, ट्रक्टर, ट्रक भी होय गैल रहा, । रात-

दिन एक करके मेहनत करके सब कुछ बनाइस रहा। ओसे पहिले ब्लान्टी के बस चलावत रहा और छोटी-मोटी खेती भी करत रहा। एक से एक भाजी लगावत रोपत बेंचत रहा।

एक दिन काम पर झगड़ा होय गैल।...उ घूसखोरी से दूर रहे चाहत रहा। एही से कमवा छोड़े के पर गैल। तोर घर वाला ओके ठीक से जाने है। दुनु साथे फुतबाल भी खेलत रहिलें। तोर सास-ससुर कैसे बाटें, बेटी ?...

(आदमी नहाकर अन्दर आता है)

एरे बड़की मइया, तू कहाँ!! एतना बर्खा में? नमस्ते बुढ़िया।

नमस्ते बेटा। तोहार बान अब्बे ना छुटल बिट्टु! कब तक हम्में चिढ़ावल करिये...आपन दुलहिनिया के थोरो सतावल करत बाटे?

ना रे बड़की मइया...तोर पतोहिया के कुच ना बोलिला। ओके सोना नेर सम्हार के रखखी ला। माड़ तो पूछ ले। कैसे लगल हमार हो तोके मइया?

तोसे और अच्छा...बहुत प्यारा बा हमार बिटिया रानी...जनाहे थोरा सरमाऊ बा।

तब तू ओके अब्बे ना जानत बाटे। छोड़ो इ सब बात...बताव ददवा और चान लोग कैसे बाटे?

अरे...हे! दे...बड़की मइया के आँखियन में आँसू!! तू भी रोवे जाने हे का?

ए बेटा, हम तू लोगन के का बताई। घर ही वालन के पीछे तो हम आज इधर उधर दौरिला। तोके निकेरी जाय के परल रहा, होहि से तू ना जाने हे। तोर जाय के दुई बरिस बाद दादा बहुत बीमार भैल और हम सब के छोड़ के भगवान के प्यारा बन गे। अब हम अकेले हिंयाँ बाटी, जैसे सरपत बा ओइसने जीवन बितावत बाटी।

तू कैसे अकेले बाटे। चान तोरे साथ ना रहे हे का?

बेटा...हम तोसे का बताई। आज हमार दिल रोवत बा। करी तो का करी। तू तो जानत बाटे कि हम ओके आपन सगे बेटा से ज्यादा प्यार देली, बकी हमार दुलरवा चान के आपन सूरीनाम छोड़े के पड़ल। एक तो देस के हालत के कारण और फिर ओकर माई के नाटक के कारण और...

ओकर माई कहाँ से टपक पड़ल?

हरि, साइत तोके अब्बे याद होई कि जब तू लगभग दस बरिस के रहे त चान के माई बिना कोई से बतावे चुप्पे से हॉलान्त भाग गैल रहा...इ तो चान के बाप के भी ना पता रहा कि उ हॉलान्त में बा। हमार परोसिन के बेटव्वा छुट्टी मनावे खार्तिन आइल और हम सब के बताइस कि "महारानी" हुआँ एगो बकड़ा के साथे रहे हे और देखा हे जैसे पन्द्रा बरिस के छोकरी।...सु तो! जना हे कि कोई आवाज देवे हे।

अरे, हाँ बड़की मइया! इ तो देखते-देखते चार बज गइल। हम्मे स्कूल जाय के बा, हुआँ एगो बैठक बा। तू हमार दुलहिनिया के साथे बैठ और आपन दुख-सुख कर...

अब तोके देरी ना होवे हे का? बड़की मइया से बहुत खेलवार ना कर। भाग यहाँ से...हल्दी—

देख ले बड़की मइया।...और तू हमार निन्दा न करिये...सात बजे से पहिलल्वें आय जाबे। हम आबे तोर घरे..एक दुई दिन बाद। ठीक बा, अकेले ना अइये...अपने "हो" के साथ लइये। (जाता है।)

बड़की मइया, तू आज हिँये रह जा, हमार लोगन के साथे। ना रे बेटी...हम्में बिहान तड़के उठ के काम पे जाय के बा। सात-आठ बजे परेसिन आपन ओतो से हम्में आई लेवे। उ पहिले जाई आपन बिट्वा के स्कूल से लेवे, लौटत के हियाँ आई। बेटी, हरि से बताय दिहे कि हम चान के बारे में ओसे कुछ और बतावे माँगत रही। तू बताय दिहे, हम हीं बतइती तो साइत ओके बहुत दुख पहुँचत। तू आपन काम कर और सुन्ते जा।

ठीक हे। आप बतिया हो, तो लगे हे कि हमार मइया आईगे।

कहाँ बा तोहार माई बेटी?

उ हम लोगन के बीच ना बा, लगभग आठ बरिस पहिले ओन्कर मृत्यु होय गैल। आप आपन चाह अब्बे ना पिलो, लाओ हम दूसर।...गरम वाला लाय देइ। तब तक चान वाला बतियन बताओ।

बेटी दुई बरिस होवे हे कि चान के माई अचानक सूरीनाम आइल...महाभारत मचाय देइस। जौन बेटव्वा के मुँह ना देखे माँगत रहा ओकरे आगे ओयस आँसू बहावे लगल जैसे ब्रोकोपोन्दो बाँध के धारा। हमार घरे आय-आय के चान के कान भरे के सुरु करिस और बोले। ..बेटा...चल हमारे घरे। हम तोके बहुत चाहिले। तू छोटा रहे तब तो हम तोहरे बिना ना रह पावत रही...एक मिनट न जी सकत रही, बकि...बकि तोर बप्पा बाप ना रहा। जौन दिन तू छौ महिना के भेले रहा और हम्में...तोके छोड़ के नव-दुई ग्यारह होय गैल। हम तोरे खार्तिन बहुत रोइली चान, रात-रात जगते रह जात रही...हम्में नींद-वींद ना आवत रहा और बेबस होय के।...घर-वर छोड़ के नेइदरलान्त चल गैली। चल चान...चल हमरे साथे...आपन घरे। चान, हरि के माई तोर माई ना हे, हम तोर असली माई हैं।

ए बड़की मइया, त आप चान से ओकर माई-बाप के बारे में ना बतइले रहो?

बेटी, हम लोग चान के बतैली कि ओकर माई-बाप के बा और काहे खार्तिन उ हमार लोगन के घरे आइल। एक बात जरूर बा जौन छिपावल गैल, हम लोग चान के ना बतैली कि ओकर माई कैसन औरत बा। एहु ना बतावल गैल कि ओकर माई चान के बाप के घर-अँगना, धन-दोलत सब कुछ लूट के उड़ गइल बा...और ओकर बाप और ओके घर से बेघर कर देइस। हम ही लोग रमेश भाई के सहारा बनल रही। उ बेचारा बहुत दिन तक हमार लोगन के साथे रहत रहा।

मौका पाइस त बिदेस चलगे। अच्छा काम करे हे और समय-समय आय जावल करत बा। चान से खूब पटत बा। बाप-बेटा में खूब बने हे।

बड़की मइया, एक बात हमार समझ में ना आवे हे...हमार मगज में ना बैठे हे।

कौनची बेटी, कैसन बात!

उ अवरत इतना बात बोलिस और तू लोगन सुनते रह गैले? कोई के मुँह ना खुलल!

सुन पतोहिया...अब तू हमार सुन! इ सब बतियन हमार सामने थोरो होवत रहा। हम्में तो शशि से इ कहनियन सुने के मिलल। एही बेचारी तो हम से बताइस कि चान के माई हॉलान्त मिलल। एही बेचारी तो हम से बताइस कि चान के माई हॉलान्त से आइल बा चान के कान भरे...तू तो जानत बाटे...अरे हाँ तोके ना पता होई कि हम एतवार के छोड़ के रोज बजार करिला। हम तो सबेरे तड़के उठके तरकारी, फल, और कुछ फूल लेइके चल जात रही। घरे लौटत-लौटत संझा के चार-पाँच बज जात रहा। इ ननिया के इ सब ठीक से पता बा। एही खार्तिन इ महाराजिन आठ बजे सबेरे के बाद चान के पास खेत में आवत रहा। संझा के चार बजे से पहिले श्रीमतीजी नव-दुइ ग्यारा होय जात रहा।

त शशि का करत रहा...ओके खदेर ना सकत रहा?, शशि का-का करे। ओकर स्कूल 7.30 बजे सबेरे सुरू होवत बा। दुई बजे तक घरे आवत बा। अइते घर के काम काज में लग जात बा। चान लगभग चार बजे घरे आय के खाय-पीके थोरा आराम करके फुलवन के सेवा में लग जावल करे हे। शशि भी पानी भर-भर लायके देवल करे हे। सिंचाय के बाद। ..देख दुलहिनिया...हमार ताक्सी आयगे...तूतर करत बा...एलबत बड़की मइया। आव चलल जाय देखे...बड़की मइया...आपके परोसिन तो ठीक सात बजे आइगे। जौन मनई समय के पालन करे हे, ओके हम बहुत इज्जत करिला। करे के भी चाही बेटी। हमार लोगन के देस में बहुत कम मनई बाटें जौन आपन देवल बचन के पालन करत बाटे और समय पर ध्यान देवल करत...

अरे मइया। ..पतोहिया भी साथे चली का? हम सोची।...बन करी ओतो और चल के पतोहिया से जान-पहिचान कर लेई और आपन बटिया रानी से भी मिलाय देई।

बढ़िया बिचार बा। एही बा हरि के प्यारी।

तू तो...रुक...रुक। एके तो हम बर्सन से जानिला...तू कमलिया के बिटिया न बाटे?

नमस्ते माताजी, हाँ हम ओही के बिटिया हइली। मइया बतावत रहा कि ओकरे गाँव के सब कोई ओके कमलिया के नाम से बलावत रहिलें। आओ, चलल जाय अन्दर।

नाहीं बेटी...दूसरे रोज।

और हाँ।...सुन! आज के बाद हम्में माताजी नाही मौसी बोलिये...हम तोरे मइया के सब से बिस्वासी सहेली बाटी। हम लोग के नाता बहिन बहिन के है। एक साथे स्कूल जात रही...छोटे से एक बाडी पे बगल-बगल बैठत रही। बकि इ बताव...तू हम्में कैसे भूलाय गैले। याद कर मटकोर्वा, भतवान और तोरे बियाह में के हंगामा मचाय रहा।

बस-बस फिलम्वा हमार आगे फिन घूमे लगल...हाँ। ..तूही सरनाम वाली मौसी हइले...उ...उ जौन नाचत कूदत रहा जैसे छोटा झिड़ा। इ आठ बरिस पहिसे के बात हे।

वाह...वाह परोसिन! खूब नाम कमइले...झिड़ा नेर! हम ना रही ओही से। नहीं तो...

कौनची...नहीं तो कौनची... ? का तू हम्में जीत पइते ?

छोड़ इ सब बात। जानत बाटे, तोरे अइते पतोहिया के बोलिस ? बोले तोर परोसिन ठीक समय पे आइस, उ समय के पालन करे जाने हे। ए...बिटिया, आपन बड़की मइया से बताय दे कि कोनो पोलिटिक पार्टी के नोता ना हइली कि बारिल भरके वादी करी...और करी कुछ और।

हम ना माडिला बोले...कि जन्ता रे धोखा देइके आपन जेबी गरम करत बाटें। हम ऐसन-वैसन मनई ना बाटी, जनले ?

अब्बे कोनो सुन लेई त का करिये ?

सुन लेई त का कर पाई हमार। कोई कुछ बोली त हियें, एही द्वरिये पे उठाय के दय मारब...ओकर ह...प..सब बन्द होय जाई। का सोचले हे तू जगरानी के।

साबास मौसी। ऐसने औरतन के इ देसवा में काम हे।

ए पतोहिया...तोर मौसा।...तोरे और हमरे आगे बड़का बात सुनावे जाने हे...खाली नम्वे भर जगरानी बा। बैठ गाड़ी में, तू कहत रहिल कि आशा के बिहान स्कूल में रेप्तिसी बा। भोई से रहिये तूलोग बेटी, नमस्ते।

नमस्ते दीदी।

नमस्ते आशा, आप लोग भी सही सलामत घरे पहुँचियो।

धन्वाद।

हम तनको न जान पयले रही कि बिटिवा के सादी तोरहीं मेइस्तर्वा से भइल हे। उ तो हमार दमाद भइल यार!

एक चीज से बच गैइले परोसिन...मुँह दखनी से।

तू कुछ सुने हे कि ना...सम्हार के ओतोव्वा चलाव। ..दमद्वा के चिन्ता ना कर। रस्ता देख! केतना देर से कोनो तुतर करे हे। कान्ती होय जा।

देकिला न! तू तो डाँटे हे जैसे हमार ससुर। जब-जब उ इ गड़िया में बैठत रहै तब तब हम्मे 40-50 के तेजी से ज्यादा ना चलावन देत रहा। ओहु बोलल करत रहा ''सम्हार के''। बकि ओके का पता रहा कि हम 60-80 वाली रही। बकि हमार बाव

उ दिन छुटल, जब हमरे ही सामने दुइगो गाड़ी टकड़ाय के एकदम पिचला होय गैले। आदत तो छुटल बकि ओकर इ बतियन ना भूल पाइला।

बेटी, हम तीस बरिस तक मोटर-गाड़ी चलइली हैं। एही देखत अइली हैं कि जोर से चलावे के नतीजा का होवे हे। हमार ऐरफारेड हे कि कहीं जाय के होई, त ऐसन समय पे घर से निकरे के चाहीं कि जहाँ पहुँचे के हे, हुआँ एकात मिनिट पहिल्वें उपस्तित होय जाव। तू एक बड़िया मनुस के याद कराय देले। तोर ससुर बड़ा चतुर रहा। उ धान के खेती भी करत-करावत रहा। एसे और हरि के दादा से खूब पटत रहा। ज कुछ बोलत रहा, त बहुत सोच-बिचार के। हम तो इ बतियन ना भूल पाइला कि धनलग्गी और धनकट्टी के फाकान्सी में का का होवत रहा...गाँव वालन केतना प्यार से एक दूसरे से मिलत रहिलें, एक दूसरे के मदद करत रहिलें। एमा तोर ससुर का बड़का हाथ रहा। उ सबसे प्यार करत रहा। खूब हँसे, हँसावे, गावे-गवावे और काम करे-करावे।

अच्छा? और तू लोग का करत रहिले?

अरे सुन न...हमार परिवार के सब कोइ पहिले तोरे ससुर के खेत में काम करे जात रहा। ओकरे बाद तोरे ससुर के परिवार हम लोगन के साथे काम करे आवत रहा। हम लोग धान के बीया उखाड़ी, एक कोल्वा सा दूसरका में ले जाय के धरी, जौन में बड़का मनइयन रोपत रहिलें।

बुढ़िवन-बुढ़व्वन गाय-गाय के खूब हँसे। कुछ समझ में ना आवे। कोनो कोनो बुढ़िवन गुस्साय जाय...और मर्दवन रिरियाय—खिखियाय हँसे, बकि काम औतने जोतेर होवे। तोर ससुर में तनको घमण्ड ना रहा। ओके कोइ कुछ बोल देवे तो बेचारा हँस के रह जात रहा। छोटा-चोटा लड़कन खेत में आय जाय त उ, सब के बलाय के बोले, बहुत देरी तक घाम में न रहियो, जावो और लसोड़ा के पेड़ के छाहीं में बैठो—खेलो। करिक्का जामुन के पेड़ के निच्चे बहुत देरी तक ना रहियो नहीं तो कपड़ा मोर्सू होय जाई।

कब्बो-कब्बो लड़कन के साथे खेलो और पूछे कि धान मुंडन, खरही, मचान, हूड़ पटावे का बा? धान दवाँय त उ सब से पहिले बैलवन के पीछे-पीछे चले, बेगैर छुटकुन के...और जब तक न थके दूसर कोई के अवसर ना देवे। हमार बाप...सुन न परोसिन, तू दूसरे के बारे में बतावत बाटे। ठीक है बकि जाने माड़त रही कि तू लोग का करत रहे। खाली बुढ़ियन-बढ़वन के बात न कर।

अब हम समझली कि तू का सुने माँगत बाटे। त सुन तू हमार तोरी! एक धानकुट्टी के दिन के बात बतेवे जाइला...लाफ स्तोरी वाह स्पीड तोरी...

उ दिन हम का देखिला...चान के ददवा...अरे, उ समय तो उ जवान बड़ा देखनौक रहा...हाँ त हम देखिला कि इधर-उधर ताकत बा और हमार कन्ती बढ़ल आवत बा। हम जानिला कि धान कट्टी और धान लग्गी के समय, जब-जब ओके

मोका मिले हमार तरफ ताक-ताक मुस्कुरात रहा...आँख मारत रहा...हमूँ कब्बो-कब्बो मुस्कुराय देवत रही।

आ तोरी स्पीड परोसिन! बताव न, आगे का भइल?

ठीक बाब...तु फर्केरवा ताक और सुनते जा।

धान लग्गी में जब हम लोग बीया एक कोल्वा से दूसरे में ले जाय के धरत रही तब होय का...उ कोसिस करे हमरे ही बगल-बगल आय के चले खर्तिन। हम्में जनाय कि बेचारा कुछ बोले माँगे, बकि साइत हिम्मत ना होत रहा, कुछ ना बोल पावे। एकाद दफे हमूँ ओके सट-सट के चले के कोसिस करली...एही बात बा कि तोर परोसी समझ गैल रहा कि हम भी एके चाहिला।

त और का भैल उ दिन?

अरे आशा।...तू भी जान गैल हमार खहेइम, हमार राज? हाँ बेटी उ आयके धीरे से पूँछिस "तू हमसे बियाह करिये?" हम तो सरमाय गइली, कुछ ना बोल पाइली, बकि आँख मार देली...उ सब समझ गइल।

वाह परोसिन! हम्मे तो बिस्वास ना परे हे कि तुहीं बतियात बाटे...हम सोची कि हम एगो तेलाफीसा सेइली देखिला। हमार इतिहास भी लगभल ऐसेन हे...बकि ना बताब, तोर घर आय गैल हे। फिन भेंट होय तब और बात होई। साइत तोके पता ना होई कि तोर बतियन सुने खात हम ओतव्वा बहुत धीर-धीरे चलइली हैं।

नमस्ते आशा, नमस्ते आशा के माई।

राम-राम परोसिन!

माई-बेटी दूनू जने मोइ से रहियो। और बिटिया।..तू आपन पढ़ाई में खूब ध्यान दिये। धानलग्ली के बात ना सोचिये अभइने से! धन्बाद मौसी। हम एतवार के आबे फुल्वन में खाद धरवावे। माँ हम माँगल रही आपन स्क्रेप्सी धानकट्टी और धानलग्गी के बारे में लिखे।

परोसिन, तोहार मौसी बहुत कुछ जाने हे। एतवरवे से सुरू कर दिहे पूछ-ताछ करे के। बढ़िया बिसय हे।

तू एतना रात के, अकेले बहिरे का करत बाटे? और केकर ओतो हिपाँ से जाहे? हम्मे जानी के चाही!! अब्बे एही लागे।

तोके जानी के चाही...अब्बे एही लागे ने? त सुन ठीक से, खूब कान खोल के। हमार एगो पुराना चाहेवाला आइस रहा। इ मनई हम्में निकेरिये से जाने हे। बिसाल नाचे जाने हे।

कौती बोल्ले! चल घर में त हम तोके बतेबे! तू सोचे हे कि हम ना जानिला के आइल रहा के?

जाने हे त काहे पूछत हइले ?

तनी मजाक करे माड़त रही यार। बकि तोर बतियन से और बोल के तरीका से पता चल गइल रहा कि तुहुँ खाप करत बाटे। बकि हम तोसे बिलकुल झूठ ना बोल्ली। जाने के आय रहा, बड़की मइया के लेवे ? ओकर परोसिन। हमार माई के सहेली जौन हमलोगन के सादी में खूब छटक-छटक नाचत रहा, तोके और हम्में पकड़ के।

झिड़ा ?...बहुत भूख लगल बा...पेट में मूस कलइया खात बा। हम्में कुछ ना मिली के ?

सुन मेइस्तर ! अब्बे खाना-वाना ना मिली। जा...पहिले नहाय-धोय के।...कपड़ा बदल के आव और प्यार से बोल...ए हमार प्रान प्यारी, निकार दे न थोरा खाना ? तब साइत मिली, एगो चुम्मा के बाद। साइत ? चुम्मा तो एही लागे मिली।

ना...ना...नहाय के अइये तब।

ठीक बात, बताइ दुलहिनिया।...तोके एगो स्कूल मास्टरिन बने के चाहत रहा...त बड़ा नाम कनइते। य बेन्त स्तर्ड होर ! तू तफरा लगाव, हम नहाय के, महकव्वा लगाय के आइला।

इ भैल न बात ! अइये त हम बताब काहे के हम मास्टरिन ना बन पइली।

हाँ, अइसे अच्छा लगे हे...तू नवा बोसरोको, सफा पइजामा और...फिन भुलाय गइले यार !

अरे, बिना बार झारे आय गइली...तू तो जाने हे काहे खर्तिन बादकमर्वा तक महकत रहा कि तू कौन दाल बनावत रहिले और तोर वादा भी ना भुलाय पावत रही...सब मुड़िया में नाचत बा...वादा, खाना...भूख...

सुन दुलहवा ! छोटा लड़का नेर ना कर। चल बइठ, हम्में अभी भूख लगल बा।

बा ! तू कबसे "बा" बोले लगल ?

जब से तोसे बियाह करले हइली ! और कुछ ? प्रार्थना होय जाय। ठीक बा। स्वादिष्ठ भोजन।...स्माकलक एइतन !

देखा हे कि तू मोई से खइले हइले। एक बात और रहा...बड़की मइया हमार उप्पर एगो भार सौंपिस हे। इ बतुया उ तोके अपने से बतावत...ओही खर्तिन तो बेचारी आइल रहा...बकि ना जानत रहा कैसे तोके बतावे। इ चान और ओकर माई के बात हे। चुप ! ओसे पहिले तू हम्में इ बताव कि तू काहे न आगे पढ़ाई करले...काहे ना स्कूल मास्टरिन बनले ?

हमार करम में तो तू लिखल रहे। हम शहर, पारामारिबो चला जइत, त इ मेइस्तर्वा हम्में कइसे मिलत ? समझले हमार-तोर तकदीर ?, देख ! बहुत खेलवार न कर...बताव का भइल रहा।

इ ऐगो लम्बा स्तोरी हे। इ कहानिया समझे खार्तिन हम्में, तोके आपन परिवार के बारे में कुछ ऐइसन बात बतावे के परी जौन सुने में साइत अच्छा ना लगी।

तोर परिवार तो अब हमार भी परिवार बा। तू बताव तो...जब हम आपन स्कूल पास करली तब निश्चय भइल कि हम पारामारिबो जाय सकिला। समस्या रहा, कहाँ।...केकर साथे रहब। हमार काका-काकी बहुत दिन तक परिवार के लड़कन आपन घर से पढ़इले। उ बेसिन पार्क के आस-पास रहत रहा।

काका आपन घर में निकेरी के लड़कन खर्तिन तीन कमरी अलग से बनवाए रहा। बहुत प्रेम से लड़कन काका-काकी हियाँ से पढ़ के आगे बढ़िन। बकि स्वतन्त्रता आन्दोलन के कारन उ सब ओही बरिस में घर-बेच-बाँच के नेइदरलान्त चल गइन। तब रह् खर्तिन हमार माई आपन भाई से पूँचिस। उ बेचारा तुरन्ते हाँ बोल देइस बकि मामी का बोले? बोले, ''हम दूसरे के मुढ़ी के बबाल आपन उप्पर ना लेबे...सरनाम में कई एन्तर्नात हे।''

मामी भी निकेरी के हे। ओहू काका के घरे रहिक् पढ़िस। अब रहिगे एन्तर्नात वाली बात। आर्य दिवाकर में जग्घा ना रहा। हुआँ मनई लोगन बहुत पहिल्वें से आपन लड़कन क नाम लिखवाय देले रहिन।

अब दुसरकन जघइयन के बारे में जौन-जौन बात सुने के मिल, हम्में डरवाए देइस। हमार सहेलियन रोय-रोय बताइन कि उ सब के उप्पर का—का बितल। एक बारे में कब्बो और कुछ बताबे। और कोई-कोई बोले, तू हुआँ रहिके पढ़ सके हे बकि जब तू सब बात पे हाँ-हाँ करे माड़त होइये तब।

हमार माई-बाप बोलिस।...बेटी तू हियें रह जा। हम लोगन तोके घर के सब काम के साथे-साथ कपड़ा-वपड़ा सीए के काम सिखाय देबे और...।

परिशिष्ट-एक

शब्दार्थ

अँजोर–उजियारा
अगोरली–देखता रहा
अडुरिन–अँगुली
अरकटिया, अलकाठी–अरकाठी
अलंग–की ओर
अलगीयाए–अलग–अलग होकर
अस्तिलाहट–शान्ति

आ तु दिपलोमा मि हाबि मा मि नो साब लेइसि मोरो, मॉन, आ बुँनलाँगा कबा–मेरे पास बहुत दिन से दो डिप्लोमा हैं किन्तु मैं पढ़ना नहीं जानता।

आन्स–आँसू
ई जूनी–इस समय
उज्जर–उजला / सफेद
उझुल–उड़ेल
एक दाईं–एक बार
ओकरे औजी–उसके बदले
ओराहना–उलाहना
औकलाय के–वमन करके
कंडाल–कंदाल / रास्ता
कंत्राक–शर्तबन्धी (कांट्रैक्ट)
कईं दाईं–कई बार
ककाउ–कोको
कटिया–मछली का काँटा
कड़ेड़–कड़ा / सख्त
कनती–किनारे
कनतोरो नकचाइन–कार्यालय
कमाड़ी–किवाड़
कमाड़ी–किवाड़ / दरवाजा
कम्मर–कम्बल

करहर-कड़ा / सख्त
करहियाउ-पीठ
करारी-जड़
कसक-दर्द
काटेके-काटने का
कासिया-अलमारी
किरवा काटिस मुड़िया में-सिर में कीड़े ने काट लिया / मति मारी गई
कीन ली-खरीद ली
कीनने-खरीदने
कुकरू-रसोई
कुकु-कुकीस / बिस्कुट
कुकु-कुक्कीज
कुकुही-मुर्गा
कुकुही-रसोई
कुली-प्लांटेशन के मजदूरों को कुली कहा जाता था
कुसबाँती-खुशवंती (एक प्रकार कि लम्बी फलियाँ)
के एल एम-एयरलाइन
केकरे-किसके
कोकुलैम्प-तेल के लैम्प
कोरान्ती-अख़बार
कोर्टिंग-छूट
खयाल में मथलें-दिमाग में घूम रहा है / याद आ रहा है
खोखत खाखत-खाँसता हुआ
खोखोरवा-उस्तरा फिरवाना
गटई-गला
गट्टा-खेत
गढ़ा-गड्ढा
गवैहिया-गवाही देने वाला
गहकियन-ग्राहक
गहिरा गहिरैया-बहुत गहरे में
गाड़ि-गड्ढा
गिन्तयारी के का-हिसाब-किताब का काम
गोढ़ / गोड़-पाँव
गोहराय के-पुकार के

घईच-खींचना
घर सिरजन औरत-घर सँभालने वाली औरत
चमोटी-बेल्ट
चाह-चाय
चिरई-चिड़िया
चिरउरी-मिन्नत/प्रार्थना
चीन्ह पर्ची-जान पहचान
चुचवाइल-देखना
चाँहटा-गीली मिट्टी / कीचड़
चौर-चोर
छुछवात-इधर-उधर घूमता रहा
जहल-जेल
जूरते-तुरन्त
जौन रकम-जिस तरह
झलासी-बढ़ी हुई घास
झुराइ-सूख गई
झूर करली-खाली किया
झूरा-सूखा
टपोरी-ताली
टफरवा-टेबल
टफरवा लगे-टेबल के पास
टेम-समय
टोप देईस-ढँक देना
ठिसुवाई के-खिसिया कर
ठोय के-खींचकर
डाम-सड़क
डाला-डॉलर
ततई / तताइ-रस्सी
तबकत-टपकता
ताक्रू-खंडूस
ताक्रू-बुरी / खराब
तीता तेल-कड़वा तेल
तुल्ली से छावल कम्पू-छप्पर
तोबो-टब

दररा-घाटी
दुइत्स-जर्मन भाषा
धीकत-तपा हुआ
धोराई-दोहराई
नह्यर-मायका
नालिस-शिकायत
निहुर के-झुक कर
नोतारस-नोटरी
पटेटा-आलू
परनासी-बागान
परसिस-एकदम
पलवार-परिवार
पाकिया-पैकेट
पियरकन-पीले
पियरी-पीली
पी एल-पारामारिबो से लेइदिंग / लेदीदॉर्प जाने वाली बस
पुनइ-पेड़ की फुनगी
पुरनिया लोग-बूढ़े लोग
पैतरा मारकर चलना-पैर पटक कर चलना
पोतलूद-दवात
प्रगराम-प्रोग्राम
प्रासिया-आँगन
प्रोकुरोउर-खेनेराल-मुख्य न्यायाधीश
फरयारी-जन्मदिन
फायदोसू -लाइटर
फास्ती-पसंदीदा (favourite)
फिसकोकी-एप्रन
फुलैले-खिल उठा
बकरा-सूरीनाम के हिन्दुस्तानी डच लोगों को बकरा कहकर सम्बोधित करते थे।
बटमारों-जेबकतरों
बड़कइ दिखावे-बड़ा आदमी बनता है
बन्हल-बँधा रहा
बरउनी-बरौनी / भौंहें
बरखा दोन भइल-बारिश पड़ने लगी

बरदा–बादल
बाना–बनाना / केला
बारे–जलाया
बिगब–फेंकना
बिनल–बीनना
बिर–वीर
बिहान–कल
बीना–वीणा
बुजबुजा–बुलबुला
बेडी–पलंग
बेदिये–पलंग
बेरवा–कंगन
बेरिया–बारी
बोइटिया–गाँव
बोइती–गाँव
बोउनी–बोहनी
भकुवान–भ्रमित
भक्खड़–भाड़ में या कष्ट में
भरमवलीस–भरमाया
मंजन–मंझा (ओवरसीयर)
मउज–मौज
मनइया / मनई / मान–आदमी (मैन से)
मनसाए–मन में आए
मस्किटा माकू तोर देह घट्ठई देइस–मच्छरों ने काट–काट कर देह सुजा दी है।
महतारी–माँ
मारिया भैश–मरियमबॉर्ग प्लांटेशन (बागान)
मि बेगि ना रस्ता रस्ता–मैं रास्ते पर भीख नहीं माँगूगा
मूढ़–सिर
मेढ़ी–खेत में पानी रोकने के लिए बनाई गई मुंडेर
मेस्तर–मिस्टर
मोरसू–मारना खपना
रीबा–नदी
रूसफैल–एक मंझा का नाम
लत्ति–पत्ता, यहाँ भविष्य के लिए प्रयुक्त

लनती कंडाल-लालटेन-कंडेल (मोमबत्ती)
लबलोस भुच्चड़-कम अक्ल
लहास-लाश
लायक भारे में सोक दि हे ना-लाकर भाड़ में झोंक दिया
लालकवा-लाल रंग का
लुकुवाय के-छिपा कर
वातरलेइदिंग-जल आपूर्ति करने वाली कम्पनी
वासी उमा-वॉशिंग मशीन
वासी ऊमा-कपड़े धोने के लिए प्रयोग किया जाने वाला पटरा
वेकेन्सी-छुट्टी(अंग्रेजी वेकेशन से)
सईबना-घास का मैदान (Savannah)
सनामन-सूना
समुरिया-बराबर आयु का
साराजाम-सामान
सूतत बाटे-सुला दिए
सेटियावे-सही से रखना
सेतियावल, सिझावल-सहेज कर, सँभालकर सजाना
सोहोराव-सहलाना
स्क्रिफ्त-नोटबुक
हम अकेले मोरसू-मैं अकेली मर रही हूँ / काम कर रही हूँ
हल्लुक-हलका
हालि से-जल्दी से
हेबी-तेज
होयलान-हॉलैंड

परिशिष्ट-दो

रचनाकार परिचय

अमर सिंह रमण—जन्म : 1932, सूरीनाम, **शिक्षा :** आरम्भिक शिक्षा डच प्राइमरी स्कूल, स्वाध्याय से हिन्दी पढ़ना आरम्भ। सन् 1960 में भारत से श्री महातम सिंह के आने से प्रेरणा मिली तथा 1980 में भारत जाकर हिन्दी अध्ययन किया। निरन्तर हिन्दी अध्यापन। **कृतित्व :** *1. फूलों के पंछी* (पद्य), *2. कृष्ण सुदामा और लक्ष्मी पूजा* (नाटक), *3. फूलों की बहार* (पद्य), *4. बसंत-होली* (गद्य और पद्य)। विभिन्न त्योहारों पर अवसरानुकूल गीत और नाटक लिखते रहे हैं, जिनका मंचन भी किया जाता है, किन्तु इनमें से बहुत कम प्रकाशित हो पाए हैं। काव्य, नाटक, निबन्ध के रचयिता, एक कुशल अभिनेता, रंगमंच निर्देशक, गायक और सामाजिक कार्यकर्ता भी रहे हैं। आपकी कविताओं में प्रवास का दर्द है, प्रेरणा है। कवि रमण को वर्तमान पीढ़ी के साथ-साथ भावी पीढ़ी की भी चिन्ता है, देश-प्रेम, हिन्दी-प्रेम, संस्कृति प्रेम, की अग्नि सदा जलती रहती है। कुछ समय से शारीरिक कष्टों के रहते भी इनकी लेखनी व अध्यापन की गति पर प्रभाव नहीं पड़ा है। सूरीनाम में हिन्दी साहित्य के विकास को गति प्रदान करने में आपका विशेष योगदान रहा है और आगामी पीढ़ियाँ उनकी कर्मठता और साहित्य कौशल से प्रेरणा लेती रहेंगी।

आशा राजकुमार (चाँदनी)—जन्म : 8 मार्च 1965, सूरीनाम, **शिक्षा :** सूरीनाम में डच स्कूलों में, **कृतित्व :** *घुँघरू टूट गइल* (कविता संग्रह-1990), *घर घर के खेल* (कविता संग्रह-2002), *राख के घर* (उपन्यास-2002), **सम्प्रति :** हॉलैंड में स्वतन्त्र लेखन व साहित्य रचना में क्रियाशील। आपकी कविताएँ शब्दों में ढली व्यक्तिगत अनुभूतियाँ हैं। कविताओं में सूरीनाम के सामान्य जन-जीवन का चित्रण है, देश के, अपनी जड़ों के प्रति आदर भाव है और सामाजिक व्यवस्था पर कटाक्ष है।

कारमेन जगलाल—जन्म : 19 मार्च 1971, निकेरी, सूरीनाम। **शिक्षा :** प्रारम्भिक शिक्षा डच स्कूलों में फिर चिकित्सा शास्त्र की पढ़ाई, हिन्दी में राष्ट्रभाषा प्रचार समिति वर्धा, भारत से विदेशों में आयोजित की जाने वाली सर्वोच्च हिन्दी परीक्षा भाषा रत्न उत्तीर्ण। **सम्प्रति :** मेडिकल डॉक्टर। सामाजिक कार्यों में सक्रिय व

विविध संगठनों जैसे सूरीनाम साहित्य मित्र संस्था की सदस्य, **कृतित्व :** अनेक स्फुट कविताएँ जो समय-समय पर सूरीनाम में हिन्दी में प्रकाशित होने वाली स्थानीय पत्रिकाओं में छपती रहती हैं।

चन्द्रमोहन रंजीत सिंह—जन्म : 2 अगस्त, 1918 को मेंरसोख सेरी बेई, नंबर 263,सूरीनाम में, **शिक्षा :** प्रारम्भिक शिक्षा डच स्कूलों में, लेकिन साहित्यिक संस्कार विद्वानों की संगति से उत्पन्न हुए। राष्ट्रभाषा समिति वर्धा (भारत)से कोविद की डिग्री प्राप्त की। **कृतित्व :** *काव्य संगीत सुमन, संगीत प्रभाकर, चन्द्र मुक्तावली* के साथ-साथ 1500 स्फुट कविताएँ व कई नाटक जैसे सत्य प्रतिज्ञा, भक्त ध्रुव, विजय की रोशनी, सत्य की ज्योति, दसवाँ अवतार, महाभारत, संयोगिनी, स्वयंवर, एक अनाथ बालक की कहानी, बहादुर की तलवार, धरती का चाँद, इन सभी नाटकों का मंचन हो चुका है। **सम्मान :** 28 मार्च, 1974 को हॉलैंड से एक पदक, 11 अप्रैल, 1975 को सनातन धर्म की ओर से शास्त्री सम्मान पत्र, और 12 जुलाई, 1983 को धर्मसेवक का सम्मान प्राप्त। चन्द्रमोहन जी की कविताएँ भाषा और सांस्कृतिक परम्पराओं से ओतप्रोत हैं और सांसारिक कुरीतियों पर व्यंग्य भी करती हैं।

चित्रा गयादीन—जन्म : 21 जून, 1954, सूरीनाम; **शिक्षा :** आरम्भिक शिक्षा डच स्कूलों में, सरनामी / हिन्दी अध्ययन स्वाध्याय से **कृतित्व :** *कब के याद* (सरनामी कविताएँ), *भरी दोपहर* (कहानी संकलन), *सावित्री* (नाटक)। **सम्प्रति :** साप्ताहिक अखबारों के लिए समीक्षक। आपकी कविताएँ तीव्रतम अनुभूतियों के उद्गार हैं। कविताओं में सूरीनाम छोड़कर जाने वाले हिन्दुस्तानियों की भावनाओं का चित्रण है और वर्षों बाद अपने देश को देखने का आह्लाद है। स्मृति की तहों से उभरती ये कविताएँ चलचित्र के समान चलती रहती हैं।

जन सुरज नाराइन सिंह 'सुभाग'— जन्म : 1959, सूरीनाम, **शिक्षा :** समाज विज्ञान में स्नातकोत्तर उपाधि, हिन्दी में मध्यमा, पुलिस प्रशिक्षण प्राप्त, अनुसन्धान कार्यों में लगे हुए। **कृतित्व :** *मेरी आवाज, किस्सा कहानी, पत्रिका भाषा,* सरनामी में कई लेख छपे तथा स्थानीय समाचार पत्रों में लेख छपते रहते हैं। **सम्मान :** जून 2008 में सूरीनाम सांस्कृतिक संघ से सम्मानित तथा नवम्बर 2008 में राष्ट्रपति सम्मान प्राप्त। **सम्प्रति :** सूरीनाम सरकार के स्वास्थ्य मन्त्रालय में सलाहकार के पद पर कार्यरत हैं। कई सामाजिक संगठनों से जुड़े हुए हैं व हिन्दुस्तानी जनता की सहायता के लिए सदैव तत्पर रहते। 1983 से 1992 तक भाषा नामक पत्रिका के सम्पादन में योगदान देते रहे, बिदेसिया परियोजना में आपका विशेष सहयोग रहा, अपने पूर्वजों की संस्कृति तथा परम्परा के समर्पित प्रचारक। सुरज जी की कविताओं में सुख-दुख की सहज अभिव्यक्ति है। सरल भाषा में कहानियों का संकलन

'मेरी आवाज' 1982 में प्रकाशित हुआ। वर्ष 2009 में कहानियों का संकलन किस्सा कहानी प्रकाशित हुआ। सुरज हिन्दी और भारतीय संस्कृति के प्रचार में लगे हुए हैं।

जीत नराइन—जन्म : 7 अगस्त, 1948, पारामारिबो; **शिक्षा** : प्राथमिक शिक्षा सूरीनाम में, तथा 1968 से हालैंड में चिकित्सा शास्त्र की पढ़ाई। **कृतित्व** : *दाल भात चटनी, हिंसा परसाद, जोति अतिने गहरा झलका जतने उज्जर, मांगे घाट पे जीवन झेले काहे नाव समुन्दर खेवे, बाटे हुआँ तू कहाँ, दोस्ती की चाह, द देवनागरी स्क्रिप्ट, का हाल।* **सम्मान** : नाइट आफ गोल्डन पाम अवार्ड, रहमान खान अवार्ड। **सम्प्रति** : 1982 तक द हैग में चिकित्सक के रूप में कार्य। 1991 में सूरीनाम की राजधानी पारामारिबो में वापस आकर एक स्वास्थ्य चिकित्सालय चला रहे हैं। अकेले ही सरनामी पत्रिका का प्रकाशन करते हुए अपनी मातृभाषा का प्रचार-प्रसार करते रहे। इनकी रचनाएँ रोमन लिपि में और अनुवाद डच तथा हिन्दी में छपा है। जीत नराइन डच व सरनामी दोनों ही भाषाओं के कवि हैं और ज्यादातर अपने पूर्वजों की स्मृति स्तुति में और उनकी देन पर लिखते हैं। उनकी कविताएँ आधुनिक परिदृश्य में उच्चकोटि की हैं और उनमें वेदना और विद्रोह की जनोन्मुखी चेतना के भाव दिखाई देते हैं। कवि की भाषा में मानवीय मूल्यों की गहरी समझ है। उनके स्वर में रोष है और जोश भी, मन में जिजीविषा है।

तेज प्रसाद खेदू—जन्म : 1 सितम्बर, 1965, **शिक्षा** : प्रधानाध्यापक डिप्लोमा, हिन्दी में राष्ट्र भाषा प्रचार समिति वर्धा, भारत से विदेशों में आयोजित की जाने वाली सर्वोच्च हिन्दी परीक्षा रत्न तथा केन्द्रीय हिन्दी संस्थान आगरा से हिन्दी भाषा की शिक्षा प्राप्त की है। **कृतित्व** : अनेक स्फुट कविताएँ जो समय-समय पर सूरीनाम में हिन्दी में प्रकाशित होने वाली स्थानीय पत्रिकाओं शब्दशक्ति, हिन्दीनामा आदि में छपती रहती हैं। **सम्प्रति** : श्री खेदू जी सूरीनाम हिन्दी परिषद के निदेशक भी रह चुके हैं और निरन्तर उत्साहपूर्वक हिन्दी अध्यापन कर रहे हैं।

देवानंद शिवराज—जन्म : 13 मई, 1944, सूरीनाम। **शिक्षा** : भारतीय सांस्कृतिक केन्द्र में हिन्दी अध्ययन कर राष्ट्रभाषा प्रवेश की परीक्षा उत्तीर्ण कर चुके एक सहृदय सामाजिक कार्यकर्ता हैं व शिक्षा मन्त्रालय में कार्य कर चुके हैं। **कृतित्व** : अनेक स्फुट कविताएँ जो समय-समय पर सूरीनाम में हिन्दी में प्रकाशित होने वाली स्थानीय पत्रिकाओं शब्दशक्ति, हिन्दीनामा आदि में छपती रहती हैं। **सम्प्रति** : अपने पूर्वजों की संस्कृति तथा परम्परा के समर्पित प्रचारक, हिन्दी भाषा के प्रचार-प्रसार में लगे हुए हैं और सूरीनाम साहित्य मित्र संस्था के सक्रिय सदस्य हैं। बहुमुखी प्रतिभा वाले कवि, भजनिक, अभिनेता, हिन्दी अध्यापक देवानंद की कविताएँ सरल भाषा में व्यक्त भावोद्‌गार हैं। 'सूरीनाम देश हमारा' नामक एक कविता में उन्होंने बहुत सुन्दरता के साथ सरल शब्दों में वर्तमान और ऐतिहासिक स्थिति का वर्णन किया है।

धीरज कंधई—जन्म : 22 फरवरी, 1982 को पारामारिबो, **शिक्षा :** आरम्भिक शिक्षा डच स्कूल में, प्रशिक्षित शिक्षक, हिन्दी में राष्ट्रभाषा प्रचार समिति वर्धा, भारत से विदेशों में आयोजित की जाने वाली सर्वोच्च हिन्दी परीक्षा भाषा रत्न उत्तीर्ण। **कृतित्व :** अनेक स्फुट कविताएँ जो समय-समय पर सूरीनाम में हिन्दी में प्रकाशित होने वाली स्थानीय पत्रिकाओं में छपती रहती हैं। **सम्प्रति :** अपने पूर्वजों की संस्कृति तथा परम्परा के समर्पित प्रचारक, हिन्दी भाषा के प्रचार-प्रसार में लगे हुए हैं। कवि धीरज की कविताओं में नैतिक व सामाजिक बोध है। उनकी कविता हिन्दी भाषा हिन्दी प्रेमियों को बहुत उत्साह व प्रेरणा प्रदान करती है।

प्रेमानंद भोंदू—जन्म : 24 दिसम्बर, 1936 को सूरीनाम के जिला निकेरी में, **शिक्षा :** आरम्भिक शिक्षा डच स्कूल में, स्वाध्याय से हिन्दी अध्ययन, **कृतित्व :** *हिन्दी स्वयं शिक्षा, परदेसी, मित्रता, तकदीर, दीपक,* **सम्प्रति :** अपने पूर्वजों की संस्कृति तथा परम्परा के समर्पित प्रचारक, हिन्दी भाषा के प्रचार-प्रसार में लगे हुए हैं।

बिहारीलाल कल्लू—सूरीनाम में जन्मे बिहारीलाल कल्लू की आरम्भिक शिक्षा डच प्राइमरी स्कूल में हुई, आपने स्वाध्याय से हिन्दी पढ़ना आरम्भ किया और आर्य समाज के प्रचारक।

मंगल प्रसाद श्री लक्ष्मीप्रसाद बलदेव के शिष्य तथा सहयोगी थे। वह बहुत सुन्दर व साफ लिखते थे, जितनी भी पत्रिकाएँ व पुस्तकें इस स्वाध्याय मंडल द्वारा निकाली गईं उनमें प्रसाद जी का बड़ा हाथ था। वे हाथ से लिखते थे और साइक्लोस्टाइल करते थे। उन्होंने श्री ईश्वर प्रसाद (रोजक) से अक्षर ज्ञान प्राप्त किया था। **कृतित्व :** *असत्य से फूट* (गद्य और पद्य) श्री मंगल प्रसाद जी अपने लेखों, कहानियों तथा कविताओं के माध्यम से विशेषकर लेन-देन की समस्याओं पर, हम विश्वासी व्यक्ति कैसे बन सकते हैं। इन्होंने अपने लेखों में यह भी बताया है कि हमारे पूर्वज दुख सहते थे किन्तु सच्चाई से काम करते थे।

महादेव खुनखुन—जन्म : 17 जुलाई, 1919, सूरीनाम में जन्मे महादेव खुनखुन का नाम सुखराज खुनखुन था लेकिन इनकी ईश्वरीय भक्ति और करनी को देखते हुए लोग इन्हें महादेव खुनखुन पुकारने लगे। एक मन्दिर के स्थापक और दो मन्दिरों के सलाहकार खुनखुन विधिवत भाषा और साहित्य के ज्ञाता नहीं थे फिर भी अक्षर ज्ञान से सम्पन्न थे। इन्होंने कबीरदास की भाँति दोहों की रचना की, कबीर की ही तरह इनका मानना था कि सभी मनुष्य एक ज्योति से उत्पन्न हुए हैं। सबमें एक ईश्वर व्याप्त है। उन्होंने लिखा—एक ही ब्रह्म दुनिया पर घट घट रहे समाय / कौन ब्रह्म पंडित बना किसके माथे शूद्र लिखाय। 1925 से 1940 के बीच लिखे उनके दोहों को एकत्र करके 'जीवन ज्योति' नामक पुस्तक जिसे खुनखुन की कबीरावली कहा जाता है में छापा गया है।

रबीन बलदेव सिंह—जन्म : 26 जून, 1962, पारामारिबो, सूरीनाम। 1975 में नीदरलैंड पहुँचे और 1980 से द हेग में हैं। द हेग नगरपालिका के अन्तर्गत सांस्कृतिक विविधता और नागरिक मामलों में क्रियाशील रहे हैं। मई 2006 से द हेग नगरपालिका के उप-मेयर के पद पर कार्य कर रहे हैं। हिन्दुस्तानी फिल्म व संगीत उत्सव आरम्भ कराने, होबेमाप्लाइन पर राष्ट्रीय हिन्दुस्तानी आप्रवासी स्मारक बनवाने और सरनामी हाउस आरम्भ करने में आपका विशेष योगदान रहा है। आपने कई सरनामी कविताएँ और उपन्यास लिखे। सरनामी में पहला लम्बा गद्य सन् 1984 में प्रकाशित रबीन एस. बलदेव सिंह का उपन्यास 'इस्तीफा' था। इसके बाद इन्हीं का दूसरा उपन्यास 'सुनवाई कहाँ' सन् 1987 में छपा।

मुंशी रहमान खान का जन्म व शिक्षा भारत में हुई और यह कम उम्र में गिरमिटिया मजदूर के रूप में सूरीनाम लाए गए, इनकी दो पुस्तकें भारत से छपीं। सूरीनाम से अपनी हस्तलिखित कृति भारत भेजने वाले यह पहले कवि थे। इनकी पुस्तकें हैं दोहा शिक्षावली और ज्ञान प्रकाश-शिक्षाप्रद दोहे और कुंडलियाँ। मुंशी रहमान खान अपनी पुस्तकों में भाषा व संस्कृति की ओर लौटने और सामाजिक कुरीतियों से बचने की प्रेरणा देते हैं। इन्होंने हिन्दू-मुस्लिम एकता नीति, इतिहास, इष्ट वंदना, ज्ञान विज्ञान, भारतवर्ष का इतिहास व स्वतन्त्रता आन्दोलन विषयों को अपने काव्य में समाहित किया है।

रहमान खान ने एक ओर खुलकर हिन्दी और हिन्दू धर्म के समर्थन में लिखा है तो दूसरी ओर उर्दू भाषा और अल्लाह के पक्ष में लिखा है। इसके साथ-साथ उन्होंने विवाह अवसर के लिए मंगलाचरण लिखे हैं। निराकार भक्ति, सत्य, सज्जन, दुर्जन, जुआ, सच्चा मित्र, विद्या, सुमति, अनावश्यक व्यय, घमंड, नीचता आदि पर कुंडलियाँ लिखी हैं।

राज मोहन—जन्म : 28 अगस्त, 1962, सूरीनाम में। **शिक्षा :** डच स्कूलों में। हॉलैंड व भारत में शास्त्रीय संगीत की शिक्षा प्राप्त की। **कृतित्व :** बपौती, गीतों की तीन सी.डी. काले बादल, कृष्ण मुरारी व कंत्राकी उपलब्ध हैं। **सम्प्रति :** राज मोहन हिन्दुस्तानी गायक, गीतकार व संगीतकार हैं। आप सरनामी, हिन्दी, व स्रनांग टोंगो में कविताएँ लिखते हैं। 2003-04 में हर सप्ताह आपकी एक सरनामी कविता राष्ट्रीय डच रेडियो पर प्रसारित की जाती रही। आप अन्य भाषा की रचनाओं को हिन्दी में अनुवाद करके भी गाते हैं। शब्द लय और ताल के अनूठे संगम से आपने सरनामी गीत को रूप दिया। राज जी की कविताएँ मुख्यत: आप्रवास और गिरमिट के इर्द-गिर्द घूमती हैं किन्तु उन्होंने अपनी कविताओं में हिन्दुस्तानी और भारतीय समाज में मौजूद कुरीतियों पर भी अँगुली उठाई है।

राज रामदास—जन्म : 1953 में ब्रिटिश गयाना में हुआ वहाँ से वे सूरीनाम गए और फिर 1974 में अंग्रेजी व तुलनात्मक साहित्य अध्ययन के लिए हॉलैंड चले गए।

आप डच भाषा के शिक्षक हैं और कविताएँ सरनामी और गद्य डच में लिखते हैं। वर्ष 2003 में आपका कविता संग्रह 'कहाँ है उ' छपा।

रामदेव महाबीर—जन्म : 7 अक्तूबर, 1941, सूरीनाम, **शिक्षा :** सूरीनाम तकनीकी स्कूल से डिप्लोमा **कृतित्व :** रास्ता एक है—भाग 1, रास्ता एक है—भाग 2 (प्रकाश में), **सम्प्रति :** आर्य समाज पंडित, सूरीनाम साहित्य मित्र संस्था के सदस्य। श्री महाबीर जी जीवन की अस्थिरता और ईश्वर के प्रति प्रेम पर जोर देते हैं। आपकी रचनाओं में कहीं-कहीं कबीर की झलक मिलती है।

रामदेव रघुबीर—जन्म : 2 अगस्त, 1939, सूरीनाम, **मृत्यु :** 4 जुलाई 2009, **शिक्षा :** आरम्भिक शिक्षा डच स्कूल में, स्वाध्याय से हिन्दी पढ़ना आरम्भ किया, बाबू महातम सिंह से प्रेरणा मिलने पर हिन्दी पढ़ाई जारी रखी, हिन्दी में रत्न परीक्षा उत्तीर्ण। हॉलैंड में नाटक प्रशिक्षण प्राप्त किया। **कृतित्व :** *1. राखी मन-ज्ञान, 2. संस्कृति की बातें, 3. हिन्दुस्तान्स म्यूजिक इन सूरीनाम,* अनेक स्फुट कविताएँ व नाटक जैसे हिरण्यकश्यप, लक्ष्मी पूजन, पंचायत, एक गाँव की लड़की, विवाह संस्कार, रक्षा बन्धन आदि। हिन्दी में विशेष समाचार आरम्भ करने का श्रेय आपको जाता है। रामदेवजी व्यवसाय में लगे उद्यमशील व्यक्ति थे जिन्होंने भरे-पूरे परिवार से समय निकालकर कविता लेखन आरम्भ किया। उनका हिन्दी व धार्मिक सत्संग से प्रेम रहता था। उनकी अधिकतर कविताएँ संस्कृति के प्रति अपना प्रेम दर्शाती हैं। उनकी भाषा सरल सहज है।

रामनाथ सिवदीन—जन्म : 18 जनवरी, 1938 को सूरीनाम, **शिक्षा :** सहायक शिक्षक प्रमाण-पत्र, **कृतित्व :** अनेक स्फुट कविताओं की रचना, डच भाषा में आत्मकथा, सरनामी कविता संग्रह तरंग **सम्प्रति :** कड़ी मेहनत और अध्ययन के परिणामस्वरूप सहायक शिक्षक प्रमाण-पत्र प्राप्त किया और 4 नवम्बर, 1959 से शिक्षण आरम्भ किया। पिछले हॉलैंड प्रवास के दौरान वहाँ की सुन्दरता को देख लेखन की ओर प्रेरित हुए, सक्रिय रूप से भाषा व संस्कृति के प्रचार में लगे हुए सनातन धर्म के सक्रिय पंडित। भारतीय हिन्दू संस्कृति को समर्पित।

लक्ष्मीप्रसाद बलदेव (बग्घा)—जन्म : वर्ष 1915, सूरीनाम **मृत्यु :** वर्ष 1951, **शिक्षा :** हिन्दी के साथ उर्दू की पढ़ाई की। **कृतित्व :** *कर्मानुगत वर्ण व्यवस्था सनातन* (गद्य), *गप्पी चेला और कलियुगी गुरुवार* (गद्य), *सूरीनाम संस्कृति भजन वल्लरी* (पद्य)। लक्ष्मीप्रसाद जी 16 वर्ष की आयु से ही लिखने लगे और स्वाध्याय मंडल La Proviance के सदस्य बने और हाथ से लिखकर और साइक्लोस्टाइल करके पुस्तकें निकालते थे। आपके लेख व भजन सामाजिक कुरीतियों का वर्णन करते हैं और उन्हें सुधारने को प्रेरित करते हैं। लक्ष्मीप्रसाद जी अपनी पुस्तकों में हमें यह बताना चाहते थे कि हमें मनुष्य बनना है, सुधरना है, समाज की कुरीतियों से दूर

हटना है, धार्मिक ग्रन्थों को ठीक से पढ़ना है और अच्छे-बुरे को परखकर एक दूसरे से प्रेम कर जीवन सफल बनाना है।

श्रीनिवासी (मार्तिन हरिदत्त लछमन)—जन्म : 12 दिसम्बर, 1926 सूरीनाम। **शिक्षा** : पारामारिबो में अध्ययन कर शिक्षक की उपाधि प्राप्त की और अध्यापन कार्य आरम्भ किया। आपने पारामारिबो, निकेरी, क्यूरासाओ और द हेग (नीदरलैंड्स) में अध्यापन कार्य किया। **कृतित्व** : *अंजली, दिलाकार, प्रतीक्षा।* डच भाषा में कई कृतियाँ। **सम्मान** : गवर्नर क्यूरी पुरस्कार, सूरीनाम का राष्ट्रीय साहित्य पुरस्कार, भारतीय राजदूतावास से महात्मा गांधी हिन्दी सेवा पुरस्कार, वेदान्त पुरस्कार **सम्प्रति** : क्यूरासाओ में रहकर स्वतन्त्र लेखन।

सन्ध्या भग्गू—जन्म : 5 अप्रैल, 1948 को सूरीनाम, **शिक्षा** : आरम्भिक शिक्षा डच स्कूल में, स्वाध्याय से हिन्दी पढ़ना आरम्भ किया, हिन्दी में कोविद परीक्षा उत्तीर्ण तथा रत्न के लिए अध्ययनरत्। **कृतित्व** : आचार। अनेक स्फुट कविताएँ जो समय-समय पर सूरीनाम में हिन्दी में प्रकाशित होने वाली स्थानीय पत्रिकाओं शब्दशक्ति, हिन्दीनामा आदि में छपती रहती हैं। **सम्प्रति** : निजी व्यवसाय में लगी उद्यमशील महिला हैं जिन्होंने भरे-पूरे परिवार से समय निकालकर कविता लेखन आरम्भ किया। उनकी अधिकतर कविताएँ घर-परिवार की आत्मीयता से भरी होती हैं। सन्ध्या अपने पूर्वजों के दर्द को अनुभव करती हैं। भारत देश के प्रति अपने प्रेम को उन्होंने अपनी कविताओं में दर्शाया है। उनकी कविताएँ संस्कृति के प्रति अपना प्रेम दर्शाती हैं और हिन्दी सीखने की आवश्यकता को स्पष्ट करती हैं। उनकी भाषा सरल सहज है।

सरवन शैलेंद्र बख्तावर 'हृदयेश'—जन्म : 4 अक्टूबर, 1984, पारामारिबो, सूरीनाम। **सम्प्रति** : मेडिकल डॉक्टर। सामाजिक कार्यों में सक्रिय व विविध संगठनों जैसे सांस्कृतिक संघ सूरीनाम, परमानंद सामाजिक सांस्कृतिक संस्था से जुड़कर उल्लेखनीय कार्य, युवाओं की शिक्षा और मार्गदर्शन में अग्रणी भूमिका। अपनी 'संस्कृति' संगीत और गायन के प्रति विशेष रुझान।

सुरजन परोही—जन्म : 2 फरवरी, 1938 में सरमक्का जिले के एक कुम्हार परिवार में हुआ। इन्होंने हॉलैंड में कुम्भकारी की तकनीकी शिक्षा ग्रहण की। सन् 1962 में साधारण चाक को परिष्कृत कर पेडल वाला चाक बनाया और 1965 में एक बिजली से चलने वाला चाक बनाया जिसे कार के गियर बॉक्स को प्रयोग करके चाक की गति में परिवर्तन करना सम्भव हो सका।

सूरीनाम के ज्ञानकोश के पृष्ठ 118 में इनका नाम दर्ज है, सर्जनात्मक व्यक्तित्व न सिर्फ मिट्टी को रूप देता है अपितु मिट्टी से दीयों व बर्तनों की सर्जना करते-करते शब्दों को भी बुनता रहता है जो कविताओं के रूप में उभरकर सामने आता

है। इनकी कविताएँ राष्ट्रवादिता, धर्म, संस्कृति व समाज-सुधार विषयों पर हैं। श्री सुरजन ने रेडियो पर 30 वर्ष तक रोज बच्चों के लिए चन्दामामा कार्यक्रम प्रसारित किया जो अत्यन्त लोकप्रिय रहा। इस स्वाध्यायी व्यक्ति को विभिन्न संस्थाओं से कुल मिलाकर 36 पुरस्कार प्राप्त हो चुके हैं जिनमें वह राष्ट्रपति सम्मान को प्रमुख मानते हैं। इनकी रचनाएँ हैं—मोहिनी-1975, पिंजरे के पंक्षी-1976, यादगार।

सुशीला बलदेव मल्हू—जन्म : 4 अक्टूबर, 1946 सूरीनाम, **शिक्षा** : भौगोलिक विज्ञान में विशेष प्रशिक्षण, भारत से विदेशों में आयोजित की जाने वाली सर्वोच्च हिन्दी परीक्षा भाषा रत्न तथा केन्द्रीय हिन्दी संस्थान, आगरा से हिन्दी भाषा की शिक्षा प्राप्त की। **कृतित्व** : अनेक स्फुट कविताओं की रचना जो समय-समय पर सूरीनाम में प्रकाशित होने वाली स्थानीय पत्रिकाओं शब्दशक्ति, हिन्दीनामा आदि में छपती रहती हैं। **सम्प्रति** : विश्वविद्यालय में भौगोलिक विज्ञान की अध्यापिका। सक्रिय रूप से भाषा व संस्कृति के प्रचार में लगी हुई आर्य समाज की सक्रिय पंडिता जो समाज की कुरीतियों के विरुद्ध सदैव खड़ी रहती हैं, वेदों-उपनिषदों की ज्ञाता। अपनी कविताओं में पुराने व नए को पिरोती समाज को शिक्षा प्रदान करती हैं। शुद्ध परिष्कृत संस्कृतनिष्ठ हिन्दी का प्रयोग करने वाली सुशीला भारतीय हिन्दू संस्कृति से जुड़ी तो हैं किन्तु वर्तमान के प्रति सजग हैं और उसी के अनुसार रहने की सीख देती हैं।

सुशीला सुक्खु—जन्म : 27 जून, 1970 पारामारिबो; **शिक्षा** : आरम्भिक शिक्षा डच स्कूल में, राष्ट्रभाषा रत्न की परीक्षा उत्तीर्ण व भारत में केन्द्रीय हिन्दी संस्थान आगरा से हिन्दी भाषा की शिक्षा प्राप्त की। **कृतित्व** : अनेक स्फुट कविताएँ जो समय-समय पर सूरीनाम में हिन्दी में प्रकाशित होने वाली स्थानीय पत्रिकाओं शब्दशक्ति, हिन्दीनामा आदि में छपती रहती हैं। **सम्प्रति** : हिन्दी की समर्पित अध्यापिका सुशीला एक सामाजिक सांस्कृतिक कार्यकर्ता हैं और नाटक अभिनय आदि में भाग लेती हैं। वह निकेरी जिले में सूरीनाम साहित्य मित्र संस्था की संयोजक के रूप में कार्य करती हैं। अपनी भाषा व संस्कृति के प्रति पूर्णतः सजग सुशीला एक दृढ़ व्यक्तित्व वाली महिला हैं और अपनी कविताओं से समाज की कुरीतियों के विरुद्ध डटे रहने की सीख देती हैं।

सूर्यप्रसाद बीरे—जन्म : 13 मई, 1948 को सूरीनाम में हुआ। **आरम्भिक शिक्षा** : डच स्कूल में प्राप्त की और हिन्दी पाठशाला व सूरीनाम हिन्दी परिषद से हिन्दी शिक्षा प्राप्त की, केन्द्रीय हिन्दी संस्थान से डिप्लोमा प्राप्त किया तथा उच्चतर अध्ययन लेइदिंग विश्वविद्यालय, हॉलैंड में किया।

समय-समय पर विभिन्न पत्र-पत्रिकाओं, स्मारिकाओं में अनेक लेख प्रकाशित होते रहते हैं तथा मुख्य कृतियाँ हैं—पंडित रामाधार वैदिक संस्काराचार्य की संक्षिप्त

जीवनी और सूरीनाम देश और आप्रवास जीवन तथा हवन पुस्तक। 1983 में दिल्ली में आयोजित तृतीय विश्व हिन्दी सम्मेलन में सम्मानित किया गया और 2009 में मारीशस में कर्मयोग पुरस्कार प्राप्त किया।

ओ.एच.एम. टेलीविजन के मुख्य सम्पादक पद से सेवानिवृत्त व आर्य समाज सेवा में लगे हुए हैं। कई वर्ष सूरीनाम हिन्दी परिषद के सचिव रहे व निरन्तर हिन्दी अध्यापन करते रहे हैं। सूरीनाम में हिन्दी साहित्य के विकास को गति प्रदान करने में आपका विशेष योगदान रहा है। आपके सभी लेख समाज, संस्कृति व भाषा के इर्द-गिर्द रहते हैं।

हरिदेव सहतू—जन्म : 29 दिसम्बर, 1942, सूरीनाम, **शिक्षा :** प्रधानाध्यापक डिप्लोमा, हिन्दी में राष्ट्र भाषा प्रचार समिति-वर्धा, भारत से विदेशों में आयोजित की जाने वाली सर्वोच्च हिन्दी परीक्षा भाषा रत्न तथा केन्द्रीय हिन्दी संस्थान, विभाग दिल्ली से हिन्दी भाषिक अनुप्रयोग भाषा दक्षता की शिक्षा प्राप्त की है। **कृतित्व :** सूरीनाम में हिन्दी भाषा और साहित्य के विकास का इतिहास, कई लेख व स्फुट कविताएँ, भारतीय राजदूतावास द्वारा प्रकाशित मंजूषा पाठमाला 1, 2, 3 में सहयोग व परामर्श। **सम्मान :** निःस्वार्थ सेवा के लिए राष्ट्रपति से सम्मान-प्राप्त, सामाजिक-सांस्कृतिक संस्था अरविंद से सम्मान, भारतीय विद्या संस्थान (ट्रिनीडाड) द्वारा सम्मानित, सूरीनाम सांस्कृतिक संघ द्वारा सम्मानित, भारत के राजदूतावास द्वारा दो बार सम्मानित। **सम्प्रति :** सूरीनाम और ट्रिनीडाड में भोजपुरी और अवधी भाषाओं का प्रयोग तथा सूरीनाम में हिन्दी भाषा तथा हिन्दी साहित्य का इतिहास विषयों पर गहन शोध कार्य भी उन्होंने किया है। सन् 1959 से आज तक वे निःशुल्क हिन्दी की शिक्षा देते हुए सूरीनाम में हिन्दी के विकास में मूल स्तम्भ बने हुए हैं। सहतू जी सूरीनाम में पाठ्य पुस्तकों के निर्माण में महत्त्वपूर्ण भूमिका निभा रहे हैं। पेशे से स्थानीय पाठशालाओं के मुख्य अध्यापक का कार्य करके अवकाश प्राप्त हैं। स्थानीय हिन्दी प्रचार की संस्था सूरीनाम हिन्दी परिषद के सभापति का दायित्व अत्यधिक सफलता से उन्होंने अपने कार्यकाल में पूरा किया है। वे सूरीनाम में हिन्दी में प्रकाशित होने वाली स्थानीय पत्रिकाओं सूरीनाम दर्पण, शब्दशक्ति के प्रधान सम्पादक हैं। सहतू जी गद्य व पद्य दोनों विधाओं में लिखते हैं। एक और स्थानीय हिन्दी पत्रिका सेतुबंध से वह जुड़े हुए हैं। 25 नवम्बर, 2001 को आपने सूरीनाम के हिन्दी व सरनामी रचनाकारों की रचनाएँ प्रकाशित कराने के उद्देश्य से सूरीनाम साहित्य मित्र संस्था का गठन किया।

सन्दर्भ-ग्रन्थ

अमर सिंह रमण; कृष्ण सुदामा और लक्ष्मी पूजा (नाटक) 1983, पृ. 50
अमर सिंह रमण; फूलों का बहार (पद्य) 1986, पृ. 16
अमर सिंह रमण; फूलों के पंछी (पद्य); 1984, पृ. 48
अमर सिंह रमण; बसंत- होली (गद्य और पद्य); 1985, पृ. 20
उमाशंकर सतीश; सूरीनाम में हिन्दी; जुगल किशोर एंड कंपनी, देहरादून, 1985; पृ. 73
कमला जगमोहन; विश्व हिन्दी सम्मेलन, नागपुर;1975; पृ. 39
किसुनदयाल रामदास; वैदिक चमत्कार; 1990; पृ. 64
चन्द्रमोहन रंजीत सिंह; संगीत प्रभाकर; 1978; पृ. 44
चन्द्रमोहन रंजीत सिंह; चन्द्रमुक्तकावली;1985, पृ. 46
चन्द्रमोहन रंजीत सिंह; संगीत सुमन; 1958
चाँदनी राम औतारसिंह; घुँघरू टूट गइल;
चित्रा गयादीन; कब के याद
जन सुरज नाराइन सिंह 'सुभाग'; मेरी आवाज; 1982, पृ. 48
जन सुरज नाराइन सिंह 'सुभाग'; किस्सा कहानी; 1982
पुष्पिता; कथा सूरीनाम; राधाकृष्ण पब्लिकेशन्स; 2003, पृ. 84
पुष्पिता; कविता सूरीनाम; राधाकृष्ण पब्लिकेशन्स; 2003, पृ. 231
पुष्पिता; सूरीनाम हिन्दी परिषद् का इतिहास; राजकमल प्रकाशन, नई दिल्ली, 2003, पृ. 184
प्रज्ञा शाहीन; कवितांजलि; 2006, पृ. 71
प्रेमानंद भोंदू; तकदीर; 1989
प्रेमानंद भोंदू; दीपक; 1989
प्रेमानंद भोंदू; परदेसी, 1984, पृ. 60
प्रेमानंद भोंदू; मित्रता; 1989, पृ. 15
बलराम शिवनाथ; गुरु ऋण सुमन माला; 1995, पृ. 73
बिहारी लाल कल्लू; अपनों की खोज में 1997; पृ.157
बिहारी लाल कल्लू; पुकार; 1991, पृ. 60
भावना सक्सैना; सूरीनाम में हिन्दुस्तानी, हिन्दी बुक सेंटर, नई दिल्ली 2012
मंगल प्रसाद; असत्य से फूट; 1946; पृ. 50
महातम सिंह; भारतीय सांस्कृतिक दूत-महातम सिंह; माता गौरी संस्थान, 2003, पृ. 136
माता प्रसाद त्रिपाठी (सं) जीत नराइन की सरनामी कविताएँ ; 1983, पृ. 163

मारहे; आर.एम. सरनामी व्याकरण; स्तिख्तिंग फॉर सूरिनामर्स; 1985; पृ. 165
रबीन बलदेव सिंह; सुनवाई कहाँ; 1987
रबीन बलदेव सिंह; इस्तीफा; 1984
रहमान खान शिक्षावली; देहाती पुस्तक भंडार, चावड़ी बाजार, दिल्ली; 1955, पृ. 38
रहमान खान; ज्ञान प्रकाश-शिक्षाप्रद दोहे और कुंडलियाँ; देहाती पुस्तक भंडार, चावड़ी बाजार, दिल्ली; 1955, पृ. 38
राज मोहन; बपौती; 2008
रामचरण आर्य (पं. रामरूप); प्रवासी इतिहास सुमन माला, 1979; पृ. 32
रामदेव रघुबीर; राखी-मन ज्ञान; 1989; पृ. 4
रामदेव रघुबीर; संस्कृति की बातें; 1980; पृ. 45
रामदेव रघुबीर; सैनिक के पिता;
रामनारायण झाऊ; सूरीनाम के भारतवंशी; सूरीनाम हिन्दी परिषद; 1982
लक्ष्मीप्रसाद बलदेव (बग्घा) गप्पी चेला और कलियुगी गुरु—अर्थात सनातन धर्म का रक्षक; 1946; पृ. 60
लक्ष्मीप्रसाद बलदेव (बग्घा); कर्मानुगत वर्णव्यवस्था सनातन है; 1945, पृ. 44
लक्ष्मीप्रसाद बलदेव (बग्घा); सूरीनाम संस्कृति भजन वल्लरी; 1946, पृ. 18
लेखराम केवल; ऋषि दयानंद का सत्य स्वरूप; पृ. 47
विमलेश कान्ति वर्मा, धीरा वर्मा; फीजी में हिन्दी-स्वरूप और विकास; पीताम्बरा प्रकाशन, 2000, पृ. 210
विमलेश कान्ति वर्मा; फीजी का सृजनात्मक हिन्दी साहित्य, साहित्य अकादमी, नई दिल्ली 2012, पृ. 296
शिवरतन रामदुखी; सत्संग प्रकाश; पृ. 47
संकरराव लोढ़े - महासचिव तृतीय विश्व हिन्दी सम्मेलन; विश्व हिन्दी (स्मारिका) 1983
संझरी द्वारकासिंह जेठू; सृष्टि; 2002, पृ. 93
संतोखी सुरेंद्र; मेरी यादें, पृ. 105
सुरजन परोही; मोहिनी; 1975, पृ. 36
सुरजन परोही; यादगार, 1999, पृ. 22
सुरजन परोही; पिंजरे के पंछी; 1976; पृ. 22
सूरीनाम हिन्दी परिषद; कविताएँ कुछ और, 2008, पृ. 43
सूर्यप्रसाद बीरे, शूरवीर; स्व। पं, सीताराम रामाधार, वैदिक संस्काराचार्य की संक्षिप्त जीवनी; 1982; पृ. 6
सूर्यप्रसाद बीरे; सूरीनाम देश तथा आप्रवासी जीवन और हिन्दी भाषा; सूरीनाम हिन्दी परिषद्, हिन्दीलान; पारामारिबो, सूरीनाम, 1982, पृ. 18

हरिदेव सहतू; सूरीनाम में हिन्दी भाषा और साहित्य के विकास का इतिहास; सूरीनाम साहित्य मित्र संस्था, 2006
हरिदेव सहतू; सूरीनाम की भाषाओं के सन्दर्भ में हिन्दी की स्थिति; शोध अध्ययन, 1986, पृ. 76
हरिदेव सहतू; हिन्दी परिषद् पाठमाला भाग–2, 1990

❑❑❑